KB153841

듣기로 찾는 행복
-의사소통과 관계 형성-

역자 소개

권순희 서울대학교 국어교육과 박사
　　　　이화여자대학교 국어교육과 교수

김민형 이화여자대학교 국제학부 졸업
　　　　이화여자대학교 통역번역대학원

유지선 이화여자대학교 영어영문학과 석사
　　　　이화여자대학교 국어교육과

주혜영 이화여자대학교 국어교육과 졸업
　　　　이화여자대학교 통역번역대학원

듣기로 찾는 행복 -의사소통과 관계 형성-

....

초판 인쇄 2015년 10월 20일
초판 발행 2015년 10월 30일

저자 Jim Petersen **┃ 역자** 권순희, 김민형, 유지선, 주혜영
펴낸이 박찬익 **┃ 편집장** 권이준 **┃ 책임편집** 김지은
펴낸곳 ㈜ **박이정 ┃ 주소** 서울시 동대문구 천호대로 16가길 4
전화 02) 922-1192~3 **┃ 팩스** 02) 928-4683 **┃ 홈페이지** www.pjbook.com
이메일 pijbook@naver.com **┃ 등록** 2014년 8월 22일 제305-2014-000028호

ISBN 979-11-5848-075-2 (03700)

* 책값은 뒤표지에 있습니다.

....

Why Don't
We Listen
Better?

듣기로 찾는 행복

짐 피터슨 지음
권순희, 김민형, 유지선, 주혜영 옮김

의 사 소 통 과 관 계 형 성

(주)박이정

　이 책은 Jim Petersen이 2007년 초판 발행한 <Why Don't We Listen Better? Communication & Connecting in Relationships>을 번역한 것입니다.

　저자는 말하기를 머리로 말하기, 가슴으로 말하기, 배로 말하기 등으로 나누어 의사소통을 설명하고 있습니다. 또한 머리로 듣기, 가슴으로 듣기, 배로 듣기가 있다고 논의합니다. 머리는 이성을, 가슴은 따뜻한 마음 및 감성을, 배는 감정 및 욕망을 비유적으로 표현한 것입니다. 말하기도 중요하기만 듣기가 더 중요함을 강조하고 있는 책입니다.

　머리, 가슴, 배 등으로 대변되는 화법 방식에서 우리는 시사점을 얻을 수 있습니다. 그동안 이성에 초점을 맞춘다는 명목 아래 변론식 말하기, 경쟁적 말하기, 공적 말하기에 대한 교육이 강조되고 따뜻한 말하기는 연륜이 쌓이면 저절로 생긴다고 생각해 왔습니다. 따뜻한 마음으로 말하고 듣는 것, 우리의 욕구나 필요를 표현하고 이해하는 것에 둔감했던 기존의 화법을 반성하고 바람직한 방향을 모색하는 데 도움을 줄 책입니다. 사례와 그림을 넣어 자세히 설명하고 있는 책이며 화자-청자 카드(TLC)라는 대안을 제시하여 실천하기에 편리한 방법을 제안하고 있는 책입니다. 부부 관계, 부모 자녀 관계, 상사와 부하 직원 관계 등에 도움을 줘서 긍정적인 인간관계 회복으로 공동체가 아름다워지고, 공동체에 활력을 주는 실질적 방법을 제시하고 있는 책입니다. 저자의 상담 사례가 많이 나오고, 쉽게 듣기의 전략을 소개하고 있어 실제 화법에 적용할 수 있는 실천적인 면이 강한 책입니다.

　번역자로서 고민하고 노력한 부분을 함께 나누어 독자 여러분들의 이해를 돕고자 합니다. 우선, 번역을 하면서 크게 두 가지에 초점을 두었습니다. 첫 번째로는, 저자인 Jim Petersen이 원저에 드러내고자 했던 목적과 의도에 부합하는 목소리를 낼 수 있도록 노력하였습니다. 책에 드러난 따뜻한 마음을 여러분께 최대한 전달하기 위해 따뜻한 어조와 문체를 사용하였습니다. 두 번째로는, 화법에 관련한 책이므로 최대한 자연스러운 우리말 표현으로 번역하고자 했습니다. 문화적 차이로 인해 원문을 이해하는 데 어려움이 없길 바라는 마음으로 최대한 가독성에 주안점을 두어 번역하였습니다.

번역 중 봉착했던 여러 가지 어려움 가운데 몇 가지를 소개하고자 합니다. 우선, 원저자가 사용한 특정 용어를 적절한 표현으로 번역하기 위해 많은 고민을 하였습니다. 대부분의 용어는 최대한 알기 쉬운 우리말 표현으로 번역하였으나, flat-brain, thud 등 일부 표현은 영어 단어가 가지는 그 의미를 우리말로 담아내기 어려워 원문의 표현을 그대로 사용하였습니다. 또한, 정형화된 틀에 맞춰 '감정', '마음', '이성'을 대화상에서 사용하도록 권장한 원문 표현을 자연스러운 우리말로 번역할 때 어려움이 있었습니다. 정형화된 영어 표현을 그대로 번역하는 경우, 우리말 표현으로는 다소 어색했기 때문입니다. 고민 끝에 원문을 최대한 살리면서도 자연스러운 우리말 표현으로 대체할 수 있는 방향을 모색했습니다. 저희가 노력한 결과물이 독자 여러분께 도움이 되기를 바랍니다.

이 책이 한국 독자들에게 소개되기까지 힘을 보태주신 저자 Jim Petersen 선생님께 감사의 마음을 전합니다. 책을 편집하고 누구나 쉽게 볼 수 있도록 예쁘게 구성해 주신 박이정 출판사 관계자분께 감사드립니다. 이 책을 통해 국어 교육의 화법 분야에 조금이나마 도움이 되기를 바랍니다. 또한 번역자의 수고와 노력이 우리나라 언어문화 개선에 도움이 되기를 소망하는 마음을 담아 이 책을 펴냅니다. 감사합니다.

2015년 10월 30일
권순희, 김민형, 유지선, 주혜영

목차

• 역자서문 / 4

1부
의사소통의 선택

1. 의사소통의 중요성 ··· 13
2. 감정에 대한 플랫브레인 이론 ····································· 24
3. 의사소통 - 소통과 단절 ·· 36
4. 플랫브레인 증상 ·· 44
5. 플랫브레인 탱고 ·· 60
6. 플랫브레인 증상에서 벗어나기 ································· 68

2부
듣기-말하기 과정

7. 탱고 너머로 가기 ·· 83
8. 화자 - 청자 카드(TLC) ·· 93
9. 화자 - 청자 카드(TLC) - 누가 먼저 말할까? ·················· 107
10. 화자 - 청자 카드(TLC) - 누가 문제의 당사자인가? ········· 115
11. 화자 - 청자 카드(TLC) - 화자는 무엇을 해야 하는가? ···· 124

12. 화자 - 청자 카드(TLC) - 화자가 피할 것 ……………… 142

13. 화자 - 청자 카드(TLC) - 청자는 무엇을 해야 하는가? … 147

14. 화자 - 청자 카드(TLC) - 청자가 피할 것 ……………… 162

15. 카드를 뒤집어야 할 때 ……………………………… 173

3부

듣기 기법

16. 의사소통을 방해하는 몇 가지 요소 ……………… 181

17. 새로운 기법의 시도 ………………………………… 193

18. 기본적인 7듣기 기법 ……………………………… 195

19. 특수한 상황에서의 듣기 기법 …………………… 241

20. 가장 어려운 듣기 상황에서 듣기 기법 …………… 268

4부

함께 사용하는 화자-청자 카드(TLC)

21. 듣기 게임(식사 중) ……………………………… 279

22. 집단 토의의 갈등 상황 해결 …………………… 288

23. 두 사람 간의 대화 중재하기 …………………… 294

24. 함께 결정 내리기 ………………………………… 305

5부 / 철학적 결론

25. 기법 너머로 가기 ·· 313

부 록 / 322
맺음말 / 325
저자 짐 피터슨에 대하여 / 329
화자-청자 카드(TLC) / 331

　인간관계를 깊이 있게 하고 싶으신 분, 주변 사람들과 잘 지내고 싶으신 분, 삶을 풍성하고 행복하게 하고 싶으신 분께 이 책을 바칩니다.

　또한 제 말에 귀 기울이고 이 내용을 수용하고 실천했던 분들께 이 책을 바칩니다. 수용적인 듣기가 저를 감격하게 했으며, 저를 성장시켰으며, 더불어 저를 붙들어주었습니다.

　고투, 실패, 성공 등 여러분의 삶에 저와 함께 하고 싶으신 모든 분께 이 책을 바칩니다. 이게 저의 기쁨이자 소명이라 생각합니다.

　모든 분께 바칩니다.

　여러분 주변에 있는 사람들의 말에 귀 기울이고 그들이 창의적이고, 협력적이고, 성숙해 지도록 격려하십시오. 다른 사람을 사랑과 정의의 길로 인도하는 여러분의 따스한 손길을 바라겠습니다.

－짐(Jim)－

1

의사소통의 선택

1. 의사소통의 중요성

 몇 년 전 어느 날 밤이었다. 그날은 금세라도 홀딱 젖을 듯한 해안의 폭풍우가 몰아쳤었다. 내게 도움을 요청하는 전화 한 통에 나는 서둘러 울 스웨터 위에 우비를 걸쳐 입고 뒷문으로 나섰다. 나는 몸을 숙이고 날아갈 듯한 강풍 속을 헤쳐 겨우 차에 탔다. 내게 걸려온 전화는 우리 교구의 한 부부에게서 걸려온 것이었으며, 그 부부는 거의 폭발 직전의 상태였다.

 엄청나게 쏟아지는 오리곤 지역의 폭풍우 때문에, 자동차 와이퍼는 부부의 집으로 향하는 내내 바삐 움직였다. 부부는 이 무시무시한 폭풍우처럼 몇 년 동안을 싸워왔고, 내게 휴대전화로 연락하는 그 순간에도 계속 다투는 중이었다. 남편이 출장에서 집에 늦게 도착하게 됐다고 미리 연락하지 않아 아내가 뿔이 났던 것이다. 아내는 전화를 하지 않은 남편에게 불같이 화를 냈다.

 부부의 집에 도착한 나는 소파에 앉아서 카펫 위에 떨어지는 빗방울을 쳐다보는 것밖에는 달리 방법이 없었다. 스스로가 무기력하게 느껴졌다. 그 동안 공부해 온 그리스어, 히브리어, 신학, 성경, 교회역사 등의 신학 지식들이 이 상황에 아무런 쓸모가 없었다. 당시 젊은 목사였던 나는,

서로의 마음을 이해하지 못하고 갈등을 빚고 있는 나의 신자들을 도울 수 없음에 마음이 아팠다. 이들을 다시 서로 사랑하는 관계로 회복시킬 수 있는 방법을 나는 알지 못했다.

부부를 위해 할 수 있는 일이 무엇인지 전혀 감을 잡지 못했던 나는 그저 묵묵히 듣고만 있었고 부부는 각자의 이야기를 이어나갔다. 그러자 놀라운 일이 생겼다. 부부는 마치 내가 단어 몇 개만을 가지고 마법을 부려 문제를 해결했다는 듯이 나를 쳐다보고 있었다. 나는 카펫을 내려다보았고, 아까까지 떨어지고 있던 물방울이 멈췄다는 것을 깨달았다. 부부의 갈등이 해소된 것이다. 내가 한 유일한 일은 그저 부부에게서 들었던 것들을 다시 재해석하여 이야기해주는 것뿐이었다.

나는 남편에게 이렇게 말했다.

"아내 분이 말씀하시길, 남편 분이 전화를 하지 않으면 자신이 남편에게 마치 중요한 존재가 아닌 것처럼 느껴지신다고 합니다. 남편 분한테서 연락도 없고 시간은 점점 흐르고 하다 보면 혹시 다쳐서 어딘가에 쓰러져 있는 것은 아닌지 걱정되고 불안하고 무섭다고 하시네요. 아내 분 말씀 속에는 남편 분을 향한 애정이 담겨 있다고 생각합니다."

그리고 아내에게는 이렇게 말했다.

"남편 분은 아내 분이 염려하고 있는 바를 이해한다고 합니다. 남편 분은 최대한 빨리 집에 오려고 했기 때문에 멈춰서 전화하는 시간조차도 아깝게 느껴졌다고 합니다. 남편 분이 전화하지 않은 것에 대한 이유를 생각해보지도 않고 아내 분이 따지기 시작해서 남편 분은 숨이 막혔다고 합니다. 그리고 아내 분께서 자신의 말을 믿어주는 것 같지도 않고, 오히려 자신을 통제하려는 느낌이 든다고 하네요. 남편 분 말씀 속에도 아내 분을 향한 애정이 담겨있다고 생각합니다만."

두 사람의 이야기를 그저 들어주기만 했던 이 방법은 예상 외로 꽤 효과가 있었다.

이날 저녁 나는 이 부부의 관계를 사랑으로 회복시키고자 노력하면서, 내가 말 속에 담긴 내면의 목소리를 남들보다 잘 들을 수 있다는 것을 발견했다. 나와 달리 부부는 서로에 대한 갈등과 분노 때문에 상대방의 이야기를 제대로 듣지 못하고 있었다. 불안감과 분노, 평소 말하는 습관, 그리고 언쟁에서 이기려는 욕심 등이 상대방의 마음에 상처를 주었을 뿐만 아니라 상대의 배려를 조금도 알아차리지 못하게 만든 것이다.

하지만 그들의 말 속에 담긴 이야기를 다시 풀어 전달해주자 부부는 서로에게 하려고 했던 말을 이해하게 되었다. 아마도 부부가 나를 상대로는 감정적으로 싸워야 할 필요도, 이길 필요도 없기 때문에 수월하게 이야기를 한 덕분이었던 듯하다.

때마침 부부의 싸움도, 바깥의 폭풍우도 모두 멈추었다. 부부는 서로가 서로에게 상처를 주고 있다는 것을 깨닫고는 오히려 서로를 걱정하기 시작했고, 이로써 서로를 얼마나 아끼고 사랑하는지를 다시금 알게 되었다. 그러자 더 이상 서로를 이기려고 애쓰지 않았다.

이 경험을 통해 나는 원활한 의사소통이 사람과 사람 간의 관계에 얼마나 중요한지를 새삼 깨달았다. '훌륭한 의사소통'은 '관계'라는 엔진을 돌리기 위한 윤활제와 같았다. '훌륭한 의사소통' 없이는 결국 '관계' 역시 '윤활제가 없어 마모된 엔진'과 같을 것이다.

부부나 연인의 상담을 한 지 벌써 어언 50년이 지났다. 분노에 휩싸여 서로의 이야기를 듣지 못하고 상대에게 상처 주는 말을 쏟아내던 이들이, 서로의 말 속에 담긴 마음의 상처와 배려를 듣기 시작하며 감동과 미안함의 눈물을 흘리고 서로의 사랑을 다시 깨달을 때, 나는 50여 년 전의 첫 상담 때처럼 아직까지도 항상 감동을 받는다.

훌륭한 의사소통은 가정과 사회생활 모두에 매우 중요하다. 잘 듣는다는 것은 친밀감 형성뿐만 아니라 동료 간에 효율적 업무를 위해서도 매우 중요하다. 의사소통이 잘 이루어질 때, 우리의 우정은 더욱 돈독해지며 여러 사회적 관계에서도 의미 있는 변화가 생긴다.

난 어릴 때 이것을 배웠다

나는 삼형제 중 둘째로 자랐다. 집 바로 건너편에는 사촌 둘이 살고 있어 자주 왕래하며 친하게 지냈다. 우리는 누구네 집에서 모일지 다양한 방법으로 고르곤 했다. 예를 들면, 누가 양파를 곁들인 간요리를 준비했는지, 누가 케이크를 구웠는지, 아무개와 트러블이 있던 사람은 누구였는지 등을 고려하여 장소를 골랐다. 그리고 친인척들이나 친구들, 이웃들을 자주 집에 초대하곤 하였다.

그렇게 주말 저녁은 거의 항상 20여 명이 넘는 사람들과 시간을 함께 보냈다. 우리는 정신없이 떠들고, 농담을 섞어가며 서로를 꽤 짓궂게 놀리기도 하고, 또 서로의 의견을 앞 다투어 이야기하며 저녁시간을 보내고는 했다. 우리 가족에 대한 비판적인 이야기가 있을 때면 서로를 감싸주었고, 언제나 서로에게 감사하는 마음을 가졌다. 하지만 우리 가족들 대부분은 듣는 것보다는 말하는 것을 좋아했었다.

왁자지껄한 정신없는 모임에서 나는 다소 수줍음이 많은 고등학생이었는데, 다른 사람들과 달리 나는 상대방의 이야기를 잘 듣고 생각을 정리해서 돌려주는 편이었다. 주말 모임에서의 경험을 통해 나는 '잘 듣는다는 것'이 꽤 매력적이라는 것을 알게 되었다. 때로는 사람들과 어울리는 것을 그다지 좋아하지 않는 사람들도 모임에 초대되었는데, 그럴 때면 그 사람들은 항상 나와 함께 이야기하였고, 나도 그 사람들과 이야기하는 것이 좋았다. 처음에는 내게 특별한 매력이 있고, 내가 호감 가는 스타일이어서 그런 줄 알았다. 그러나 내가 그 사람들의 이야기를 잘 들어주기 때문에 그 사람들이 날 좋아한다는 사실을 곧 알게 되었다. 자신의 말을 잘 들어주는 관객을 좋아하는 것이 당연한 일 아니겠는가?

　대부분의 사람들은 괴팍하고 까다로운 사람들과 이야기하는 것을 피하는 경향이 있다. 그런데 사람들이 나와 함께 이야기 할 때는 그런 까다로운 점들이 많이 수그러들곤 했다. 내가 했던 일이라고는 그저 몇 가지 질문을 하고, 사람들이 편하게 자신의 이야기를 마음껏 할 수 있도록 해준 것이 전부였는데 말이다. 그 결과 나는 새로운 사실을 발견했다. 내가 상대방의 이야기를 잘 들어주면 줄수록, 함께 어울리기 어렵다고 생각했던 괴팍한 사람들이 어느새 매우 유쾌하고 재미있는 사람들로 변해있다는 사실 말이다. 내가 그 사람들의 소소한 개인적인 이야기 혹은 정치적 소견들을 잘 들어주자, 이 사람들도 점점 더 수용적이고 부드러운 사람으로 변화한다는 것을 경험했다. 그래서 그렇게 된 이후에는 나 역시 편하게 내 생각을 이야기할 수 있게 되었다. 혹시라도 서로 의견이 달라 논쟁 아닌 논쟁을 하게 되는 경우에도 내가 너무 강하게 주장하거나 혹은 너무 오래 내 이야기만 하지 않는다면 이야기는 편하게 잘 진행되었다.

　나는 균형 잡힌 의사소통에 대해 배울 수 있었다. 비법은 다음과 같다.

- 충분히 잘 들어주기
- 상대방이 들어줄 수 있는 만큼만 말하기
- 상대방이 들을 준비가 될 때까지 내가 먼저 충분히 들어주기

　나는 대부분의 사람들이 듣는 것보다는 이야기하는 것을 더 좋아한다는 것을 알게 되었다. 나 역시도 솔직히 다른 사람들의 이야기를 듣는 것보다 내 이야기를 하는 것을 더 즐거워한다. 상대방이 내 이야기에

귀기울여주며 이해해 주려고 하는 시간이 매우 좋았다. 또한 나는 서로를 이해하며 깊어지는 우정을 소중히 생각했다. 나는 사람들이 나를 좋아하기를 바랐고, 누구와도 갈등을 빚고 싶지 않았다. 그리고 사람들이 내게 화를 내는 상황이 너무 싫었다. 그렇다고 긴장감이 감도는 분위기를 무시하고 지내는 것은 더더욱 싫어했다. 긴장감이 흐르는 무거운 분위기는 표면적 말과 행동 속에 숨겨진 본질적 문제에 대해 이야기할 수 없게 만들었다.

그래서 나는 이런 상황에서 이면에 숨겨진 문제를 수면 위로 드러내어 정면 돌파하는 것을 과제로 삼았다. 사람들이 문제를 근본적으로 해결할 수 있도록 돕는 것이다. 까다로운 사람들과 이야기할 때 썼던 다양한 전략을 이런 상황에 직접 적용시켜보았다. 예를 들면, 질문하기, 이야기 들어주기, 숨겨진 진짜 문제 끌어내기, 내가 이야기할 수 있는 편한 상황이 될 때까지 기다리기 등이 그 전략의 예이다.

내면의 소리 듣기

이런 경험을 통해 내가 발견한 것이 있다. 만성적으로 화를 잘 내는 사람들은, 겉으로 보이는 그들의 분노 아래 자신들의 슬픈 감정과 상처를 숨겨둔다는 것이었다. 그래서 나는 이런 사람들을 만나면 다소 고집스럽고도 집요한 성정을 발휘하여 계속 집중하여 그들의 말을 들었다. 무엇이 그 사람들을 화나게 하고 또 그렇게 행동하게끔 만들었는지를 전적으로 이해할 때까지 충분히 들었다.

그리고 나면, 묘한, 예상치 못한 일이 일어났다. 사람들의 짜증을 들어주다 보니, 오히려 이들을 점점 더 아끼고 좋아하게 되는 것이었다. 세계적으로 많은 사람들에게 사랑 받는 영국의 작가이자 시인인 클리브

루이스(Clive Staples Lewis)는 다음과 같이 말했다. 루이스의 말은 내가 경험한 바를 꼭 집어 이야기하고 있는 듯하다.

사랑하게 되어 다가가는 것이 아니라
다가가게 되어 사랑하는 것이다[1].

내가 다른 사람들을 이해하기 위해 시간을 쏟는 것은 단순히 그 사람들만을 위한 것이 아니었다. 내게도 큰 도움으로 다가왔다. 나는 점점 더 많은 사람들을 수용할 수 있는 사람으로 성장했고, 불쾌한 성격이나 비호감 타입의 사람들과도 즐겁게 대화할 수 있는 사람으로 성장했다.

나는 사람들과 깊이 연결된다는 순수한 즐거움 때문에 내 일을 즐겼고, 다른 사람들도 이처럼 똑같이 할 수 있기를 바랐다. 그리고 지금도 여전히 그렇게 생각한다. 그렇기에 이 책을 집필하기 시작한 것이다.

마지막 교정 작업 기간 동안에는 가끔 꿈 때문에 일찍 깨곤 했다. 꿈에서 나는 다른 사람들의 행동을 평가하기 바쁜 사람들을 보며 안타깝게 생각했다. 심지어 꿈에서조차도 나는 다른 사람을 함부로 평가하는 사람들이 진심으로 상대방을 이해하고 그들의 이야기에 충분히 귀기울이길 바랐다. 만약 진심으로 상대의 이야기를 듣고 이해한다면, 더 이상 그를 비난하고 깎아 내릴 이유가 없어질 것이라고 확신한다.

진짜 '듣기'는 서로의 내면을 들여다보도록 한다. '듣기'를 바탕으로 한 인간관계는 우리를 감동시키고 변화시키는 무언가의 힘이 있다. 나도

---

1) 원문은 다음과 같다.
Don't wait until you love people to act on their behalf.
Act on their behalf, and you will come to love them.

잘은 모르겠지만, 아마도 이것은 우리가 누군가의 내면 깊은 곳까지 도달할 때, 오히려 역으로 우리 자신을 들여다 볼 수 있게 되기 때문인 것 같다. 그렇다면, 이렇듯 우리가 사람들과 상생관계를 만들어나가려면 어떻게 해야 할까?

이 책의 개요

저녁 보임 자리에서 처음으로 사람들과의 의사소통과 교감이 인간관계에 미치는 영향력을 깨달은 이후로, 나는 줄곧 사람들을 관찰하고 공부해 왔다. 그리고 의사소통의 여러 방법을 실험하고 연습했다. 사람들을 상담해 주고, 가르치기도 하고, 회사나 대학에서 워크숍을 열기도 하며 내가 얻은 깨달음에 깊이를 더해갔다. 내가 배운 것을 공유하고 싶다. 이 책의 독자인 여러분들의 삶에 많은 도움이 되길 바란다.

대부분의 사람들은 자신이 잘 듣는다고 생각하지만, 사실 내 생각에는 그렇지 않은 것 같다. 그리고 상대방의 이야기를 잘 듣지 않기 때문에, 우리는 수없이 많은 혼란과 고통 속에 빠지게 된다.

또 한 가지 깨달음은, 자신의 문제를 적극적으로 해결하고자 하는 사람들이 결국 타인과의 관계 역시도 개선시킬 수 있다는 점이다. 더 나은 의사소통은 분명 관계를 원만하게 하지만, 그것만이 전부는 아니다.

듣기와 말하기 능력을 향상시킬 수 있는 이 가이드북을 통해, 여러분들이 단순히 듣기, 말하기 능력 향상만을 목표하기보다는 더 많은 것들을 얻을 수 있기를 기대한다. 상대를 이기려 드는 대화나 관계는 겉으로만 애쓰는 대화보다 오히려 더 큰 문제를 만든다. 만약 자신이 이런 성향의 대화를 하고 있다면 최대한 자제해야 한다. 그래야 가족, 친구,

동료 등과의 관계를 의미 있는 관계로 향상시킬 수 있다.

만약 여러분이 어떤 관계에서 심각히 문제를 겪고 있어 즉각적인 도움이 필요한 경우라면, <18장 기본적인 듣기 기법>의 듣기 요령을 먼저 연습해 보도록 하자. 그리고 나서 책의 나머지 부분을 읽어도 좋다.

이 책은 크게 다섯 부분으로 구성되어 있다. 각각의 부분은 독자 여러분의 이해를 돕기 위해 더 작은 장 단위로 나누어 구성했다.

1부는 내가 고안한 "플랫브레인 감정 이론"을 소개한다. 1부에서는 우리의 감정과 사고, 그리고 사람들과 교감을 나누는 일이 서로 어떻게 작용하는지를 설명할 것이다. 또한 우리의 내면이 대화와 행동에 어떻게 드러나게 되는지를 보여줄 것이다.

플랫브레인 증상은 우리의 감정이 과잉된 상황에서 왜 듣고, 생각하고, 행동하는 일련의 모든 것들을 조절하기가 힘들어지는지를 보여준다. 이 과정을 제대로 이해함으로써 우리가 감정에 휩쓸리는 순간에 자아를 잃지 않고 다른 사람들과 자기 자신을 잘 수용할 수 있길 바란다. 왜 잘 듣는 것이 우리가 화가 나고 감정 조절이 되지 않는 순간에 우리가 감정적으로 휩쓸리지 않고 제자리를 잘 찾도록 도와주는지를 보여준다.

2부에서는 화자-청자 카드(TLC)에 대해 논의할 것이다. 이 카드는 대화 중 아무도 듣지는 않고 말만 하려고 하려는 상황에 필요한 것이다. TLC는 의사소통에 필요한 각자의 말하기 순서가 골고루 돌아가도록 돕는 역할을 한다. 이 카드를 통해 우리는 듣기가 말하기보다 항상 먼저임을 기억하게 될 것이다. 이 책의 맨 마지막 장에 여러분을 위해 TLC를 첨부해 두었다.

화자

이 일에 가장 신경 쓰는 사람은 나다. 나는 문제를 겪고 있는 당사자이다.

목표 · 내 감정 나누기
· 내 생각 나누기

피할 것 · 비난 · 공격 · 낙인 · 비판

청자

나는 이야기를 들어줄 만큼 평온하다. 문제의 당사자는 내가 아닌 상대방이다.

목표 · 상대방 안정시키기
· 상대방 이해하기
· 문제점 명확히 짚어주기

피할 것 · 동의 · 반대 · 충고 · 변호

3부에서는 연습을 통해 필요할 때 즉시 쓸 수 있는 기본적인 듣기 기술들을 소개할 것이다. 다양한 기술을 여러 상황에서 여러 사람들과 시도해보고 스스로에게 어떻게 작용했는지 살펴보도록 하자.

4부와 5부에서는 이미 화자-청자(TL) 과정을 사용하고 있는 다양한 사례들과 더불어 모범 사례를 살펴보며 마무리 짓도록 하겠다.

이 책을 잘 활용하는 방법

이 책은 소단위로 구성되어 있으므로 책을 읽는 동안 여러분이 필요한 부분이 있다면 그 부분을 쉽게 찾아 다시 읽을 수 있을 것이다. 여러분이 쉽게 찾을 수 있도록 목차를 매우 자세하게 작성하였다. 이 책을 쓰면서 나 역시 많은 부분을 다시 보았고, 이를 통해 다른 사람들과 관계 맺는 것에 대해 다시 한번 더 생각해 볼 기회가 있었다.

'들을 때 반응하기' 부분을 크게 소리 내어 읽어본 것이 도움이 되어 내 기억 속에 확실히 박혔다. 부부나 연인들에게도 역시 이 책을 크게 소리 내어 읽기를 권한다. 서로가 관계 맺는 방식이나 더 좋은 관계를 위한 방법을 새로이 인식하고 모색할 수 있을 것이다.

책을 읽다 보면 반복되는 부분이 있다는 것을 알게 될 것이다. 강조하고 싶은 내용을 의도적으로 반복하여 기술하였다. 반복을 통해 더 깊이 이해할 수 있게 될 뿐만 아니라, 쉽게 바뀌지 않는 우리의 사고와 행동의 변화를 이끌어내는 데도 유리하다고 생각했기 때문이다. 또한 같은 주제를 다양한 방법으로 설명하였다. 이것은 독자마다 학습 방법이 다양할 수 있기 때문에 그리한 것이다.

여러분의 전투적인 의사소통 방식을 극복하기 위해 노력하길 바란다. 이 책을 통해 여러분이 타인을 더 잘 이해하고, 바라는 것 이상으로 타인과 깊은 관계를 형성하게 될 것이다.

　이 책을 즐겁게 읽길 바라고, 진정한 듣기를 통해 건강한 관계를 만들 뿐만 아니라 사람들과 더 깊이 소통하길 바란다.

2. 감정에 대한 플랫브레인 이론

　나의 의사소통 철학과 이를 바탕으로 한 경험은 나에게 많은 가르침을 주었다. 이 경험을 통해 알게 된 점은, 우리는 감정과 사고의 차이를 자주 혼동한다는 점이다. 그리고 우리의 감정과 사고가 서로 어떻게 연관되어 있는지도 잘 알지 못한다는 것이다. 감정과 사고(이성) 모두가 우리를 관장하지만, 행동을 감정이나 이성으로만 설명하려고 하는 것은 관계에 도움이 되지 않는다. 대부분의 심리적 언어는 그 의미가 모호하고, 때문에 우리가 어떻게 대처해야 하는지, 사람들과 더 잘 지내려면 어떻게 해야 하는지에 대해 실질적인 해답을 주지 못한다.

　내가 관찰한 바로는, 감정과 사고는 완전히 다른 것이지만 서로에게 큰 영향을 미친다.

　감정과 사고가 어떻게 작용하는지 살펴보도록 하겠다. 만약 우리가 죄책감을 느낀다면 무언가를 진짜 잘못했다고 생각하며 마치 잘못한 사람처럼 행동한다. 하지만 죄책감을 느끼는 것은 감정이다. 우리가 진짜로 잘못했는지 아닌지에 대한 판별은 우리의 생각인 것이다. 나는 우리가 해야 할 일을 결정할 때, 감정과 사고, 이 두 가지를 분명히 구별하는 것이 큰 도움이 된다는 사실을 발견했다. 만약 내가 오전에 했어야 하는 일을 하지 않았기 때문에 죄책감을 느끼고 있다는 것을 깨달았을 때, 나는 죄책감을 더 이상 느끼지 않기 위해 죄책감이라는 감정에서 해방되기 위한 행동을 한다. 내가 정말로 누군가의 마음을 아프게 해서 생긴 죄책감이라면 바로 상대에게 사과하고 잘못된 점을 바로 잡아서 죄책감으로부터 벗어난다.

나는 이 과정을 이해하고 조절할 수 있게 되면서 나의 의사소통 수업에서 이 과정을 명확하게 다루었다. 나는 감정과 사고가 어떻게 상호작용하는지 그림을 그려 생각해 보았다. 오랜 시간을 걸쳐 내가 그린 그림의 형태는 더 발전하였고, 수업시간 중 학생들과의 상호작용을 통해 더욱 정교해졌다. 이것이 감정에 대한 플랫브레인 이론의 결론이다. 이 그림은 일이 잘 풀릴 때 우리 내부에서 무슨 일이 일어나는지 보여주고, 또한 일이 잘 풀리지 못하고 꼬일 때에는 어떻게 변화되는지 보여준다.

사고와 감정의 혼란이 우리 자신과 우리 주변사람들과의 관계에 어떻게 영향을 미치는지 이해하면 갈등과 소통의 단절을 줄이는 시작점이 된다. 그리고 이것을 이해하면, 자기 자신과 상대방을 이해하고 수용하는 데 많은 도움이 된다. 또한, 우리의 고민을 어떻게 소통해내고 상대방의 이야기를 어떻게 경청해야 하는지에 대해 이해하게 된다. 이를 통해 상대방의 감정을 진정시키고 명확하게 생각하며 행동할 수 있게 된다.

지금부터 우리의 사고와 감정의 상호작용 과정을 알아보고, 자신의 감정을 편안하게 받아들이면서 동시에 상대방을 이해하고 수용할 수 있는 방법을 찾아보자.

감정의 역할(배의 역할)

왼쪽 그림 배 부분의 커다란 동그라미는 우리가 감정을 느끼는 부분을 표시한 것이다. 우리가 대중 앞에서 연설을 할 때 속에서 무엇인가 꿈틀거리는 듯한 느낌을 느끼는 곳이 바로 배이다. 또한 배고픔을 느껴 컴퓨터에서 냉장고로 발걸음을 옮기도록 하는 곳도 바로 우리의 배이다. 아마 여러분은 다른 곳에서 감정을 느낀다고 생각할 수도 있겠지만, 적어도 이 책에서 나는 감정을 느끼는 부분을 우리의 복부, 즉 배 부분으로 정하도록 하겠다.

배는 우리의 감정을 느끼게 해준다. 우리가 불편하거나 행복하거나 신이 나거나, 흥미를 느낄 때도, 누군가에게 매력을 느낄 때에도… 그리고 그 외에 짜증이 나거나 화가 나거나 분노가 치밀어 오를 때, 혹은 좌절할 때나 호기심이 생길 때와 같은 이 모든 감정은 우리의 배 내부에서 신호를 보내는 것이다. 감정은 주변 세계, 생각, 그리고 몸에 대한 우리 내부의 반응인 것이다.

이 둥근 부분은 본능적인 감정이 우리의 일부분이라는 것을 보여준다. 감정은 사람들에게 유대감을 선사한다. 왜냐하면 우리 모두는 감정을 경험하기 때문이다. 즐거운 경험과 감정에 대한 기억은 각기 다르겠지만, 그 때 '즐겁다'라고 느낀 감정만큼은 같을 것이다. 나는 낚시를 매우 좋아한다. 그래서 쏟아지는 폭우 속에서도 송어 낚시를 즐긴다. 이런 나의 즐거움은 커다란 우산을 쓰고 빗속에서도 신나게 공을 치는 골퍼의 즐거움과도 연결될 수 있다.

마음의 역할(심장의 역할)

마음의 역할도 아주 중요하다. 나는 음양 문양의 형태로 심장을 그렸다. 이것은 여러분과 나 모두가 서로로부터 배울 점을 주고받을 수 있다는 점을 표현한 것으로 둘이 만나야 탱고춤을 출 수 있다는 의미를 담고 있다. 건강한 심장은 서로의 걱정을 주고받고, 의견을 듣고, 상대에게 호응해 주는 역할을 한다. 건강한 심장은 많은 선택과 가능성을 받아들인다. 이것은 우리가 '모든 것을 알고 있어'라는 생각을 하지 않도록 해 준다. 또한 자신의 생각과 관점에도 확신을 가지면서 상대방의 생각과 관점에도 열린 마음을 유지하도록 해준다. 우리가 살고 있는 논쟁의 세계에는 좀처럼 보기 힘든 성숙함이기도 하다.

음양으로 나누어진 심장은 우리가 양질의 관점으로 사람들에게 열린 마음으로 대하는 것이 친구와의 우정을 쌓고 인간적 사회를 구성하는 데 얼마나 중요한 것인지를 깨닫게 해준다.

이성의 역할(머리의 역할)

머리는 생각, 계획, 기억, 검토, 결정, 이성적 생각과 연결되어 있다. 우리의 논리적 사고를 관장하는 부분이 바로 이곳이다. 두뇌는 우리가 보고, 듣고, 느끼고, 기억하고 상상하는 것들을 처리한다. 두뇌에서는 우리 내부의 감정기관에서 느낀 메시지와 외부 사람들과 사건에 대한 메시지를 처리한다. 그리고 우리 내부로 들어온 정보를 가지고 어떻게 해야 할지를 결정한다. 이 과정을 통해 문제가 해결되기도 하지만 도리어 문제가 만들어지기도 한다.

나는 위의 그림에서처럼 이 부분을 네모나고 각이 진 직선으로 표현했다. 머리는 컴퓨터처럼 작동하는 곳이며 감정적인 부분이 아니기 때문이다. 논리와 이성적 사고만을 가지고 다른 사람들과 관계 맺으려 한다면 우리는 결코 친근한 관계를 형성할 수 없다.

감정 에너지를 사용할 방향 정하기

사람들은 감정을 두려워하거나 혹은 이를 좋다, 나쁘다라고 평가하지만, 나는 감정을 무의식적인 것으로 생각한다. 신이 우리에게 사용하라고 주신 것이라고 생각하기도 한다. 내가 어떤 감정이 들었는데 혹시라도 나쁘게 여겨진다면 나는 그것을 즉시 처리해 없애버린다. 나도 항상 내 안의 욕구와 시기, 질투, 분노 등의 감정과 싸우고 있지만 항상 좋은 결과를 얻는 것은 아니다. 아마 여러분도 나와 비슷할 것이라고 생각한다.

나는 감정을 순수한 에너지라고 생각한다. 우리는 이 에너지를 사용할 방법을 선택해야 한다. 연료가 가득한 탱크가 되어, 우리의 에너지를 다친 어린 친구를 위해 병원으로 운전하는 데 쓸 수도 있고 아니면 누군가를 치어 다치게 하는 데에도 쓸 수 있다. 우리의 에너지를 누군가를 구하는 데에도 쓸 수 있고 오히려 누군가를 다치게 하는 데에도 쓸 수 있다.

예전에는 '나쁘다'라고 생각했던 감정을 이제는 어떻게 쓸 것인가를 정한다. 예를 들어 누군가를 향한 분노의 에너지를 관계를 개선시키는 데 사용할 수도 있고, 아니면 그 사람을 때려눕히는 데 사용할 수도 있고, 아니면 상담을 받는 데 사용할 수도 있다. 문제를 일으킬 수도 있고, 요리를 하거나, 청소를 하거나, 혹은 잔디를 깎는 데 사용할 수도 있는 것이다. 이것은 모두 우리의 선택에 달렸다.

우리들 대부분이 원하는 감정을 스스로 선택할 수 있기를 바라겠지만, 감정은 그런 식으로 선택할 수 있는 것이 아니다. 마음과는 달리 감정은 반대방향으로 흘러가곤 한다. 나의 매력을 몰라주는 누군가에게 잘 보이려고 하는 것도, 시금치를 좋아하지 않지만 좋아하려고 애써보는 것도, 아니면 우리 생각에 어떤 특정 감정을 가져야 한다고 생각해서 그 감정을 느끼려고 애쓰는 것 모두가, 우리 감정에 그다지 긍정적인 영향을 주지는 못한다.

우리에게 상처를 주는 감정을 무시할 수도 있고, 아니면 다른 사람들로부터 영향 받은 감정을 가지고 있을 수도 있다. 그런 감정들에 사로잡혀 스스로를 파괴하거나 그 감정을 현명하게 사용할 수도 있다.

감정을 현명하게 처리하는 데 도움이 되는 것은 무엇일까?

- 감정을 인지한다.
- 그리고 그 감정을 받아들인다.
- 그리고 그 감정에서부터 오는 에너지를 어디에 쓸지 결정한다.

감정의 에너지는 무엇인가를 만들거나 파괴하는 데 사용될 수 있다. 만약 우리가 감정을 인식하고 받아들인다면, 감정을 더 창의적인 방법으로 사용할 수 있게 되며 공감과 책임감이 있는 따뜻한 사회를 만들 수 있을 것이다.

사고는 우리의 감정에 영향을 미치는가?

감정을 직접 바꿀 수는 없지만 우리가 생각하는 것이 감정에 영향을 줄 수는 있다. 즉, 머리의 역할이 우리의 배에 영향을 미친다.

하와이 카우아이 섬에서 평화로운 노을의 정경을 머릿속으로 그려보며 내가 그곳에 있다고 상상할 때 편안하고 행복한 느낌을 받는다. 진짜 그곳에 가고 싶은 갈망이 점점 커져 그곳으로 떠날 계획을 세우며 비행기표를 예약하려고 전화할지도 모른다.

건강하고 창의적인 생각은 우리의 감정 영역에도 긍정적인 영향을 준다. 그리고 결과적으로 우리가 행동하도록 만든다. 만약 내가 누군가를 굉장히 중요하게 생각하면, 상대에 대한 나의 배려심이 점점 커져서 결국 도움을 주는 행동으로 이어지게 된다.

우리가 치과에 가는 것을 고통스러운 경험으로 인지한다면, 두려움은 점점 커지게 된다. 만약 우리가 최신 무통증 치료에 대한 정보를 접한 후 고통 없이 치료가 가능하다고 알게 된다면 이전에 느끼던 공포를 어느 정도 극복하게 된다. 새로운 생각을 하고 이전 상황에 대해 숙고해 보면서 우리의 인식은 변화할 수 있고 그에 대한 우리의 감정적 반응 또한 변화한다.

어떤 사람에 대해 별로 좋지 않은 첫인상을 갖게 된 경우 결과적으로 그 사람들을 싫어하게 되는 경우가 많다. 그러나 그 사람에 대해 더 잘 알게 되고 즐거운 경험을 함께 하고 나면, 그 사람에 대해 다시 한번 생각해 보기도 하고 나아가 생각이 바뀌기도 한다. 또, 좋아지기 시작하면서 심지어는 사랑에 빠지게 될지도 모른다.

이성적 사고는 관계의 단절을 부른다

이제 우리의 사고 영역을 더 자세히 살펴보도록 하자. 논리적 사고에 높은 가치를 두는 사람들은, 자신의 배우자나 동료들이 자신만큼 논리적 사고에 높은 가치를 두지 않는 경우 서운함을 느낀다. 많은 여성들은 (물론 일부 남성들도 해당된다) "논리로만 사는 남자(혹은 여자)"에게 거리감을 느끼고, 사실은 감정적으로 교감이 잘되는 사람들과 지내는 것을 더 선호한다.

어떤 사람들은 '논리적인 사고'가 미국에서 가장 선호되는 지적 스포츠의 일종이라고 말한다. 예를 들어 새 차를 샀다고 해보자. 그러면 우리는 "오래된 중고차 때문에 죽을 때까지 계속해서 적지만 일정한 돈을 계속 쓰고 있어요. 이 중고차 때문에 나는 매일 수리하느라 가게에서 많은 시간을 할애해야 하는데, 사실 새 차를 사면 덤으로 마일리지까지 얻죠."라고 말한다. 하지만 사실은 새 차를 샀다고 연료비가 안 든다거나 수리비를 절약하는 것은 아니다.

이게 과연 무슨 말인가? 우리는 예전의 차에 에너지를 쏟는 것에 지쳐서 새로운 차를 원한다는 사실을 인정하지 않는다. 우리들 대부분은 감정보다는 이성으로 결정을 내렸다고 생각하길 좋아한다. 우리가 원하는 것을 구매할 때, 우리는 원하는 물품 구매를 정당화하기 위해 수많은 이유를 만들어낸다.

우리는 불편한 감정을 '논리'라는 가림막을 통해 덮어버리기도 한다. 회의에 늦어 당황스러운 순간에도 우리는 불편한 감정을 인정하지 않는다. 대신에 "차가 너무 막혀서 늦었습니다. 죄송합니다."라는 말로 넘어간다. 불편한 감정을 교통체증이라는 가시적인 환경적 요인을 통해 합리화하는 것이다.

똑같이 회의에 늦었던 다른 세 명은 쉬는 시간에 회의장 밖에 나와 다음과 같이 말하며 자신들이 느끼는 죄책감을 덜어낸다. "맞아, 차가 어떻게 점점 더 막히는 거 같아." "제 때 오려면 엄청 일찍 떠나야 할 것 같아." "있지, 한 몇 분 안에 갈 거리를 이제는 진짜 이제는 얼마나 걸리는지…" 편을 이뤄가며 합리화하는 이 과정은 불편한 감정을 애써 피하는 것처럼 들린다.

우리는 다른 어떤 것보다도 합리화에는 빠르다. 이런 저차원적인 논쟁은 우리들 사이를 더 멀게 만든다. 그리고 우리의 감정을 감춘다. 그래서 우리의 감정으로부터 스스로를 소외시키고 결국 다른 사람들과도 점점 더 멀어지게 되는 것이다.

제대로 작동하는 방법

행동 이론은 인간이 불편한 상태보다는 평온한 상태를 원한다고 말한다. 예를 들어 우리가 무엇인가에 대해 궁금해지면 (불편해진 상태가 되면), 우리는 인터넷을 통해 우리가 궁금해 했던 주제를 검색한다(행동으로 옮기게 된다). 그래서 원하던 정보를 얻고 나면, 다시 편안한 상태가 되는 것이다. 그리고 어려운 아이들에 대해 걱정하게 되거나 그런 아이들 때문에 마음이 불편해지게 되면, 그 아이들을 도울 수 있는 기관을 검색하고 그 기관에 수표를 보내 금전적인 도움을 주거나 농업기술을 가르칠 수 있는 농촌 지역으로 간다(행동으로 옮기게 된다). 그리고 나면 다시 평온해진다. 우리는 감정을 결정과 행동의 원천으로 사용한다.

감정은 우리를 움직이는 원동력이다. 배(감정)가 점점 활성화되어 불안, 사랑, 흥분, 상처 등을 느끼는 것을 머리(이성과 사고)에서 인지하고, 그리고 나면 이 감정에 응하여 누군가에게 말을 하든지 혹은 어떤 행동을 하게 된다.

심장(마음)은 다른 사람들에게 우리의 마음을 열도
록 도와주고 협력하도록 만든다. 그래서 삶을 행복하게
살 수 있는 우리 개인의 능력을 배가시키고, 더 나은
세상을 만든다.

사람들은 남을 배려하기도 하고 환경에 대해 걱정하
기도 한다. 그리고 배움에 대한 의욕과 정의에 대한
갈망도 있고, 다른 일에 대해 걱정도 하고 세상의 잘못
된 것을 바로 잡고 싶어 하기도 한다. 그리고 이런 일을 하기 위해
창조적으로 생각하고 조직적으로 계획을 구성하고 미적으로 접근해
보기도 한다. 그러나 세상의 많은 사람들은 이런 관심이나 걱정, 열망
등을 비우는 일에는 서툴다.

이것은 무엇을 의미하는가? 플랫브레인 증상은 머리, 심장, 배가 과잉
작동하고 이 짧은 순환 회로가 잘 작동하지 않는다는 점을 보여준다.
이러한 문제에 대해 우리가 스스로 대처할 수 있는 방법이 무엇인지
살펴보도록 하자.

배, 심장, 머리에서의 이야기는 어디에 필요한가?

의사소통은 감정을 담당하는 배, 마음을 담당하는 심장, 이성을 담당
하는 머리가 상호보완적으로 또한 독립적으로 잘 작동하게끔 만드는
윤활제이다. 우리가 사람들과 유대관계를 맺고 협력하는 가장 주된 방법
은 의사소통이다. 우리의 배, 심장, 머리의 내부에서 일어난 일들을 공유
하는 것은 우리 자신을 보여주고 다른 사람들과 교감하도록 하는 작용을
한다.

배, 심장, 머리로 말하기는 각기 다른 언어를 필요로 한다.

이성적 말하기

감성적 말하기

감정적 말하기

• 배에서 말하기(감정적 말하기)는 우리의 감정을 언어로 바꾸는 것을 말한다. 배에서 말하기라는 것은 우리의 감정을 표현한다는 것이다. 본질적으로 감정은 논의하거나 논쟁할 여지가 없는 부분이다. 감정은 감정 그대로 존재하는 것이다. 만약 내가 "추워, 짜증나, 신나, 화가 나, 걱정되기도 하고 흥분되기도 해, 실망스러워, 기뻐, 나는 멸치가 싫어" 등의 감정을 표현한다면, "아, 그렇구나." 외에 별달리 할 말이 없을 것이다. 배에서 말하기는 우리 내부에 있는 것을 공유하는 과정이며, 이것은 다른 사람들, 특히 우리와 유사한 감정을 지닌 사람들과 연대감을 형성시켜 준다. 이것은 논쟁과는 거리가 멀다.

• 심장으로 말하기(감성적 말하기)는 우리의 주관과 상대에 대한 열린 마음을 말로 표현하게 해준다. 이 말하기는 우리의 생각, 관점, 걱정을 분명히 표현하게 해주고 (다른 모든 사람들의 관점이 아닌 내 자신의 관점을 표현하고 자신이 옳다고 믿는 것을 표현하게 한다), 또한 타인의 생각을 수용할 공간을 만든다(타인의 생각은 우리 자신과는 다른 생각이지만 우리를 일깨워주는 생각일 것이다). 예를 들면, "이건 내가 생각하는 바인데…"라고 말하면서 상대방은 어떻게 생각하는지 이야기할 수 있도록 여지를 두는 것이다.

• 머리로 말하기(이성적 말하기)는 우리의 사고를 말로 옮기는 것이다. 머리로 말하기는 우리가 생각하고 인식하는 것을 표현한다. 기본적

으로 사실주의적인 표현들이다. 본질적으로 이런 말하기는 항상 논의와 논쟁이 뒤따른다. 사실에 대한 논쟁의 여지는 무한하다. 누군가가 "하늘은 파란색이야"라고 말하면 또 다른 누군가는 "하지만 비가 올 때는 지평선에 먹구름이 끼어 회색빛이잖아"라고 응수할 수 있는 것이다.

좋은 의사소통 언어는 우리가 타인과 깊이 소통할 수 있도록 해준다. 그리고 이러한 소통은 우리의 생각(머리), 우리가 느끼는 감정(배), 열린 마음(심장) 이 세 가지 모든 요소를 포함하고 있다. 여기에서 '우리의'라는 표현과 '우리가 느끼는 감정'은 열린 마음(심장)에 해당하는 것이다[2].

타인에 대한 열린 마음의 중요성을 알고 사고와 감정의 차이를 이해한다면, 우리는 이를 의사소통에 활용하여 다른 사람들과 더 나은 상호작용을 할 수 있다. 다른 사람들을 수용하면서 동시에 자신의 생각을 다른 사람들과 나눌 수 있기 때문이다. 의사소통의 원리와 방법에 대해 살펴보도록 하자.

---

2) 위에 언급된 의사소통의 세 요소에 대해 자세히 알고 싶다면 <11장 화자-청자 카드 (TLC)-화자는 무엇을 해야 하는가?>에서 더 살펴볼 수 있다. 이 장은 배로 말하기, 심장으로 말하기, 머리로 말하기 그리고 배-심장-머리 모두를 조화롭게 사용한 말하기에 대해 설명하고 있다.

3. 의사소통 – 소통과 단절

의사소통이라는 단어인 communication은 'commune'이라는 '타인과 친밀히 이야기하다'라는 뜻을 지닌 어근에서 유래된 단어이다. 이 단어의 의미를 우리는 두 단계로 나누어 생각할 수 있다. 첫 번째는 단순한 정보공유의 차원이고, 두 번째는 다른 사람과의 교감의 차원이다. 목소리 톤이나 표정, 대화 참여 정도 등을 나타내는 몸짓 언어들은 이 두 단계 모두에 해당된다. 영적으로 충만한 사람들에게는 'to commune'이라는 '친밀하게 이야기하다'라는 어구의 함의는 자연 혹은 신과의 교감을 나타내기도 한다. 그러나 일반적인 사람들에게 의사소통은 사랑과 수용이라는 가치를 나누고 서로를 가치 있게 평가하게 되는 과정이다.

두 단계의 의사소통

첫 번째 단계의 의사소통은 정보를 나눈 후 서로 다른 관점에 대해 논하는 것이다. 이 단계에서는 복사기가 어디에 있는지, 누가 휴가계획을 관리하는지, 혹은 저녁 비용의 15%정도의 가격이 얼마인지 등에 대한 질문을 통해 그저 사실적 정보를 얻는 것에 초점이 있다. 이 단계에서는 사실적 정보교환만이 이루어진다.

그러나 정보교환이라는 주요 목표를 달성한 경우라도, 그 정보 교환이 우리에게 너무 순식간에 이루어졌거나 혹은 정보를 전달하는 목소리가 퉁명스러운 경우에는 대화에서 우리는 왠지 모르게 불만족스러움을 느낀다. 그리고 다음과 같은 질문이 우리 머리 속에 떠오른다.

- 우리가 지금 같이 일하는 것인가?
- 우리가 지금 서로 함께 일하길 원하는 게 맞는 것인가?
- 우리가 서로를 믿고 있는 것인가?
- 우리가 여전히 친구인 것인가?

우리들은 보다 친밀한 교감을 원하기 때문에 일차원적인 정보교환으로 이루어진 대화는 오히려 문제를 더 복잡하게 만들 수 있다. 상대가 우리의 생각이나 느낌에 대해 무관심하다고 느낄 때 처음에는 그저 논의만 나누려고 했던 상황이 쉽게 논쟁으로 바뀌어 버리곤 한다. 그리고 소통이 잘 안 되는 사람에게 도대체 왜 그런지 궁금하여 "당신은 왜 그렇게 행동하나요?"라는 질문을 할 수 있을 텐데, 이런 질문은 소통이 단절된 사람에게는 "이봐, 너! 너는 지금 잘못하고 있는 거야!"라고 들릴 수 있다[3].

두 번째 단계의 의사소통은 단순한 말 이상의 수준이다. 이 단계에서는 우리를 서로 더 만족할 수 있는 관계로 이끈다. 우리는 신뢰와 친밀감, 그리고 많은 개인적인 공감을 나눈다. 친하지 않던 사람들도 친구가 된다. 감정과 영혼이 서로 교감하는 단계이다.

---

[3] <4장 플랫브레인 증상>에서 공감이 부족한 듣기에 대한 더 많은 정보를 찾을 수 있다.

이 단계의 소통에서는 모든 대화의 과정이 순조롭다. 우리는 상대를 더 여유롭게 대하고, 불확실한 것들에 대해 더 관대하며, 상대의 의도를 긍정적으로 판단한다.

예를 들어, 고장 난 컴퓨터 때문에 답답해하는 고객과 컴퓨터 수리 기술자 사이의 짧은 대화를 살펴보자. 고객은 전화를 해서 다음과 같이 말한다. "인터넷 연결이 안돼서 이걸 연결하느라 한 시간 동안 별짓을 다했네요. 결국 안돼서 전화했는데 이걸 어떻게든 고쳐주셔야겠어요." 기술자는 다음과 같이 응답했다. "인터넷이 안 되나요? 고객님 목소리를 들으니, 인터넷 때문에 진짜 힘들고 답답하셨나 봐요."

"네, 진짜 그랬어요. 이메일도 안 되고, 지금 일 때문에 인터넷으로 중요한 자료 조사도 해야 하는데 그것도 안 되고." "아, 그러셨군요. 일에도 지장이 있으셨군요. 지금 당장 고쳐드려야겠네요. 그러면 지금 컴퓨터 시스템 상태랑 고객님이 고치려고 시도했던 방법을 알려주시면, 제가 최대한 빨리 고객님이 다시 인터넷을 사용할 수 있도록 해보겠습니다."

이 고객은 전화를 받은 컴퓨터 기술자가 자신의 편을 들어주자 이제는 자신의 문제를 해결하느라 혼자서만 외롭게 애쓰지 않아도 된다는 느낌을 받는다. 이 고객은 컴퓨터 문제가 해결되지 않더라도 이미 감정적인 보상을 받은 느낌일 것이다. 만약 그 컴퓨터 기술자가 고객의 마음을 헤아리지 않고 무성의하게 들었다면 상황은 아마 악화되었을 것이다.

누군가 나의 이야기를 들어주고 이해해 준다는 느낌은 감정적인 교감 수준의 대화에 큰 영향을 준다. 우리 인간은 사람들이 자신에게 관심을 보이고 배려해 주고, 우리를 가치 있게 여기며 진지하게 대해 주길 바란다(물론 컴퓨터 문제도 해결되기를 바라지만 그것이 전부는 아니다).

우리가 서로의 이야기를 듣지 않는 순간

말하기·듣기 행동은 우리가 사람들과 잘 지내는 데 도움이 되어야 한다. 그렇지 않은가? 그러나 우리는 그렇지 않은 상황을 자주 목격한다. 우리는 다른 사람들에게서 소통하는 방법을 무의식적으로 배운다. 우리는 관찰과 각인, 모방 등을 통해 학습한다. 하지만 안타깝게도 우리는 잘하는 소통 방법을 배운 게 아니라 잘 소통되지 않는 방법을 배웠다.

우리가 보고 따라 한 사람들 역시도 우리처럼 다른 누군가로부터 보고 따라 하며 의사소통 하는 법을 배웠다. 그러니 이러한 잘못된 의사소통에 대해 우리에게 배움을 전달했던 사람들이나 우리 자신을 탓하는 것은 다 시간 낭비이다. 오래 전 누군가가 의사소통을 통해 상대방을 이해하기보다는 이기려 애쓴 덕에 우리는 그 때 이후로 그 대가를 치르고 있다고 생각한다.

여러분 대부분도 아마도 나와 비슷한 형태의 의사소통 경험을 했을 것이라 생각된다. 저녁 식사에서 모두들 자기 이야기만 하고 누구도 진정으로 듣고 있지 않는 대화가 그러한 유형이다. 얼마나 자주 우리는 서로 교감하지 못하고 진정한 충족감이나 만족감이 없는 대화를 해왔는가?

다른 사교 모임에서는 어떠한가? 우리가 함께 축구 경기를 보기 위해 친구 집을 방문했을 때나 사무실에서 작은 파티를 할 때나, 아니면 잠시 휴식시간에 갖는 커피타임에 이루어지는 우리의 대화는 어떠한가? 우리 주변에 서있는 사람들은 이야기를 시작하려고 기다리거나 혹은 이야기를 마치려고 기다린다. 나는 전에 꽤 좌절스러운 대화 경험을 한 적이 있다. 5명의 할머니, 할아버지가 계속 자신들의 손녀, 손자 이야기를 계속 하는 바람에 정작 내 특별한 손녀에 대해 사람들에게 이야기를 할 타이밍을 한참 기다린 적이 있다. 내가 이야기할 틈새를 찾은 경우에도 만약 내가 순간 멈칫거리거나 한 템포만 쉬어도 그 기회는 다시 다른 누군가의 만점짜리 손주 이야기나, 테니스 천재 손주 이야기나 혹은 프랑스로 여행을 떠난 다른 손주들의 이야기에 돌아가고 만다.

우리 모두 파티나 회의, 혹은 커피타임 이후에 사람들이 다음과 같이 말하는 불평을 들어봤을 것이다. "다시 저 모임엔 가고 싶지 않은데… 다 시간 떼우기용의 의미 없는 말뿐이야." 사람들은 자신들의 이야기에 관심을 가지며 들어주지 않았기 때문에 생기는 감정적 상처에 대해서는 이야기하지 않는다.

서로 관련 없는 대화를 이어가고 있는 경우도 이에 해당한다. 이 사람들이 유일하게 공유하는 것은 대화를 나누고 있는 '시간'이다. 이런 대화를 하는 사람들은 서로 말을 주고받는 것 이외에는 실질적으로 아무런 대화를 하고 있지 않다. 이런 단절된 소통의 예를 한번 살펴보자.

> 잭: "이번 주에 우리 상사 때문에 힘들어 죽을 뻔 했어"
> 질: "아아아―, 드디어 금요일이야."
> 잭: "진짜 이 사람은 사람을 잡는 데 소질이 있어. 너무 비현실적인
>   기대를 너무 많이 해."
> 질: "아…드디어 집에 갈 수 있다. 이제 집에 가면 새로 페인트칠 할
>   거야."
> 잭: "드디어 이제 사무실을 떠나 이 지긋지긋한 사람에게서 벗어날
>   수 있어."
> 질: "비가 오기 전에 페인트칠을 다 끝낼 수 있으면 좋겠는데.."
> 잭: "아…진짜 내가 다음 주에 여기로 다시 일하러 올 수 있을지나
>   모르겠다."
> 질: "페인트칠을 다 못 끝내면 아마 수리비가 앞으로 더 들지 몰라."
> 잭: "아…나 가봐야겠다. 주말 잘 보내!"
> 질: "응! 월요일에 보자!"

이 대화는 둘 사이의 대화로 볼 수도 있지만 두 사람의 분리된 이야기로 볼 수도 있다. 두 사람의 대화는 서로 독립적이다. 두 사람은 같이 이야기하고 있지만, 둘 중 누구도 어느 한 사람이 이야기를 진짜로 듣고 있지 않다.

위의 대화는 우리가 매일 경험할 수 있는 보통의 대화이다. 그러나 만약 대화의 화제가 진짜 심각한 것이라면, '무엇인가 빠진 듯한' 이 대화가 문제를 크게 키울 수도 있다. 여러분이라면 위의 두 사람과 여러분의 소중한 것을 함께 나누며 대화하고 싶겠는가?

청자의 역할을 제대로 못할 때

우리 모두는 고민거리가 생겼을 때 우리 이야기를 잘 들어줄 사람을 찾아 그 이야기를 모두 털어버리고 싶었던 경험이 있을 것이다. 그런데 때론 우리가 이야기를 들어줄 것이라고 생각했던 사람이 이야기를 듣기는커녕 오히려 대화의 주도권을 잡아 우리 이야기가 아닌 그 사람의 이야기로 대화 주제가 완전히 전환됐던 경험을 해봤을 것이다.

집에 새롭게 만든 수영장에 다이빙할 준비를 한다고 상상해보자. 다이빙대에서 여러분은 이제 물속으로 뛰어들 것이다. 다이빙대에서 스프링처럼 공중으로 날아올라 이제 아름다운 한 마리 백조처럼 물속으로 다이빙한다.

하늘을 보며 완벽한 자세로 물 아래로 수직으로 자리 잡고는 다이빙하려고 했는데 순간 그곳에 이제 더 이상 수영장이 존재하지 않는다는 것을 발견한다. 그러면 여러분은 공중에 어떻게든 머물러 있거나 아니면 콘크리트 바닥에 완전 납작하게 널브러질 것이다. 여러분의 이웃이 여러분의 수영장을 질질 끌고 자신의 집 마당으로 옮겨가 버젓이 수영을 하고 있다.

이 때의 느낌이 바로 우리가 무엇인가 소통하고 공유하려고 했지만 다른 사람들이 우리 이야기를 다이빙대로 삼아 자신의 이야기로 빠져들 때 드는 느낌이다.

다이빙대에서 이야기를 빼앗기는 일들은 우리의 대화에서 자주 발생한다. 단순히 우리의 아이들에 대한 웃긴 이야기를 하려고 할 때에도, 진지하게 우리의 삶에서 심각한 문제가 발생해서 의논하려고 할 때조차도 일어나기 일쑤다. 우리가 학교 행정시스템에 대해 이야기하려고 할 때 다른 학부모가 갑자기 자기 자신들의 아이 이야기로 대화 주제를 바꿔버리는 경우도 이러한 나쁜 예의 하나이다. 우리가 결혼 생활의 실패담에 대하여 논의가 필요할 때에도 누군가 나의 다이빙대를 이용하여 자기가 인터넷으로 구매했던 최고의 상품구매 경험으로 이야기 주제를 낚아채 갈 때 우리의 좌절감과 답답함은 급속도로 상승한다.

우리가 걱정스러운 문제에 대해 논하려는 순간에 대화의 주제를 자신들의 것으로 낚아채 갔을 때, 우리는 앞으로 그 사람과 다시는 나의 이야기를 하려고 하지 않을 것이다. 그리고 그 사람들로부터 우리를 보호하기 위해 우리 주변에 보이지 않는 성벽을 쌓기 시작할 것이다.

그러다 우리에게 중요한 사람들과도 우리의 중대사를 나누지 않게 되어 버린다. 결국 우리의 이야기를 듣지 않는 사람들은 더 이상 우리에게 중요한 사람이 아니게 된다.

경청 받는 느낌이라는 것

누군가가 우리의 이야기를 듣고 있지 않는 것과는 대조적으로, 누군가가 우리가 말한 것에 대해 인식하면서 우리의 이야기에 대해 더 알고 싶어 할 때 사람들은 다음과 같이 말한다. "진짜예요? 손녀 분에 대해 더 이야기 해주세요." "그러니까 그 상사 분이랑 있었다는 문제가…" "비 오기 전에 집에 페인트를 끝내야 해서 많이 걱정되나 봐요." 이런 따뜻한 관심과 말과 함께 우리의 이야기가 경청 받는다는 느낌은 우리를 행복하게 한다.

우리가 낯선 사람들과 교감하지 못한다는 점은 전혀 놀라울 것이 없지만, 우리에게 중요한 사람들과 교감하지 못할 때 우리는 매우 실망스럽게 느낀다. 누군가에게 친밀감을 기대했지만, 혼자뿐이라는 외로운 감정을 경험할 때 우리는 무엇인가 잘못되었다고 느낀다.

부족한 의사소통은 우리가 원하는 깊이 있는 관계 형성을 방해하고 사람들과의 우정에서 거리감을 느끼게 하고 비인간적인 느낌을 받게 한다. 이러한 실망감과 고립이 우리로 하여금 더 나은 친밀감을 형성하기 위한 의사소통 기술이 우리 삶에 반드시 필요하다는 점을 일깨워 준다.

4. 플랫브레인 증상

이제 플랫브레인 감정 이론에서 한 단계 더 나아가 플랫브레인 증상을 살펴보도록 하자. 이 증상은 우리의 내부 시스템이 제대로 작동하지 않을 때 발생한다. 다음과 같은 경우 플랫브레인 증상이 나타난다.

- 우리의 감정을 담당하는 배가 복잡한 감정 때문에 과부하 되어 팽창된 경우
- 이 팽창된 부분이 우리의 가슴을 벽돌로 짓누르듯이 우리의 심장을 압박하여 마음과 관련된 기능이 제대로 작동하지 못하게 된 경우 (우리 신체의 더 아래 부분에서 이 기능을 하도록 한다)
- 위쪽을 향한 팽창은 우리의 뇌를 압박하고 머리뼈 안에서 더 이상 팽창될 공간이 없기 때문에 뇌가 납작하게 눌려 우리의 사고, 듣기 및 인지 능력이 제대로 작동하지 못하게 만드는 경우
- 뇌가 납작해진 상태에서 우리가 제대로 듣지도 보지도 못하며, 올바로 사고하거나 분별력 있게 행동하는 것이 불가능하게 되는 경우

이 플랫브레인 모델을 살펴보고 플랫브레인 때문에 일어나는 안 좋은 상황에서 우리가 어떻게 대처해야 하는지 이해해보도록 한다.

감정을 담당하는 배의 과부하 상태

우리가 과거에 감정적인 상처를 받은 상황을 잘 대처하지 못한 경우 이 때 받은 상처는 아물지 못하고 우리 속에 남아 있게 된다. 이 상처는 우리의 감정이 취약할 때 불쑥 나타날 수 있다. 예를 들어, 다른 사람들이 모든 면에서 우리보다 더 뛰어나다고 생각되어 자신감이 떨어질 때나 학교 과제에 틀렸다고 지적을 받았을 때, 청소년기에 누가 누구를 더 좋다고 생각하거나 멋있다고 생각하는 등의 타인의 판단 때문에 불안감을 느낄 때, 심하게 다투는 부모님의 모습을 볼 때, 취업이나 결혼 등에 대한 문제 때문에 고민하게 될 때 우리 속에 남아있던 상처는 다시 등장하게 된다.

이런 상처는 감정 저장고(stomach containers)에 모이고 모여 결국 현재 의사 결정과 행동에 영향을 주는 사랑, 화, 두려움, 즐거움, 헌신 등 현재의 감정을 위한 공간이 부족하게 만든다.

그러면 불친절한 말, 돈 걱정, 의료 문제 뉴스, 발표하기에 대한 공포, 최근 사고로 인한 충격이나 심각한 감정적 쏠림 등과 같은 작은 일에도 우리는 더 화가 난다.

이런 방해 요소는 우리 감정 저장고에 차곡차곡 쌓이게 되고 마치 종양처럼 그 크기가 점점 더 커진다. 이것은 점차 우리 내부의 다른 장기까지 압박하여 모두가 제 역할을 못하게 만든다. 심지어 갈비뼈 사이사이로 눌린 장기들이 삐져나온다. 그러면 우리는 어색하고 불편한, 무엇인가 균형 잡히지 못한 감정을 느끼게 된다. 임신을 해 본 여성이라면 이런 느낌을 잘 이해할 수 있을 것이다.

감정 저장고가 팽창될 때마다 정상적인 대화나 활동은 불가능해지고 점점 상황은 악화된다. 예를 들어, 아픈 아이 때문에 걱정하는 아내를 안아주려고 하는 남편에게 아내는 "어떻게 지금 같은 시기에 잠자리나 할 생각을 할 수 있어?"라고 말하여 남편에게 핀잔을 주며 가벼운 포옹마저 거부하게 된다. 압박 속에 눌린 감정은 압력 솥 증기처럼 언제든 폭발할 수 있다. 풀어내지 못하고 쌓인 감정들은 우리로 하여금 언제든 그 감정을 갑작스럽게 쏟아내게 만든다. 그래서 우리는 배로 하는 대화, 즉 순조롭게 감정을 나누는 대화 능력을 잃게 된다.

억눌린 감정이 다른 사람들과 공유되지 못하면서 오히려 우리의 모나고 요상한 행동을 통해 드러나게 된다. 직장에서는 이런 경우 더 큰 문제를 만든다. 그리고 '미친 듯이 화를 내는' 모습으로 상황을 악화시킨다.

우리 내부에 꽉 들어 찬 감정은 서로 뒤범벅되어 분간하기 힘들어진다. 아마도 우리가 '진짜 화난 상태'라는 것은 인지하고 있겠지만 우리가 왜 화가 났고, 실제로 얼마나 화가 났거나 어떤 종류의 화인지는 정확히 알지 못한다. 그러니 우리의 감정 시스템이 과부하 되었을 때 우리가 감정적으로 조절이 힘들고 금세라도 폭발할 것 같이 느껴지는 것은 당연하다.

따뜻하고 친근한 감정 역시 우리 감정 저장소에 공간이 없어 구석에 찌그러져 있을 때에는 이 역시도 부정적으로 변하게 된다. 감정은 감정의 변화를 우리가 느낄 수 있도록 충분한 공간이 필요하다. 부부 간에 갈등이나 싸움 이후에는 먼저 우리 속에 있는 분노나 화를 제거해야 우리가 전처럼 다시 배우자를 좋아할 수 있는 이치이다.

때때로 내가 결혼 생활에 문제를 겪는 부부를 오랜 기간 상담하고 나면 이 후에 화나고 상처받았던 아내나 남편이 배우자에게 따뜻한 감정의 작은 씨앗을 보이기 시작한다. 분노와 화 같은 감정은 두꺼운 지방층 같기 때문에 모두 제거하는 데에는 시간이 걸린다. '좋아지기 시작함'이라는 감정이 갇혀 있던 벽을 허물고 나와야 우리가 다시 이 감정을 느끼기 시작하는 것이다.

심장은 벽돌같이 변한다

우리의 배가 복잡한 감정으로 가득 채워져 공간이 부족하게 되면 우리 심장은 갈 공간이 없어 가슴 위쪽 공간으로 몰려 짓눌린다. 그러면 음·양의 조화로운 곡선이 모호해지고 결국 사라지게 된다. 그러면 우리는 더 이상 다른 사람들에게 열린 마음을 갖지 못한다. 그리고 다양한 의견도 수용하지 못하게 된다. 우리는 어떠한 조언이나 제언을 받아드리지도, 하지도 못하는 상태가 된다. 우리의 조화와 협력적 능력은 사라진다. 회색의 영역은 사라지고 흑백의 영역만 남는다. 그래서 우리는 '굴복하거나 싸우거나' 혹은 '동반자이거나 적이거나'로 밖에 생각하지 못한다.

우리의 심장이 방해를 받으면 심장은 마치 벽돌처럼 변한다. 이것은 마치 대중 앞에서 연설해야 할 사람이 마치 사람들 앞에서 잡담이나 하는 것 같은 상태와 비슷하게 되는 것으로 비유할 수 있다. 화가 난 상황은 대중 연설 전 긴장하는 문제보다도 더 심각하다. 심지어는 자신감을 잃게 되고, 친구를 적과 같이 여기게 되며, 스스로 자주 외롭고 쓸쓸하다고 느끼게 된다.

마음을 나누는 '심장으로 하는 대화'는 사람들에게 열린 마음을 갖고 생각을 나누게 하지만, 이 대화 능력의 상실은 다른 사람을 공격하는 말을 하게 되고 자신이 진리만을 말하듯 만들며 외부의 모든 것을 거부하게 만든다. 우리의 협력적 태도와 능력은 연기 속에 사라지고 만다.

그리고 뇌는 납작해진다

감정으로 가득 찬 배는 우리 몸 전체를 압박한다. 그래서 그 압력은 결국 우리의 뇌까지 이르고 우리의 뇌가 두개골 구석에 완전 찌그러져 납작해지도록 만든다. 우리의 뇌는 (그림 속 정사각형 모양이나) 바람이 꽉 들어찬 축구공처럼 생겨야 작동을 잘 할 수 있다. 완전 눌려 찌그러졌을 때는 제대로 작동할 수 없다.

이와 같이 찌그러져 납작해진 뇌는 사고를 담당하는 우리의 머리 기능에 심각한 결함을 발생시킨다.

납작한 뇌를 가진 사람들은 "네가 지금같이 굴지 않는다면 내가 화낼 리가 없잖아"라고 말하며 누군가의 탓만을 하게 된다. 뇌가 납작해진 경우 생각이 다소 삐딱해지지만 꽤 논리적이기도 하다. 감정으로 가득 차 부풀어진 배와 벽돌같이 딱딱해진 심장, 그리고 납작해진 뇌를 가진 사람들이 왜 우리에게 초점을 두지 못하는지 아는가? 혹은 우리도 그 사람들처럼 불뚝한 배, 딱딱한 심장, 경직된 뇌를 갖게 되면 우리도 역시 왜 다른 사람들에게 집중할 수 없게 되는지 아는가?

내가 군중 속에서 사람들을 서로서로 인사시키거나 소개해야 할 때 나는 꽤 불안해진다. 그리고 이런 불안감은 나의 뇌에 영향을 미쳐,

즉 뇌가 납작하게 되고, 나의 기억회로는 꼬이게 된다. "안녕하세요, 저는 저의 오랜 벗을 소개하려고 합니다. 우리는 함께 낚시도 하고, 그리고 오랜 기간 두텁게…신망 두텁게…어…어…그리고…" 라고 버벅거리게 된다. 얼마나 당황스러운가. 나의 기억력은 어느새 다운되고 만다. 나중에 내가 진정하게 되면 나는 나의 머리가 다시 정상적으로 돌아옴을 느끼며 이제는 그 친구의 이름과 함께 하고자 했던 말이 내 입에서 술술 나온다.

시간 제한이 있는 시험을 볼 때 많은 학생들은 불안감 때문에 정상적으로 뇌가 작동하지 못하여 기억력 또한 제 기능을 발휘하지 못하게 된다. 지난밤 공부한 것은 새까맣게 기억이 나지 않고 시험시간이 끝난 이후 커피 한잔을 마시며 한숨 돌릴 때 그제서야 공부한 모든 것들이 기억이 난다.

우리의 사고기능은 웃기게도 우리의 감정 기관이 배의 작용과 매우 닮았다. 만약 우리가 신이 나서 흥분한 경우 우리는 세상에 못할 것이 없다고 생각한다. 하지만 감정적으로 의기소침해진 경우 우리는 어느새 삶이 가치가 없다고 여기게 된다. 또 사람들을 의심하기 시작하면 모든 사람들이 고의로 자신을 방해한다고 생각하기도 하고, 화가 난 경우에는 다른 사람들이 문제라며 모든 문제의 원인을 다른 사람들에게 돌리기 바쁘다.

뇌가 납작해지면, 우리는 믿을 수 없을 만큼 이상하게 생각하고 말한다. 하지만 그 당시에는 그것들이 우리에게 꽤 합당한 것으로 여겨진다. 나중에서야 뇌가 정상적으로 돌아온 후, 우리가 정도에서 벗어났다는 것을 깨닫는다.

예를 들면, 화가 나 해선 안 될 말을 하고 나선, 나중에 "아까 내가 화나서 홧김에 말한 건데, 진짜 그렇다는 것은 아니야"라고 말하며 뒷수습을 하려고 애쓴다. 하지만 우리가 당시에 진짜로 그렇게 생각했다는 것을 우리도 알고 있고 상대방 역시 이미 알고 있기 때문에, 이 같은 노력은 다 소용없는 헛된 노력일 뿐이다.

그리고 모두가 우리가 화냈을 당시 말했던 것을 믿는다. 왜냐하면 우리의 말과 목소리 톤, 그리고 굳은 얼굴 표정, 그리고 손가락질 모두가 우리의 말에 일치하는 메시지를 보냈기 때문이다.

플랫브레인 증상을 이해했다면 여러분은 여러분에게 상처 주었던 상대방의 이야기를 이제 조심스럽게, 그리고 상대를 존중하며 경청할 것이다. 그리고 다음과 같이 말할 것이다.

"그러니까 내가 말한 그 몹쓸 것들은 말이야. 그건 내가 너무 감정적이 되어서 내 머리가 이상해져서 정상이 아니어서 (내가 중심을 잃고 바보 같이 굴었어.) 내가 제 정신이 아닐 때 (뇌가 납작해졌을 때) 정말 바보 같은 것을 말했어. 미안해. 하지만 이제 나는 진정되고 멀쩡해졌어. 이제 는 내가 그렇게 말했던 것처럼 생각하지 않아. 네게 상처를 줘서 정말 미안해. 내가 말하고 싶은 것은…"

그리고 사랑에 푹 빠지는 것 역시 우리의 뇌를 납작하게 만드는 것 중의 하나이다. 사랑의 열병의 초기 증상에는 사랑하는 이를 위해 우리 는 세계에서 가장 높은 산의 정상에 오를 것이고 가장 깊은 심해를 헤엄쳐 건널 것이라고 맹세한다. 하지만 나중에 우리가 제 정신을 차린 후 우리는 우리가 했던 말 때문에 당혹스러울 것이다. 혹은 우리가 했던 닭살스러운 말을 듣느라 꽤 곤혹을 치를 것이다.

나는 다른 사람들이 뇌가 납작해져 제대로 생각하지 못할 때 이야기 한 것을 기억하는 것은 좋지 못하다고 생각한다. 우리 뇌가 납작해져서 사람들에게 상처 주는 것을 말한다는 것을 깨달았을 때, 우리는 다른 사람들을 받아들일 수 있게 되고, 서로에게 용서를 구할 수 있게 된다. 누군가는 다음과 같이 말했다. "여러분이 다른 사람을 이해하면 할수록 용서해야 하는 것은 점점 더 줄어들게 된다."

구매 이후 변심으로 인한 환불은 3일 이내에 가능하다는 법칙은 플랫브레인 증상의 현실을 반영한 것이다. 우리가 누군가가 플랫브레인의 상태일 때 우리가 말하고 행동한 것에 이 3일 내 환불 법칙을 적용할 수 있다면 좋을 텐데…그러면 3일이 지난 후 우리는 다시 우리가 혹은 그 사람이 말하거나 행동한 것이 진짜 그 때 말한 그 의미인지 확인해 볼 수 있을 것이니 말이다.

왜곡된 듣기

보통의 사고를 할 수 있는 유연한 뇌가 정상적으로 기능하지 못하도록 납작해졌을 때 사람들의 듣기 능력은 변화하게 된다. 나는 어렸을 적 요새미티(Yosemite)로 휴가를 간 적이 있다. 그곳에서 관광객이 주는 먹이 덕분에 통통하게 살이 오른 다람쥐를 구경하곤 했는데, 거기에서 다른 녀석들보다 더 통통하게 살이 오른 녀석은 대담하게 한 장소에 오래 머물며 먹이를 먹고 있었다. 이 녀석은 천천히 제가 먹을 것을 다 먹고 나선 통나무집 아래쪽 안전한 장소로 뒤뚱거리며 기어갔다. 제 집으로 돌아갈 때 녀석은 1.58 인치 정도 되는 좁은 통나무 사이를 기어 지나가야 했다. 안전한 장소로 들어가려면 축구공 같은 녀석의 통통한 몸은 납작한 와플처럼 눌려져야 했는데, 이 때 녀석의 통통한 몸은 압축되어 사방으로 납작하게 눌러 퍼졌다. 이 다람쥐가 먹이를 먹은 후 이동하기 위해 납작하게 눌러 퍼진 것처럼 우리 뇌에도 비슷한 일이 일어난다. 우리 뇌는 사방으로 납작하게 눌러 퍼진다. 이 때문에 고막에 압력에 가해져 사람들은 제대로 듣지 못하고 잘못된 정보만을 받아들이는 선택적 청자가 되어 버린다.

우리가 왜 상대방의 이야기를 잘 듣지 못하는지 생각해보자. 뇌가 제대로 작동하지 못하도록 납작해지고 이 때문에 귀에 압력이 가해져 고막에도 이상이 생기면 우리는 제대로 들을 수 없게 된다.

그러면 우리는 기분에 따라 듣게 된다. 예를 들면, 아내는 단지 궁금해서 "우리 이번 주에 해변에 갈 수 있을까? 그 정도의 충분한 돈은 있겠지?"라고 물었다. 이 때 불안감 때문에 뇌가 납작해진 남편은 아내의 질문을 제대로 듣지 못하고 아내가 다음과 같이 말했다고 생각하게 된다. "당신은 내가 결혼할 뻔한 그 남자처럼 내게 물질적인 풍요로움을 줄 수 없어."

혹은 누군가와 함께 알래스카로 낚시를 가게 될 수 있다는 생각에 신이 난 나는 낚시를 함께 갈 수 있냐는 질문에 대한 답을 왜곡해서 들을 수 있다. 그는 내게 "생각해 볼게요"라고 대답했지만, 희망에 한껏 부풀은 나는 제대로 듣지 못하고 그가 "물론이에요! 언제 우리 갈까요?"라고 대답했다고 생각한다. 그리고는 신이 나서 바로 비행기를 예약하고 떠날 채비를 하는 실수를 하게 된다.

플랫브레인이 듣기 능력에 영향을 미친다는 것을 확인해 보려면 화가 난 사람에게 논리적으로 무엇인가를 설명하도록 해보자. 전혀 의도하지 않았던 것이 상대에게 전달되는 것을 볼 수 있다. 울면서 집에 온 아이가 "오늘 선생님이 애들 앞에서 나한테 소리를 질러댔어"라고 말했을 때, 만약 아이에게 "선생님에게도 가끔씩은 기분이 좋지 못한 날도 있단다."라며 달래려 하면, 아이는 "네가 아무 짓도 안했는데 선생님께서 그랬겠니? 선생님이 제대로 처신하신 거겠지."라고 말했다고 생각한다. 뇌가 납작해진 아이는 감정적으로 통제가 어려워 뇌가 납작해진 어른보다도 더 제대로 듣지 못한다.

보는 것도 왜곡된다

예상했겠지만, 유사한 증상은 시각에서도 나타난다. 네모나게 납작한 뇌의 밑면은 눈과 맞닿아있다. 플랫브레인은 눈에도 압력을 가한다. 한번은 도착할 시간에 늦어서 마음이 다급해져 친절한 주유소의 청년이 지도를 보여주며 길을 알려주려고 했지만 어떤 것도 내 눈에 제대로 들어오지 않았다. 그 청년이 알려주는 내용 역
시 흐릿하게 귓가를 맴돌며 결국 아무것도 제대로 기억하지도 못했다. 플랫브레인 증상이 다시금 나타난 것이다. (다행히 첨단 기술과 GPS가 나를 포함하여 비슷한 상황에 처한 사람들을 구해줄 것이다.)

플랫브레인 된 사람들의 눈을 살펴보면 눈이 약간 돌출된 것을 알 수 있다. 내부의 압력 때문에 눌려졌기 때문이다. 기회가 된다면 "너는 맨날 늦더라", "나는 그런 거 안 했거든!" "진짜 몇 백 년 만에 처음으로 잡은 연어다!"라고 말하는 사람들의 눈을 잘 관찰해 보아라. 장담컨대 이 사람들의 눈은 다른 사람들보다 돌출되어 있을 것이다.

혼전 교육 시간에 나는 예비 신랑, 신부에게 여러 가지를 물어본다. 예를 들면, 다른 가정환경이나 관심 분야, 교육 수준, 취미, 아이 교육에 대한 태도 등에 대해 물어보고 서로 다른 의견이나 차이가 있으면 어떻게 대처할지를 질문한다. 그러면 한결같이 "우리는 서로를 너무 사랑합니다. 가장 중요한 것은 우리가 사랑한다는 것이죠!"라고 대답한다. 이 때 예비 신랑, 신부의 눈을 보면, 둘 다 모두 눈이 돌출되어 있다. 나는 이들의 상태를 보고 이들이 나의 질문을 제대로 듣지 못하는 상태라는 것을 파악한다. 나는 "이들은 심각한 플랫브레인 증후군[flatbrainitis]의 상태라 제대로 듣지도, 보지도, 생각하지 못할 거야."라고 스스로에게 말한다. 여담으로 나는 이 'flatbrainitis'라는 용어가 라틴어 'flotabrainaura'에서 기원한 것은 아닌지 조사 중이다. 어쨌든 이런 커플에게 성공적인 결혼생활에 대한 통계 자료를 보여주면서 결혼생활의 어려움이나 갈등 해결을 위한 노력 등에 대한 설명을 해봤자 모두 소용이 없다.

입 위로 위치한 눈, 귀, 머리 등의 모든 신체 기관이 제대로 기능하지 못하기 때문이다.

그래서 나는 이 예비부부가 서로의 사랑에 대해 말하는 것을 들어주기만 한다. 그러면 이들은 서로 어떻게 만났는지, 부모님이나 친구들이 이들의 사랑을 왜 반대했는지, 이 사람이 아니면 평생 사랑하는 사람을 찾을 수 없을 것 같았다며 당시 느꼈던 두려움 등 자신들의 감정 저장소에 있는 모든 것들을 꺼내 놓는다. 충분히 열정적 사랑의 열기가 입을 통해 다 빠져나가고 나면, 다시 이들의 뇌는 정상적으로 돌아오고, 눈도 정상적 크기로 되돌아온다. 그러고 나면 이 예비부부와 제대로 이야기할 수 있게 된다. 이 후 나는 이들이 미래의 결혼 생활을 잘 계획하고 생각하도록 돕는다.

배 속 가득한 감정을 덜어내는 일은 머리가 제대로 기능하도록 돕는다. 이 부분은 나중에 더 이야기하도록 하고 우선은 입을 살펴보도록 하자.

입은 초과근무

플랫브레인은 결국 사고와 청각과 시각 모두에 부정적인 영향을 미친다. 그렇다면 우리의 입은 어떻게 될까? 아래의 그림을 참고해보면, 뇌는 머리의 정수리 쪽으로 꾹 눌려 납작해지게 되면서 눈 밑으로는 더 많은 공간을 주게 된다. 이 때문에 우리의 입은 맘껏 떠들 수 있게 된다.

하지만 주의해서 볼 점은 결함이 생긴 뇌와 입은 잘 연결되어 있다는 점이다. 플랫브레인 상태에서는 쌓인 감정을 먼저 쏟아 내어 내부에 가해지는 압력을 줄이는 것이 도움이 된다. 하지만 이 때 쏟아내는 정보를 그리 믿지는 말아야 한다.

다시 한번 말하지만, 사람들이 제대로 생각하지 못할 때 플랫브레인이 말한 것을 마음에 담아두지 말길 바란다. 또한 스스로 자기 자신에게 상처를 준 말이나 행동 역시 담아두지 말아야 한다. 우리 모두가 플랫브레인이 될 수 있다는 점을 기억하자.

플랫브레인 증상에서 찾을 수 있는 미학 중 하나는 이것은 누구에게나 일어날 수 있는 증상이기 때문에 상대방이나 내 자신의 그런 모습을 잘 수용할 수 있다는 점이다. 아마 이 책을 읽으며 책의 내용 중 자신이 겪었던 경험을 빈번히 발견할 수 있었을 것이다. 이를 통해 다시 플랫브레인 증상을 보이면 웃을 수 있는 여유가 생기면 좋겠다. 이것은 문제 상황을 인지할 수 있다는 이야기이다.

내 지인들은 "지금 내 뇌가 납작해졌어."라는 표현을 자주 쓴다. 신기하게도 누군가 이런 표현을 말하면 상대는 평온해진다. 그러면서 "아, 그게 문제였구나. 나도 그게 무엇인지 알아. 내가 몰아붙이면 안 되겠네 (내가 조금 봐줘야겠는데.)"라고 말한다. 이 과정을 통해 오해했던 행동을 수용, 이해하게 되어 문제해결에 도움이 되는 여유가 생긴다. 가족이나 회사 동료에게 발생하는 플랫브레인 현상을 이해하면, 이것은 불편한 상황을 해결하여 사이좋게 일할 수 있도록 돕는다.

그렇기도 하고 그렇지 않기도 하다

한 세미나에서 50명 정도 되는 사람들에게 플랫브레인 증상에 대해 강연한 적이 있다. 강연 후 한 젊은 여성 간호사는 이것이 새롭게 개발된 생리학 이론인지 물어보았다. 그녀는 자신이 졸업한 지 5년 정도 되었는데 학교를 다닐 때는 배우지 않은 것이라고 하였다. 그녀의 질문에 모두들 웃었다. 어느 정도 우리가 진정된 후, 질문자에게 "나는 이것은 이론이기도 하고 동시에 또 이론이 아니기도 하다"라고 대답하였다.

우리의 생리적 반응을 과학적으로 설명하는 것은 어렵지 않다. 우리는 화가 나면 화 때문에 몸이 정상적으로 기능하지 못한다. 우리 행동에서 감정적, 논리적 명료성은 사라진다. 반세기 전 한 정신과 의사는 갑작스런 감정적 에너지나 불안감의 상승을 말한 적이 있다. 그는 이 상태를 우리 머리가 정상보다 조금 더 팽창된 상태라고 설명했다.

증상을 회복을 위한 4가지 목표

 플랫브레인 증상을 살펴보고 우리는 플랫브레인 상태인 상대방을 정상적으로 되돌리는 데 도움이 되는 4가지 목표를 생각할 수 있다. 그 중 하나는 상대의 이야기를 귀담아 들어주는 것이다. 4가지 목표는 1. 정서적 불안감을 줄이고 2. 사고를 명확히 하고 3. 자신감을 향상시키며 4. 상생적 관계를 향상시키도록 하는 것이다. 이런 방법은 정상적으로 기능하고 더 나은 관계를 형성하도록 돕는다. 이 책에 소개된 경청하기와 상담하기 기술은 4가지 목표를 성취하도록 돕는다. 4가지 목표를 살펴보도록 하자.

1. 정서적 불안감 줄이기

우선 몸의 배 부분을 살펴보자. 마치 컴퓨터의 뇌우(electric storm)처럼 많은 복합적인 감정 에너지는 이상한 행동을 하게 한다. 감정적인 과부하로 고통 받는 사람들을 도와줄 수 있는 방법은 이런 사람들이 자신이 느끼고 있는 감정이 무엇인지 깨닫고 풀어낼 수 있도록 돕는 것이다.

복합적 감정 때문에 힘든 사람들이 화나 불편한 감정을 조금이라도 방출할 수 있다면 자신을 위한 최선의 결정을 더 빠르게 하고 더 잘할 수 있게 된다. 사소하게는 장시간 산책을 하는 것이 도움이 되는지, 잔디를 깎는 것이 좋은지, 다른 사람들에게 화난 이유를 말하는 것이 도움이 되는지 등에 대해 잘 생각하여 결정할 수 있다. 또한 더 복잡하게는 새로운 계획을 위한 협상이나 변호사 상담 여부, 혹은 문제를 그저 내버려두는 것이 좋은지, 아니면 정보 수집 후 다시 고려할지 등 다양하게 생각할 수 있게 된다.

2. 명확하게 사고하기

감정 저장소가 팽창하여 뇌가 납작해진 경우 사람들은 혼란스러움을 느낀다. 이는 사고를 둔화시켜 대안이나 문제에 대해 정확하게 생각하고 판단하지 못하게 한다. 제대로 된 생각이 없기 때문에 도움이 되는 올바른 결정도 어렵다.

이런 경우 주변에 잘 경청해주는 사람이 있다면 혼란을 겪고 있는 당사자가 자신의 감정과 사고를 조금 더 유연하게 파악하고 자신이 행동과 상대의 행동에 대해 살펴볼 수 있도록 돕는다. 그리고 자기 자신과 자신이 처한 상황에 대해서도 이해할 수 있도록 돕는다. 이것은 명료하게 사고하게 하여 새로운 해결 방안을 찾아 건설적인 결정을 하도록 돕는다.

3. 자신감 키우기

보통 사람들은 화가 나거나 감정적인 혼란을 겪으면 자신감마저 상실하기 쉽다. 이 때 누군가 존중하며 이야기를 잘 들어주면 자신감을 회복하는 데 도움이 된다. 충분히 문제를 잘 해결할 수 있다고 믿는다는 확신을 보여주는 행위는 상대방을 정서적으로 독려하여 문제 해결을 위한 선택에 자신감을 갖고 수행하도록 돕는다.

4. 상생적 관계 형성하기

대개 사람들은 혼란스러울 때 자신의 주변에 아무도 없다고 생각하며 외로움을 느끼게 된다. 이 때문에 문제를 실제보다 더 해결하기 어려운 것처럼 생각하게 된다. 그런데 만약 누군가 자신의 말에 경청해 주는 사람이 있다면 그 사람과 친밀한 관계를 형성하게 되며 이제 자신이 혼자가 아니라고 느끼게 되는 것이다. 소통을 통해 누군가가 지지해준다는 느낌을 받게 되면 사람들은 앞으로 나아갈 용기를 얻게 된다.

플랫브레인 상태일 때 다시 뇌가 제 기능을 하도록 하기 위해서는 우선 처음 2가지 목표에 집중해보자. 불안한 감정을 덜어내고 명료히 사고하도록 제18장에 나온 듣기 기법을 이용해 보자. 이렇게 할 수 있다면 자신 스스로 플랫브레인 상태일 때 자신의 이야기를 스스로 들을 수 있는 자신을 위한 경청자가 될 수 있다.

그리고 다른 사람의 이야기를 잘 들어줄 수 있다면 이제는 상대에게도 앞에서 설명했던 4가지 마법과 같은 목표들이 일어나도록 도와주자. 다른 사람들이 자신감을 가지고 감정과 사고를 분명하게 인지하며 탄탄하고 건강한 관계를 형성하여 스스로의 삶을 통제할 수 있도록 조력자로서 힘을 실어줄 수 있을 것이다.

우리 몸에 나타나는 플랫브레인 증상에 대해 자세히 알고 싶다면 부록에서 플랫브레인 슬럼프를 찾아보면 도움이 될 것이다.

5. 플랫브레인 탱고

이제 내가 앞서 설명한 '플랫브레인 증상'을 보이는 사람들과 만났을 때 어떤 일이 일어나는지 살펴보자. 플랫브레인 탱고를 위한 음악이 준비되어 있다.

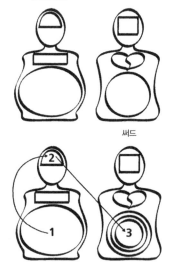

플랫브레인

써드

이야기는 점점 복잡하고 흥미진진해진다. 한 플랫브레인 된 사람이 다가온다. 이 때 이 사람을 진정시키고, 제대로 생각하게 도와 사람들과의 관계를 잘 하도록 도울 수 있거나 혹은 상대가 현재 플랫브레인 상태라는 것을 인식할 수 있겠는가?

옆에 그림에 보이는 '플랫브레인'은 우울하거나 흥분해 있거나 혹은 화, 행복, 두려움 등의 감정으로 휩싸인 사람을 나타낸다. 이런 사람은 보통 사교 모임이나 회사에서 주변 사람에게 전염병과 같이 감정적 감염을 시킨다. 또한 다른 플랫브레인 증후군의 사람들

[Flatbraintis]에게도 나쁜 영향을 미칠 수가 있다. 플랫브레인 사람들은 우리 가족들이 그러했던 것처럼 정신없이 말하며 '쪼아대기' 바쁘다. 이런 류의 사람들이 주위에 있으면 분위기가 무거워져 같이 있는 사람들은 갑갑함을 느껴 숨쉬기조차 힘들어질 수 있다.

'써드(Thud)'라고 이름 붙인 그림의 사람들이 우리이다. 현재 우리의 상태는 편안하고 행복한 상태로 배, 가슴, 머리 세 부분의 작용이 제대로 기능하는 상태이다. 플랫브레인 상태인 사람들의 감정적인 불안은 우선 (1) 자신들의 머리에 충격을 주고 (2) '써드'인 사람들에게 공격을 가한다. 이런 사람들은 입을 열자마자 첫 마디로 하는 말이 "회사 임금은 충분하지 않아요, 제 일에 대해 제대로 보상하고 있지 않단 말이에요", "제 남편이 (혹은 제 아내가) 갑자기 세상을 떠났어요.", 혹은 "도대체 너는 왜 저 소파를 산 거야?"와 같은 말이다.

마치 배 속에서 가라앉는 듯한 느낌을 감지하여 플랫브레인 사람들과 이 사람들이 보이는 증상을 포착할 수 있다. 나는 이것을 (3) '써드 경험'이라고 부른다.

그림으로 그려보면, 사업 현장에서 벌어지는 치열한 공방전과 비슷하다. 플랫브레인 사람들이 써드 사람들에게 배 속으로 날린 펀치 한 방은 써드 사람들 역시 플랫브레인 현상이 일어나도록 만든다(3 번과 4번). 그리고 나면 다음에는 무슨 일이 발생하는가? 당연히 또 다른 '공격이나 방어'가 등장하게 되며 다음과 같이 말한다(5). "당신 임금은 회사에서 줄 수 있는 만큼 최대로 주고 있는 거예요."

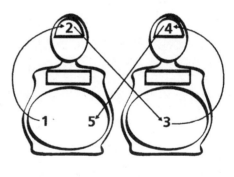

그런데 방어적 혹은 공격적 대꾸는 도움이 되는가? 전혀 그렇지 않다. 방어적인 태도를 취하게 되면 이 자체로 이미 복잡한 감정으로 배 속이 가득 채워지고 심장이 딱딱하게 굳고 플랫브레인이 된 사람들을 공격하게 되는 것이다. 이 방어적 행동은 상대에게 불안감을 더해주며 이 사람들이 다른 사람들과 협력할 수 있는 능력을 감소시킨다.

플랫브레인 탱고

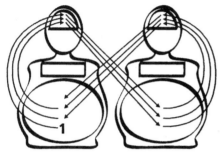

비록 방어적 태도라고 부르긴 했지만, 사실 공격과 방어는 같은 것이라는 것을 생각해야 한다. 방어를 위해 발사한 미사일은 공격한 사람이 쏜 미사일과 마찬가지로 상대를 가격한다. 사람과의 관계에 있어서도 이 원리는 똑같이 적용된다. 앞에서 살펴본 것처럼 이미 플랫브레인 된 사람의 감정 저장소인 배를 방어라는 목적 아래 다시 한번 공격하게 되면 플랫브레인 된 사람의 고통은 배가된다. 그래서 이미 플랫브레인 된 사람의 뇌는 더더욱 플랫브레인의 상태가 된다. 그러면 2차 공격 혹은 방어전이 벌어지게 된다. 이처럼 왔다 갔다 하는 공격/방어의 탱고는 계속된다.

사람들 간의 플랫브레인 탱고는 국가 간의 전쟁 확산 현상과 유사하다. 만약 한 국가에서 국경에 추가 병력을 증대하면 상대는 탱크를 보충하고 그러면 그에 응수하여 상대는 또 다시 유도 미사일을 배치하게 된다. 그리고 나면 곧 총력전을 펼치게 된다. 사람들이나 국가 사이에 벌어지는 이런 확산 현상을 자주 보지 않았는가?

플랫브레인 사람과 써드 사이에는 이런 대화가 발생한다.

플랫브레인(FB): 회사에서는 당신의 호화로운 점심 식사나 여행비용에는 꽤 후하게 비용을 지불하던데요."

써드(T): 그런 일에는 그에 타당한 이유가 있는 거예요. 저는 제 몫을 잘 하고 있고요.

플랫브레인(FB): 그렇겠죠. 그게 도움이 되겠죠. 맞다! 회사가 당신네 가족 소유지요.

써드(T): 가족인 것과는 상관이 없어요. 당신 업무 실적이 현재 회사에 많은 도움이 되지 못하기 때문이에요.

플랫브레인(FB): 당신이 말하는 그 '업무 실적'이라는 것은 당신만의 생각이겠죠.

써드(T): 그렇게 불만이라면 일을 그만 두면 되겠네요. 당장 그만 두세요.

법정싸움

플랫브레인 탱고의 또 다른 이름은 아마도 '법정싸움'이라고 말할 수 있다. 텔레비전을 켜면 자주 변호사와 배심원단과 판사가 승소를 위해 전쟁 같은 싸움을 하는 것을 볼 수 있다. 이기는 것만이 전부인 것 같이 보인다. 페리 메이슨(Perry Mason), 맷락(Matlock), 엘에이 로 (LA Law)와 같은 법정드라마는 우리가 법정식 사고방식을 갖도록 자극 한다. 프랙티스(The Practice), 판사 에이미(Judging Amy)나 수많은 로 앤 오더(Law and Order)같은 법정 드라마의 시청은 다시 한번 우리에게 법정식 사고방식을 굳히게 한다. 마지막에는 보스턴 리걸(Boston Legal) 법정드라마로 뼈 속 깊이까지 법정식 사고방식을 각인시킨다. 이런 법정 물에는 책들도 많다. 법정 스릴러 작품으로 유명한 존 그리샴(John Grisham)이나 스캇 터로우(Scott Turow)와 같은 작가의 작품이 책장을 채우고 있다. 이미 많은 법정물들이 시장을 장악하고 있고, 앞으로도 더 많은 법정드라마나 소설이 쏟아져 나올 것이다.

텔레비전은 유명 인사들의 범죄 사건을 아주 세세히 다루며 연일 방영한다. 대중들은 참을 수 없다고 평가하지만, 결국 광고주는 많은 시청자에게 노출된 방송의 결과를 시간당 방송 시청률로 평가하게 된다. 지겁다고 불평하던 대중조차도 결국에는 마치 변호사처럼 방송에서 다룬 내용을 소소한 부분까지 언급하며 논쟁하기 시작한다. 법정드라마와 소설은 언쟁적인 의사소통 방식을 무의식적으로 우리에게 세뇌시키게 된다.

그리하여 우리 문화규범은 누군가에게 공격을 받으면 스스로 방어할 권리가 있다고 규정하게 된다. 하지만 이런 태도가 사람 사이의 관계에서 도움이 된다고 생각하는가?

법정식 사고가 확산되면서 이것은 점차 사람들과 소통하는 방식에까지 영향을 미친다. 이것은 의사소통을 마치 승소-패소의 법정 게임처럼 만들어 버린다. 그리하여 많은 사람들은 일상 대화에서조차 비난과 변론 없이는 대화하지 못한다. 그 결과 우리는 끊임없는 플랫브레인 탱고를 추게 되었다.

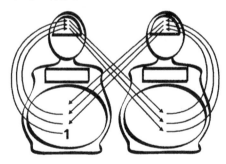

저녁 식사 때 아내가 남편에게 불평을 쏟아내게 되면 이런 식의 논쟁이 종종 발생한다. 남편에게 "저녁 식사에 또 늦었군요."라고 불평을 쏟아내는 순간, 남편은 "무슨 말이야? 내가 집에 왔을 때 저녁이 제대로 준비되어 있던 적이 언제 한번 있었어?"라고 응수한다. 그러면 다음과 같은 언쟁이 발생한다.

아내: "내 말은, 당신이 우리 애들이나 나랑 저녁 먹으려고 제 때 집에
　　　온 적이 없다고요."
남편: "집에서 누군가는 돈을 벌어야 먹고 살지. 당신이 돈 벌어?"
아내: "집에서 애들이나 잘 키우라고 하던 게 누군데요?"
남편: "아… 그래서 하루 종일 텔레비전이나 보고 있었던 거구나. 집안
　　　꼴이 이게 뭐야. 애들은 다들 제멋대로라 말도 안 듣고."

우리는 서로를 비방하는 법정싸움식 언쟁에 익숙하다. 누군가가 우리
의 신경을 건들면 당장 검사나 변호사처럼 변할 것이다. 여러분 스스로
에게도 이와 유사한 방어적 태도를 쉽게 찾아볼 수 있을 것이다. 간단하
게 날씨 이야기를 할 때조차도 눈을 치켜뜨며 상대를 쏘아 부친다. 하늘
을 보며 누군가가 "오늘은 날이 더워질 것 같아"라고 말하면, 눈 깜박할
새도 없이 다른 누군가가 끼어들어 "하늘에 구름 안 보여? 곧 비가
올 것 같잖아. 우산 챙겨가야지."라며 반박한다. 수위가 낮은 방어지만,
그래도 이 역시 논쟁적이기 때문에 상대는 정서적 고립을 느낄 수 있다.

날카로운 방어적 대꾸는 사람들과의 관계에 치명적이다. 단지 조금
방어적일뿐이었다고 하지만 이런 태도는 관계에 전혀 도움이 되지 않는
다. 그리고 서로에게서 느낄 수 있는 편안함을 빼앗아 간다. 우리는
미처 의식도 하지 못한 채 자기 방어적 태도로 상대를 대한다.

누군가를 평가하거나 거꾸로 내 자신이 평가 받을 때 무의식적으로
우리는 법정싸움식 탱고 춤을 추기 시작한다. 승소와 패소, 기소와 변론
은 논쟁적 탱고를 위한 음악이 되어준다.

그 결과 나를 판단, 평가하려고 하는 사람들을 멀리하게 되고, 거꾸로
우리가 평가한 사람들 역시 우리를 멀리한다.[4]

---

4) 비판하고 방어하기에 대해 자세히 알고 싶다면, <14장 화자-청자 카드(TLC)-청자가
　 피할 것>을 참고하길 바란다.

법정싸움을 원하는가? 협력을 원하는가?

일을 할 때 누군가 실수를 하면, 사람들은 그 실수를 지적하며 다음과 같이 말한다. "또 틀렸네요." "또 멍청한 짓 했네요." "지금 회사가 망하는 거 보고 싶은 거예요?" 법정식 사고방식은 재판처럼 발생한 일을 마치 사건처럼 구성한 후 시비를 나누어 그에 합당한 응징을 한다.

법정식 사고방식과 협력적 사고방식을 비교해보자. 협력적 사고방식의 목적은 공공의 이익을 위한 협력이다. 회사의 경우에는 회사의 이익을 위한 협동과 의견 공유를 통한 건강한 협력관계 형성이다. 그래서 같은 실수에 대해서도 사람들은 다음과 같이 말한다. "상황을 정확하게 알려줄래요? 그러면 우리가 그 상황을 이해해서 이 일을 계기로 잘못된 점이나 부족한 점을 고칠 수 있을 것 같아요.", "우리 같이 이 일이 왜 발생하게 됐는지 생각해 보고 다음을 위해 준비하도록 합시다.", "우리가 서로의 장단점을 파악하면 일을 더 효율적으로 분배할 수 있어 도움이 될 거예요. 앞으로의 일에도 더욱 성공적인 전략을 세울 수도 있고요."

같은 문제에 대해 전자의 사고방식은 비판적이고, 후자는 그렇지 않다. 법정식 사고는 우리를 좌절시키지만, 협력적 사고는 우리가 함께 협력하여 발전하도록 돕는다. 협력적 사고는 상생적이고, 윈-윈 전략이다. 법정식 사고는 승자와 패자로 나뉘는 것 같아 보이지만 실제적으론 패자만 있을 뿐이다.

플랫브레인 탱고는 감정적 관계와 마찬가지로 사무적 관계에서도 악영향을 준다. 비영리 기관, 교회, 정부 등 모든 형태의 협력을 요하는 집단 활동에서는 구성원들이 공동의 목표를 가지고 협력하며 일을 추진하는 것이 모두에게 중요하다.

이 책의 독자들이 자신이 탱고를 추고 있을 때 그 사실을 발견할 수 있길 바란다. 그리고 만약 본인이 플랫브레인 탱고를 추고 있다는 사실을 인지했다면 그 상황에서 벗어나기 위한 첫 걸음으로 탱고에서 벗어나 협력적이고 서로 만족할 수 있는 관계를 형성하도록 노력하길 바란다.

6. 플랫브레인 증상에서 벗어나기

만약 플랫브레인 탱고로 빠져들고 있는 자신을 발견한다면, 더 이상 탱고에 빠져들지 않으면서 상황을 호전시킬 방법이 있을까? 그렇다. 방법이 있다. 하지만 그렇게 하기 위해서는 우리가 빠져 나오려고 애쓰는 행위 자체를 멈춰야 한다.

승자가 되고 싶은가? 친구가 되고 싶은가?

피터 셀러(Peter Seller)가 주연한 영화 핑크팬더(Pink Panther)에서 그는 엉성한 실수투성이 탐정이다. 영화 속에서 교활한 악당 역을 맡은 데이비드 나이븐(David Niven)은 클로디아 카더나일(Claudia Cardinale)이 연기한 아름다운 젊은 공주에게 자신의 매력을 어필하며 좋은 샴페인을 대접한다. 날이 저물면서 둘은 술에 취해 서로에게 호감을 표현한다. 이 때 공주는 그에게 이렇게 질문을 한다. "저는 지금 완전히 무방비 상태입니다. 그럼 이제 당신이 나를 정복할 승자가 될 것인가요? 아니면 나의 친구가 되어줄 것인가요?"

공주의 이 말은 사람들과의 관계에서 우리의 제1 목표가 무엇인지 묻는 근본적인 질문이다. 우리는 친구가 되고 싶은가? 상대를 이기고 올라서는 승자가 되고 싶은가? 사람들은 불안감을 느낄 때 다양한 조치를 취한다. 당신은 승리를 성취하기 위해 자신을 통제하며 스스로를 몰아붙이기를 선택할 것인가? 아니면 위험을 감수하더라도 상대방의 이야기를 듣고 이해하려고 노력하며 공동의 목표를 위해 함께 노력할 것인가?

결혼 초창기에 나는 아내와 재봉틀 구매 때문에 다퉜던 적이 있다. 말다툼을 하게 되면 승자는 종종 나의 몫이었다. 왜냐하면 따지기에 꽤 소질이 있기 때문이다. 하지만 나는 당시에 '잘 따지는 것'이 항상 우리에게 도움이 되진 않는다는 교훈을 얻었다. 언쟁을 통해 드디어 내가 사자고 우겼던 재봉틀을 구매하였다. 당시 내가 고른 제품이 기술적으로 최고로 앞선 신제품이었지만 실제로 재봉틀을 사용하는 아내에게는 맞지 않는 제품이었다. 아내의 스타일이나 아내가 원하던 사양을 전혀 고려하지 않은 선택이었던 것이다. 결과적으로는 그 날의 선택은 우리 둘 모두에게 실패를 안겨주었다. 아내 자신이 원하던 제품도 아니었고, 아내에게 필요했던 기능을 만족시켜주는 모델도 아니었기 때문에 결국 아내는 이 제품을 자주 사용하지 않았다. 더 안 좋았던 점은 이때 했던 논쟁 때문에, 특히 내가 따져 승리하고, 아내가 지게 된 결과 때문에 우리 부부 사이가 나빠졌다는 것이다.

사람 사이의 관계에서 승자가 있다는 말은 거기에 항상 패자 역시 존재한다는 말이다. 여기서 승리와 패배는 우리 삶의 본질을 유지하거나 가족을 보호하기 위한 투쟁, 건강한 사회를 건설하려는 노력 같은 것을 의미하는 것이 아니다. 때로는 승리하는 것이 매우 중요한 때도 있다. 하지만 더 어려운 점은 승리를 위해 노력해야 하는 시점이 언제인지를 잘 파악하는 일이다. 이것은 우리에게 싸워서 이기려고 하는 건강하지 못한 욕구가 있기 때문이다. 이 욕구 때문에 자신이나 다른 사람 혹은 우리의 관계에 가장 좋은 것을 제대로 판단하지 못하게 된다.

이기려는 욕구

앞에서도 말했지만 이기려고 하는 욕구에는 건강한 욕구와 건강하지 못한 욕구가 있다. 이 두 욕구 사이에는 차이점이 있다. 이것을 가장 잘 보여주는 예시가 바로 스포츠이다. 어떻게든 이기기 위해 수단과 방법을 가리지 않고 만약 약물복용, 반칙, 속임수 등을 하거나 상대 선수에게 고의적 상해를 입히며 싸워 이기려는 욕구가 건강하지 못한 욕구의 예시이다. 반면 건강한 경쟁 욕구는 고된 자기 훈련과 극기를 통해, 집중력을 발휘하고 자신에게 시간과 에너지의 투자하는 것이다. 심지어 상대에게 유리할 수도 있지만 잘못된 점을 발견하게 되면 이를 인정하고 알리는 것도 포함된다. 사람들은 선수들의 이런 정직함에 감명받고 박수갈채를 보낸다. 이것이야말로 진정한 스포츠 정신이다.

누구나 이기고 싶어 하는 욕구가 있다. 나 역시 그러하다. 문제는 이런 욕구가 불안감과 함께 동반될 때 건강하지 못한 욕구로 변질된다는 것이다. 불안감을 줄이기 위해 우리는 갑자기 이겨야만 한다고 느끼게 된다. 그래서 어떤 대가를 치르든 자기 자신을 남들에게 입증해 보이려고 애쓰게 된다.

이런 종류의 승리는 다른 사람보다 자신이 뛰어나다는 우월감 성취와 관련이 깊다. 관계에서 부정적 승리 욕구는 대화 중 상대방을 존중하지 않고 싸워 이기려고 할 때 등장한다. 사람들은 온갖 사실을 열거하며 대화를 방해하는데 이때에도 건강하지 못한 승리 욕구가 나타나게 된다. 타인을 비난하거나 낙담시키고 자신을 방어할 때, 상대방의 성격과 행동의 의도를 공격하면서 논의가 중단될 때 역시 이런 부정적 승리 욕구는 등장한다.

건강하지 못한 승리 욕구는 우리 자신의 일부이다. 그리고 우리 몸 속 깊이 자리잡고 있다. 하지만 이기려고 하는 충동에 대적하여 자칫 더 커질 수 있는 싸움을 피할 수 있다. 1장에서 살펴봤던 커플들의 예시가 이를 보여준다.

나는 사람들과 대화하고 연구하며 건강하지 못한 승리 욕구와 갈등 에 대해 깊이 생각해 보았다. 사람 사이의 관계를 건강하게 유지 발전시 키기 위해서는 우리는 이기려고 하는 욕구에서 벗어나야만 한다. 관계 를 해하는 우리 내면의 부정적 욕구를 인식하고 스스로를 경계해야 한다.

우리가 법정식 사고와 태도로 다른 사람들과 관계를 형성한다는 사실 을 깨닫는 것 자체가 의미가 크다. 이것은 이미 적이 누구인지 안다는 의미가 된다. 타인을 향한 방어기제를 버리고 사람들이 분노 속에 숨기 고 있는 숨은 상처와 관심을 받고자 하는 욕구에 귀기울여 보자. 이를 통해 우리는 파괴적 관계로 이끄는 승패의 게임에서 벗어나 살아 숨 쉬는 협력적 관계를 형성할 수 있게 될 것이다. 타인과의 관계에서는 승자가 아닌, 진정한 친구가 되어줄 수 있는 것이 중요하다.

써드(Thud) 다루기

건설적인 관계 형성을 위한 의사소통 공부를 이제 막 시작한 초심자들 에게는 써드 느낌은 일종의 상황을 알려주는 신호가 될 수 있다. 써드 상태일 때 우리는 상대가 상처받았기 때문에 우리를 공격하고 있다는 점을 파악할 수 있다. 그렇다면 우리가 할 일은 상황이 악화되는 것을 막고 이 상처받은 사람을 돕는 일이다. 써드 느낌은 이 모든 상황을 파악하는 데 단서가 된다.

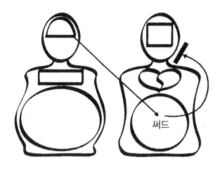

논쟁의 음악에 귀를 닫고 플랫브레인 탱고를 멈춰라. 그런 다음 써드 감정을 인지하고 자신을 방어하려고 애쓰지 마라. 써드인 상태에서 상황이 악화되는 것을 방지하며 상대방의 문제가 수면 위로 드러날 수 있게 돕는 대응 방식이 일반적이라고 보긴 힘들다. 우리는 이러한 행동을 어느 전문가가 말한 것처럼 '일시적인 일탈행동'이라고 명명하면 좋을 것 같다. 일시적 일탈행동은 사회적, 문화적 기준이 되는 행동과는 다른 행동으로, 상대를 쪼아대고 공격하는 의사소통법에서 벗어나 새로운 방법으로 소통을 시도하는 행동을 말한다.

일시적 일탈행동이라고 불리는 급진적인 이 의사소통 방법을 함께 시도해 보자. 다시 한번 말하지만 대화의 목적은 이기는 것이 아니라 이해하는 것이고, 사람 사이의 관계 지향점은 논쟁을 통한 시비 판정이 아닌 조화로운 동반자적 관계 형성이다.

우리에게는 근본적인 태도 교정이 필요하다. 다시 말하면 사랑과 관용을 가지고 행동할 필요가 있다는 것이다.

써드를 감지하는 것은 상대에게 문제가 있고 내가 도울 필요가 있다고 깨닫는 첫 번째 단계이다. 실제 이것을 연습했던 한 친구는 자신이 썼던 가장 유용했던 방법이 "지금 써드를 느꼈어. 내 생각에는 이 친구가 문제가 있는 것 같아. 내가 도와줘야겠어."라고 말하는 것이었다고 한다.

하지만 써드를 경험해보면 알겠지만, 써드를 느끼자마자 본능적으로 우리의 태도는 "우리에게 문제가 있으니 방어적 태도를 취해야겠다."로 변질된다. 강력한 써드 때문에 우리 역시 플랫브레인 상태가 되어 제대로 생각하지 못하게 된다. 그리고 곧 자신에게 문제가 있다고 생각하게 된다. 여기서 우리의 문제는 이미 플랫브레인 상태가 되어 우리를 먼저 공격한 사람의 문제와는 다른 문제가 된다.

그러니 이제는 문제가 두 가지가 된 것이다. 플랫브레인 사람의 문제와 써드를 경험해서 새롭게 문제를 얻게 된 우리 자신의 문제이다. 우리가 자신의 문제에만 집중한다면 상황은 악화되고 상대가 문제를 이해하도록 돕는 데 실패하게 될 것이다. 결국 문제를 겪고 있는 상대에게 아무런 도움을 주지 못하게 된다.

배 속에서 무엇인가 묵직한 것이 가라앉는 듯한 느낌을 받으면 우리는 스스로를 방어하고 싶은 충동을 느낀다. 하지만 이 순간 나는 완전히 플랫브레인이 되기 전 나 자신에게 "내가 원하는 것은 우리 사회에서 자주 사용되는 표준적 방어 기제가 아니라 일시적 일탈 행동이야."라고 되뇐다.

나는 몇 년 동안 이런 사고를 연습했다. 언젠가는 내 머리 속에 남아있는 모든 방어 기제를 뿌리째 사라질 수 있을 것이라 생각하며 수없이 연습했다. 하지만 나 역시도 종종 플랫브레인 상태에 빠져 그간 연습했던 모든 것이 물거품이 되어 버리곤 했다. 하지만 포기하지 않고 다시금 문제가 무엇이고 어떻게 해결할 수 있을지를 고민했다.

당해도 싸다?

써드 감정을 느끼면 이런 생각이 떠오른다. '나는 이 정도밖에 가치가 없는 사람인가?' 나는 한참을 생각하다가 이렇게 생각을 정리해 보았다. "우리 모두는 좋은 점과 나쁜 점 모두를 가지고 있다. 그리고 해야만 하는 모든 것을 하지 않고 하지 말아야 하는 것을 하기도 한다." 그러니까 정리하면, 우리가 항상 옳을 수는 없는 일이다. 이런 생각은 우리가 한 배를 동승한 일원이라는 동질감을 느끼게 해준다. 그래서 누구도 자신을 방어하기 위해 상대를 공격해서는 안 된다.

나는 내 스스로를 천성적으로 '착하고 좋은 사람이야'라고 생각한다. 여러분도 스스로를 그렇게 생각하지 않는가? 그러니 '당해도 싸다'라는 표현에 해당하는 사람은 아무도 없다. 결과적으로 우리에게는 문제가 없으니 스스로 방어하려고 애쓸 필요도 없는 것이다. 그리고 죄책감을 야기하는 '나는 당해도 싼가?'라는 질문을 던지며 고민할 필요조차도 없다.

우리 마음속이나 머릿속에 써드가 침입한다면, 플랫브레인 탱고에 장단을 맞추기보다는 플랫브레인 된 사람과 그 사람의 문제에 집중하도록 하자.

의사소통 습관 변화시키기

오랜 시간 몸에 벤 의사소통 방식은 어떻게 하면 바꿀 수 있을까? 우선은 우리 스스로를 인정할 필요가 있다. 대화를 할 때 우리는 상대의 기분과 생각을 이해하며 좋은 관계 형성을 위해 집중하기보다는 내 생각을 내 방식대로 이야기하는 데 집중한다. 이 사실을 인정하도록 하자.

먼저 자신의 이야기를 하기보다는 "상대방이 말하는 것에 집중하자!"라는 말을 명심하자. 그러나 우리는 아마 상대방이 말하고 있을 때 그 이야기에 집중하기보다는 내 생각이 어떤지 미리 앞서 생각하고 있는 자신을 종종 발견할 것이다.

우리는 대화를 할 때 상대의 이야기를 듣기보다는 대화가 멈춘 사이에 끼어들어 내가 할 말을 머릿속으로 구성하고 있다. 이런 듣기 형태를 "의례적 듣기(ritual listening)"라고 혹자는 말한다. 의례적 듣기는 듣기 처럼 보이지만 실제로는 듣기가 아니다. 이건 단순히 상대방이 말을 멈추기만을 기다리는 행위로 내 의견을 개진하거나 논쟁하여 상대를 이길 기회를 노리고 있는 것과 같다. 결과적으로 보면 우리가 말할 내용에 집중하고 상대방이 말하는 것에는 전혀 집중하지 않는 것이다[5].

훌륭한 청자가 된다는 것은 내 관심사가 아닌 상대의 관심사에 우선적으로 집중하는 것을 의미한다.

다음 번에 친구나 친척, 또는 업무적 관계에 있는 사람들과 대화를 할 때 좋은 청자가 되기 위해 노력해 보자. 내 생각은 잠시 접어두고 상대방이 무슨 생각을 하고 있는지, 걱정은 무엇인지, 왜 사람들은 저렇게 행동하는 것인지 생각하며 상대방에게 온전한 주의 집중을 쏟아 보자.

그리고 내가 말하고 싶은 것에서 벗어나 상대방의 관점에서 얼마나 오랫동안 집중 가능한지 시도해보자. 그러면 온전히 집중하여 상대의 이야기를 들어준다는 것이 얼마나 어려운 일인지 깨닫게 될 것이다.

두 번 뒤집어 꼬기

플랫브레인 된 사람과 대화할 때 발생하는 부정적 영향을 피하기 위해 나는 '두 번 뒤집어 꼬기 기술'을 사용한다. 아래 그림을 참고하여 이 기술에 대해 이해하여 보자.

---

5) 의례적 듣기에 대해 더 알고 싶다면 <16장 의사소통을 방해하는 몇 가지 요소—1. 의례적 듣기>를 참고하도록 한다.

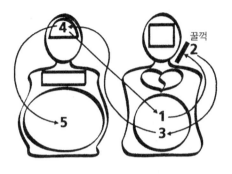

옆 그림을 보면 배 부분부터 시작한다는 것을 알 수 있다. 배에서 써드 느낌을 감지하며, (1) "아, 지금 한 방 먹었다."라는 걸 느낄 수 있다. 하지만 배로 전달된 감정적 공격을 인지는 하되, (2) "꿀꺽" 삼키도록 한다.

그 단계가 두 번째 단계이다. 배로 전달된 공격이 머리로 전달되지 못하게 꿀꺽 삼켜 머리로 전달되는 것을 막는다. 이를 통해 내 자신이 플랫브레인이 되는 것을 막을 수 있다. 그리고 (3) 재차 내 배에서 느껴지는 감정을 다시 확인한다. 이 단계가 세 번째 단계이다. 나는 "천성적으로 착하고 좋은 사람이다"라고 생각하며, 상대를 공격할 마음이 없다는 것을 명심한다. 그렇다면 내가 상대로부터 받은 공격은 내게 어떤 의미인지 생각해 보자. 플랫브레인 된 사람은 내가 친구이자 도와줄 사람이라는 것을 보지 못한다는 것을 파악한다. 네 번째 단계는 (4) "이 사람은 플랫브레인 상태야"라는 것을 파악하고 왜 지금 나를 공격하고 있는지 이해한다. 이것은 플랫브레인 된 사람이 문제가 있다고 알리는 신호인 것이다.

그림 속 선을 계속 따라가 보면, 플랫브레인의 원인을 찾을 수 있다. 바로 (5) 제대로 처리되지 못한 감정으로 넘쳐나는 배이다. 플랫브레인 된 사람에게 공격을 받으면 나 역시 플랫브레인이 될 수 있지만 그러기 전에 차례로 위의 감정 처리 과정을 따라 플랫브레인 사람과 나 사이에 일어나고 있는 일을 이해하고 대처한다.

아래의 그림에서 보여주는 것이 '두 번 뒤집어 꼬기' 과정이다. 주어진 예시 상황과 함께 다시 한번 그려진 선을 따라가며 이해해 보자.

F-B: "제가 하고 있는 일에 대해 당신은 충분한 대가를 제게 지불하고 있지 않잖아요."

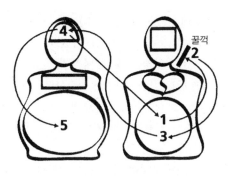

T: (속으로 자신에게 혼잣말 하며 (1)'아! 지금 한 방 먹었네. 써드 상태다.' 머리가 플랫브레인 상태가 되는 것을 방지하기 위해 감정 처리 기관인 배 부분을 달래며) "오! 저런. 방금 그 말이 무슨 의미이지요? 다시 한번 설명해 줄래요? 제가 잘못 이해하여 오해할까 걱정되어서요."

F-B: "지금 제가 제대로 된 월급을 받고 있지 못하다고요. 임금 인상이 필요합니다!!"

T: (플랫브레인 사람에게 받은 공격으로 나의 머리로 전달되는 (2) 나쁜 감정을 다시 배 속으로 삼키며 (3) 스스로에게 나는 좋은 사람이라는 점과 F-B는 현재 나를 공격하고 있다는 사실을 모르고 있다는 점을 상기시킨다. 그리고 (4) '두 번 뒤집어 꼬기' 선을 따라 F-B의 납작해져 기능을 잃은 뇌를 향해 내가 이해한 점을 반복하여 말해준다.) "아, 그렇군요. 지금 현재 제대로 된 임금을 받지 못하는 상태이고, 재정적 여력이 더 필요한 상황이군요!"

F-B: "맞아요! 이 싸구려 회사는 직원들을 제대로 대우하고 있지 않아요!"

T: ((4) 머릿속 상태를 인식한 후 이제는 (5) 감정을 담당하는 배 부분을 살피며) "이야기를 들어보니 이 회사가 제대로 직원들을 대접하지 않아 화가 나신 것 같네요."

F-B: (화나게 만든 요인을 인정받아 분노가 조금은 가라앉으면서) "맞아요. 나는 이 회사가 자기네 가족 직원과 일반 직원을 다르게 대우하는 것이 매우 마음에 들지 않아요."

T: (방금 전 말은 가족 직원인 나에게 감정적 영향을 주는 말이기 때문에 스스로 다시 (1)부터 (3)까지의 단계를 반복한 후 (4)단계

에 집중하도록 한다.)

　(1) "아! 또 한 방 먹었다."

　(2) 감정을 꿀꺽 삼키며,

　(3) "착한 사람을 공격한다는 것은 이 사람이 지금도 여전히 화가 나 있고 플랫브레인 상태인 것이다"라고 되뇌며 스스로를 상기시킨다. 그리고 나면 다시금 (4)번 단계로 다다를 수 있다.

　(4) "친족주의적 회사 정책은 전혀 도움이 되지 않을 텐데."

　(5) "이것 때문에 일반 직원인 당신에게 피해를 입힌 것 같네요"

F-B: "진짜 정말 그래요. 전 이 회사에서 일하는 것이 좋습니다. 하지만 적은 보수 때문에 경제적으로 힘들어요. 어떤 조치가 필요하다고 생각해요."

이런 식의 대화과정은 실제로는 문제를 인식하고 해결하는 데 더 오래 걸릴 수 있지만, 편의를 위해 여기에서는 그 과정을 다소 짧게 축약하여 설명해 보았다.

이성적 대화, 감정적 대화, 감성적 대화 반영하기

'두 번 뒤집어 꼬기' 과정을 반복하면서 플랫브레인 사람과 (4) 이성적 대화(head talk)와 (5) 감정적 대화(stomach talk)를 나눈다. 이 과정을 통해 플랫브레인 사람은 감정적 과부하상태를 점차 해소하게 되면서 명확하게 사고할 수 있게 된다.

(4) 이성적 대화와 (5) 감정적 대화를 통해 사고와 감정의 두 세계를 오가며 사람들은 스스로 성장하게 된다[6].

---

6) 반복적 대화과정에 대해 자세히 알고 싶다면 <18장 기본적인 듣기 기법—감정과 생각 사이를 규칙적으로 오가라>를 참고하도록 한다.

머리와 배 부분을 왔다 갔다 하며 대화하는 것이 기본적인 과정이지만, 가끔은 우회적으로 열린 마음과 수용적 태도를 도와주는 마음의 대화도 도움이 된다. 이를 통해 플랫브레인 사람이 가진 인간적인 면모를 이끌어 낼 수 있다.

플랫브레인 사람이 "당신은 지금 내가 하는 일에 대해 충분한 대가를 지불하고 있지 않잖아요!"라고 말할 때 써드는 플랫브레인을 감성적 대화로 (4-6과정) 이끌 수 있다. 이와 함께 덧붙여 말하길 "그러니까 당신 생각에 자신의 일에 대해 제대로 보상받고 있지 못하다고 생각한다는 거죠." 또는 플랫브레인이 "이 싸구려 회사는 직원들을 제대로 대우하고 있지 않아요!"라고 말할 때 써드는

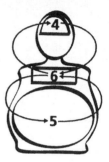

4-6과정을 통해 "회사가 직원들을 제대로 대우하지 않는다는 말씀이시죠."라고 응답하거나 5-6과정을 통해 "회사 때문에 상당히 감정이 상하셨나 봅니다. 회사가 직원들을 제대로 대우하지 않는다고 생각되시는 거죠."라고 응답해줄 수 있다.

공감대를 형성하는 감성적 대화는 플랫브레인 사람이 다른 모든 이들의 생각이 자신과 다를 수도 있다는 점을 깨닫게 해준다.

감성적 대화는 플랫브레인 사람의 심장 기능을 원래대로 되돌리는 데 도움이 된다. 그래서 스스로가 자신만의 관점으로만 대화하고 있었다는 것을 인지하게 돕는다. 그래서 이제는 다른 사람들의 의견과 시야를 수용할 필요가 있다는 점을 생각할 수 있게 된다7).

---

7) 심장 기능을 활용한 대화 기술에 대해 더 자세한 정보를 원한다면 <19장 특수한 상황에서의 듣기 기법—해야만 하는 것들>을 참고하도록 한다.

새로운 음악에 맞추어 춤을 춰 보자.

당신의 배에서 무언가 묵직한 느낌 써드가 느껴진다면,
당신의 뇌가 점점 납작해지는 느낌을 받는다면,
당신의 눈이 충혈되며 붓는 듯한 느낌을 받는다면,
당신의 귀가 점점 들리지 않는 듯한 느낌을 받는다면,
그러면 당신은 점점 스스로를 방어하고 싶어질 거라네.
그리고 누군가를 공격하고 싶은 욕구가 생겨날 거라네.
하지만,
그러지 말고…
내 안에 북받치는 무거운 감정을 삼켜버려, 꿀꺽. 꿀꺽.
그리고 '두 번 뒤집어 꼬기'를 춰 보세.

언젠가는 위의 시에 걸맞은 멜로디를 첨가하고 싶다.

2

듣기-말하기 과정

7. 탱고 너머로 가기

그렇다면 우리는 플랫브레인 탱고(무감각한 뇌)를 대신하여 어떤 방법으로 소통해야 서로의 마음과 생각을 인정하면서, 정보를 명확히 공유하며, 상호 공감 및 신뢰 그리고 협력을 이끌어낼 수 있는 것일까?

그것은 듣기-말하기 과정을 통해 가능하다. 듣기-말하기 과정이란 대화 참여자가 각자의 듣기와 말하기의 순서교대를 지키는 것을 의미한다. 나는 수년간의 시행착오를 거치면서 이 과정에 대해 더욱 깊이 이해할 수 있게 되었다. 말하기와 듣기의 역할이 근본적으로 다르다는 것이 확실해지자, 나는 대화 참여자의 역할에 따라 우리가 무엇에 집중하는지, 무엇을 생각하는지, 그리고 어떻게 말하는지가 달라진다는 것을 알게 되었다. 나는 내 수강생들에게 이 역할을 확인시키기 위해서 접이식 카드의 각 면에 '화자' 그리고 '청자'라고 적었다. 그리고 각자 차례를 갖고 역할을 바꿔가며 연습해보도록 했다.

나는 각 역할에서 '해야 할 일'과 '하지 말아야 할 일'에 대해 점차 알게 되었다. 나는 수강생들에게 두꺼운 마분지를 나눠주었고, 그들은 나눠준 종이를 접어 대화의 목표와 규칙을 그 위에 적었다. 그리고 그 카드가 가정과 회사에서 매우 유용하게 쓰였음을 전해왔다. 나는 그 카드를 결혼 상담에 이용하기 시작했다. 내가 상담 부부의 곁에 있지 않을 때도 그들이 원활한 의사소통을 이어갈 수 있도록 그 카드를 집으로 가져가게 했다.

몇 년 후, 나는 아무렇게나 써내려간 그 카드를 좀 더 전문적인 형태로 인쇄하기로 마음 먹었다. 카드에 쓰인 문구의 의미가 명확하면서도 서로 대구를 이룰 수 있도록 고민을 거듭했다. 나는 견본을 가지고 워크숍에 갔다. 워크숍은 대체적으로 잘 진행되어갔다. 워크숍 참여자들을 몹시 놀라게 한 한 구절을 제외하면 말이다.

나는 청자를 위한 지침으로 '이건 내 문제가 아니다.'라고 적었는데, 사람들은 이를 불쾌하게 받아들였다. '이건 상대방의 문제이고 상대가 알아서 해결해야 할 일이다.'와 같은 뜻으로 들린다는 의견이었다. 워크숍을 마친 후, 나는 가장 가까운 전화기를 찾아 그래픽 디자이너에게 전화를 걸었다. 문구를 수정해달라고 요청하는 내게 그는 "늦었어요. 이미 인쇄판을 만들었는걸요."라고 말했다. 그러나 나는 "새 인쇄판을 위한 추가비용을 부담할 테니 '이건 내 문제가 아니다.' 대신에 '문제의 당사자는 내가 아닌 상대방이다.'로 수정해주세요." 그렇게 수정된 카드는 지금까지도 잘 사용되고 있다.

나는 이 TLC(화자-청자 카드: Talker-Listener Card) 방식에 대해 여러 워크숍, 교회, 학교 및 대학 시설, 시청, 대기업과 중소기업 등에서 강연했으며, 부모-자녀 관계 상담이나 부부/연인의 상담에서도 가르쳤다. 그리고 카드를 늘 소지할 수 있도록 내 명함 뒷면에 인쇄하였다. 사람들은 때때로 내게 지갑 속에서 찢어지고 구겨진 카드를 보여준다. 어떤 이들은 카드를 집 전화기 옆에 두기도 하고 직장의 사무실 책상 위에 두기도 한다. 어떤 이들은 자기보다 그 카드가 더욱 필요하다고 여겨지는 사람들에게 주기도 한다. 그리고는 나를 만났을 때 한 장 더 달라고 부탁한다.

'TLC(화자-청자 카드)'라고 불리는 이 유용한 물건은 많은 사람들의 의사소통 능력을 향상시키고 타인과의 관계를 개선시키는 데 큰 도움을 주었다.

여담이지만, 혹 다른 사람을 위해 당신의 카드를 내주었다면 당신의 주소를 적은 반송용 봉투에 우표를 붙여 내게 보내라. 그러면 카드를 보내주도록 하겠다. 만약 카드가 더 필요한 경우, 이 책의 마지막 장에 있는 카드를 활용하도록 한다.

순서교대는 생각보다 간단하지 않다

듣기 말하기 과정에서 순서교대는 매우 중요하다. 이것은 아주 간단해 보이지만, 사실은 그렇지 않다. 우리는 유치원 때부터 사회적으로 더불어 살기 위한 덕목으로 순서를 지키는 일에 대해 배운다. 그러나 많은 사람들은 남보다 앞서 나가기 위한 경쟁력을 키우느라 초등학교도 졸업하기 전에 그 덕목을 잊어버린다.

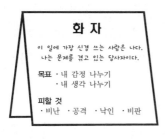
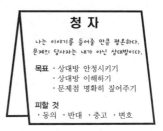

나는 우리가 어린 시절 배웠던 '말순서 지키기'를 의사소통 상황에 직접적으로 적용하고자 한다. 한 번에 한 사람의 입장에 귀기울이고 그 사람과의 유대를 돈독히 한다면, 우리는 모두 존중 받고 있음을 느낄

것이다. 뿐만 아니라, 마음이 여유로워지고 안정감을 느끼며 더욱 효율적인 의사소통을 할 수 있게 된다.

A-프레임 카드의 종이를 반으로 접어 화자가 한 면을, 그리고 청자가 접혀진 반대쪽 면을 볼 수 있도록 놓는다. 두 사람의 혹은 여러 명의 대화 상황에서 TLC(화자-청자 카드)는 누가 말하고 누가 들을 차례인지를 파악하게 해준다. 사람들이 함께 놀이를 하는 것과 마찬가지다. TLC는 대화 참여자들의 역할에 대한 지침을 제공하며 한 번에 한 사람에게만 집중할 수 있도록 돕는다. 놀이 형식의 대화를 통해 사람들은 의사소통 과정에서 갈등을 유발하는 대신 애정 어린 객관성을 유지하게 된다.

TLC를 활용하여 차례를 지키는 방법은 다음과 같다. 한 사람은 말하고, 다른 사람은 듣는다. 화자가 발화를 멈추면, 청자와의 역할과 카드의 방향이 바뀌게 된다. 그러면 처음에 말하던 사람이 듣고, 듣던 사람이 말한다. 이것은 마치 CB(Citizen's Band : 무선으로 이야기를 나눌 수 있는 단거리 주파수대) 라디오의 원리와 같은 것이다. 한 사람이 송신하면, 다른 사람이 수신한다. 송신이 끝나면 전송기의 버튼을 누르고, 방향은 반대가 된다. 그러면 처음에 말하던 사람이 듣고, 듣던 사람이 말한다.

CB 라디오를 처음 사용할 때는, 그 과정이 다소 부자연스럽고 기계적이라고 생각될 것이다. 마찬가지로, 처음 차례를 지키며 대화할 때는 그 과정이 조금 어색하게 생각될 수 있지만 그것은 우리가 이러한 의사소통 방식에 익숙하지 않기 때문이다.

우리가 함께 오리곤 주에서 낚시를 하고 있다고 가정해보자. 나는 방금 무려 15파운드에 달하는 무지개송어와의 사투 끝에 그것을 물 밖으로 낚아 올렸다. 송어는 연어와 마찬가지로 바다로 나아갔다가 산란기에 다시 민물로 돌아온다. 다만 송어는 연어와 달리 그 과정을 여러 번 반복한다. 바다의 물살과 포식자들로부터 살아남는 동안 송어는 더욱 노련해지고 강해지기에 낚기 어려운 물고기 중 하나가 되는 것이다.

마지막으로 송어 낚시를 한 지가 좀 되었기에 나는 다른 사람과 그때의 경험을 나누며 그 순간을 다시 떠올리는 과정이 매우 즐겁다. 그래서 나의 감정을 털어놓고자 이야기(stomachtalk)를 시작했는데 이상한 일이 일어났다. 내가 숨을 들이마시기 위해 잠시 이야기를 멈췄을 때, 상대방이 자신의 낚시 경험에 대해 이야기하기 시작한 것이다. 나의 무지개송어 이야기에 그는 작년에 잡았던 혹은 놓쳤던 더 큰 물고기가 떠올랐거나 어디서 들어본 낚시 무용담이 생각난 모양이다.

그의 이야기를 들어주기에는 아직 내 흥분된 감정이 가시지 않은 상태(flat-brained)임에도 불구하고 그는 그의 이야기를 늘어놓기 시작한다. 내 이야기를 무시한 채로 그의 이야기는 계속 되었고, 결국 우리는 둘 다 존중받지 못하고 있다는 기분에 서로의 대화가 만족스럽지 않았다. 우리는 각자 자신의 이야기가 더 흥미로운 이야기라고 생각했다. 그렇기에 마치 금요일에 칼퇴근하려는 직장인처럼 서로 적당히 눈치를 보며 상대의 이야기 사이에 틈틈이 끼어들어서 어떻게든 자신의 이야기를 끝마치고자 했다.

여러분들이 이와 같은 행동을 여러 번 한 적이 있다고 해서 너무 자책할 필요는 없다. 나 조차도 다른 사람이 물고기를 낚아 올리는 것을 볼 때마다 그 사람에게 나의 낚시 영웅담을 말하고 싶어 안달내는 나의 모습을 발견하곤 한다. 내 안에서 통제하기 힘든 어떤 감정이 마구 솟구치기 때문이다. 기분이 좋은 날에는 상대에게 '듣는 귀'가 필요하다는 것을 기억하고 나의 수다를 자제하지만, 그렇지 않은 날에는 결국 또 내 마음대로 행동한다.

한 번에 한 가지씩 이야기하기

다른 사람이 이야기하는 동안에는 끼어들지 않도록 하자. 만약 그와 내가 바람직한 의사소통 방식으로 낚시 이야기를 주고받았다면, 내 이야기를 먼저 다 마친 후 그의 이야기가 시작되었을 것이다.

나: 우와, 정말 대단한 놈이었어! 이 놈 펄쩍 뛰는 거 봤어요?

그: 그 놈 뛰는 거 보려고 여기 뱃머리를 돌아왔잖아요. 낚아 올리는 데 얼마나 걸렸어요?

나: 15분 정도요. 이 놈이 지류 가까이 가는 거 보고 거의 놓치는 줄 알았다니까요?

그: 이렇게 좋은 고기를 놓치면 너무 아쉽죠. 이제 좀 후련해요? 아니면 오히려 흥분되나요?

나: 흥분돼요 한 놈 잡아본 지가 꽤 오래 됐거든요 정말 눈부신 녀석이네요.

그: 새 동전마냥 반짝이네요. 가져가실 건가요 아니면 풀어주실 건가요?

나: 이 놈은 양식어(養殖魚)예요. 여기 찝힌 비늘 보이세요? 양식용 표식이죠.

그: 기분 진짜 좋으시겠어요. 미끼로 뭘 사용하신 거예요?

나: 샤르트뢰즈(chartreuse : 브랜디와 약초를 섞어 만든 연녹색 또는 황색의 술)를 곁들인 연어 알과 형광 주황빛 낚싯줄을 사용했어요.

그: 낚싯줄은 물고기가 갈고리에서 빠져나가지 못하게 하려고 사용하신 거예요? 아니면 색깔 때문에 사용하신 거예요?

나: 둘 다죠. 그리고 형광 빛이 비치는 물에 냄새를 더하기 위해 알을 사용하는 거예요.

그: 그거 괜찮네요.

나: 제 전략이 먹혀 기분이 좋아요.

그리고 이제 마침내 그의 차례인 것이다.

그: 그러고 보니 작년에 제가 잡았던 물고기가 떠오르는군요.

내 이야기가 잘 마무리 되었기에, 이제 내 마음과 귀는 그의 이야기에 충분히 집중할 수 있을 만큼 열려 있다. 이것은 마치 잔뜩 부풀어 오른 압력솥에서 김을 서서히 방출시키는 것과 같은 과정이다. 내 이야기를 온전히 잘 들어주었기에 나도 그의 이야기를 더 잘 들어줄 수 있게 되는 것이다. 그렇기에 나는 "그래요? 그건 어디서 잡으셨는데요?"하고 묻는다.

귀기울임으로써 이야기는 더욱 풍요로워진다

예전에 회의석상에서 들은 이야기이다. 전국적으로 유명한 아프리카 계 미국인 전도사가 예배 중 자신의 신도들이 '아멘'을 비롯하여 여러 음성 반응을 하는 것에 대해 이야기했다. 하지만 우리 중 대부분은 그렇게 상호작용이 활발한 예배 형식에 익숙하지 않았다.

그가 말했다. "메시지가 잘 전달되는 일은 설교하는 사람(화자)에게만 달려있는 것이 아닙니다. 상대방의 도움이 필요한 일입니다. 설교자는 신도들(청자)에 의해서도 많은 영향을 받습니다. 예배가 끝나고 나면 가끔 신도들이 제게 이런 얘기를 합니다. '우리가 잘 해냈군요!' 이렇게 우리가 함께 이뤄냈다는 기분이 들 때야말로 진정한 설교가 이루어진 것입니다."

청자의 역할은 단순히 화자의 이야기가 끝낼 때까지 기다려주는 것만이 전부가 아니다. 뛰어난 청자는 마치 산파가 산모를 도와 아이를 순산시키듯이, 화자의 마음속에 있는 감정과 생각을 이끌어낼 수 있다. 사람들은 종종 자신이 무엇을 말하고자 하는지를 명확히 파악하는 데 시간이 걸린다. 듣기는 그들이 자신의 이야기를 할 수 있도록 지지해주는 일이다. 이와 같은 '산파 역할'은 수완과 인내심이 필요하지만, 가치로운 일이다.

화자들에게는, 자신의 이야기에 관심을 가져주는 청자와 이야기하는 것 자체만으로도 충분하다.

아무도 들어주지 않거나 신경 쓰지 않는다면, 아주 흥미로웠던 그 이야기는 어쩐지 보잘 것 없어진다. 그리므로 우리는 화자의 이야기에 귀기울임으로써 그 사람의 경험을 더욱 풍요롭게 만들 수 있다. 그리고 우리의 관심 덕분에 말로 표현한 이후에는 우리와 그 사람은 더욱 각별한 사이로 발전되어 있을 것이다.

혀에 새겨진 치아 자국

다른 사람들과 이야기하고 있을 때면, 나는 내 생각과 감정이 마치 살아 움직이는 듯한 착각을 한다. 내 생각과 감정은 다른 사람들이 이야기하는 중간에 자꾸 끼어들고 싶은가 보다. 가끔은 나도 그 욕망을 누를 수가 없어서 "아, 그 얘기 하니까 생각나는데…"하며 이야기가 한창인데 끼어들고 싶을 때가 있다.

우리는 누구나 상대의 이야기에 끼어들거나, 화제를 바꾸거나, 의견을 내거나, 제안이나 , 반박을 하려는 성향을 가지고 있다. 그러나 상대의 말을 가로채지 않도록 주의하도록 하자. 지인이 부고나 이직 소식을 전해온다거나, 2살배기 자식의 재능에 대해 자랑하고 있을 때, 비록 머릿속에 더 흥미로운 이야기가 떠오르더라도 혀를 물고 상대방의 말을 주의 깊게 들어라.

여러분 자신의 이야기를 하는 대신에 청자로서의 말을 해라. "친구가 세상을 떠났다니 많이 놀랐겠구나." 혹은 "이번 이직이 너한테 어떤 영향을 줄 것 같아?" 아니면 "어머, 자랑스러워하는 아버지 봐라!" 정도로 말이다. 그리고 다시 말을 이어가려는 당신의 혀를 또 깨물어라. 만약 조금도 더 참을 수가 없을 지경에 달한다면 이렇게 말해라. "아, 그 말 하니까 뭐가 생각나는데 내가 이따가 얘기해줄게. 일단 너 얘기부터 마저 해봐. 그래서 뭐라고?"

혀에 새겨진 치아 자국은 경청하는 사람이라는 표시가 될 것이다.

'차례 지키기'를 통해 언쟁을 종결시켜라

두 가지 관점이 충돌하고 플랫브레인 탱고가 시작되면 언쟁이 일어난다. 상대가 나에게 자신의 의견을 관철시키려고 할 때 내가 나의 의견만을 상대에게 관철시키려고 한다면, 그때부터 말다툼은 벌어진다.

나는 상대방의 생각을 바로잡아주기 위해서 상대가 말을 멈출 때까지 기다릴 것이고, 상대는 내 주장에 어떤 빈틈이 있는지를 찾기 위해 내 말을 유심히 듣고 있을 것이다. 그리고 머지않아 우리는 서로를 헐뜯으며 이기려 들 것이다.

우리가 한 번에 한 사람의 입장에만 귀기울여 집중하고 각자의 차례를 지킨다면 상대방과 말다툼할 이유가 없다. 손뼉도 마주쳐야 소리가 난다고, 한 가지 관점만 가지고는 언쟁이 일어날 수가 없다. 마치 줄다리기 시합에서 한 쪽 끝을 놓아버리는 것과 마찬가지다.

믿을 수 없을 만큼 간단한 얘기지만, 상대방과 내가 한 번에 한 사람의 입장에만 귀기울인다면 우리는 싸울 수가 없다.

언쟁을 멈추고 싶다면 상대방의 입장에 귀를 기울여라. 그러기 위해서는 상대방에게 따지며 덤벼들기보다 함께 협조하는 방향으로 전환해야 한다.

8. 화자 – 청자 카드(TLC)

　서로 비협조적인 논의 상황에서 중재자의 역할을 담당해 줄 수 있는 친구를 TLC를 접어주는 중재자인 '제3자'라고 부를 수 있다. 대화에 제3자를 끌어들이게 되면, 논의의 객관성이 더해지고 대화 참여자들의 태도가 향상되기 마련이다. 몇 해 전 비오는 날 밤에 내가 찾아갔었던 그 부부의 실랑이 현장처럼 말이다.

　때때로 우린 서로에게 솔직하기 위해, 그리고 이야기의 논지를 벗어나지 않기 위해 카드를 접어주는 중재자인 '제3자'를 이용한다. TLC 사용을 동의했다는 것은, 우리가 같은 방향으로의 노력을 공유하기로 했음을 의미한다. 오해를 거듭 낳는 대화에 길거리에 멈춰 서서 말다툼하는 연인처럼 되는 대신, TLC의 게임 규칙에 맞춰 서로의 차례를 지켜가며 말하는 것 말이다.

　TLC를 사용함으로써 우리는 각자의 역할에 더욱 충실히 임하게 된다. 카드가 있기에 우리는 골치 아픈 논쟁거리에 대한 흥분을 조금 가라앉힐 수 있다. 카드의 규칙을 따르면서 동시에 심도 있는 논의를 이어가야 하기에, 대화 참여자들은 서로 약간의 거리감을 가지고 객관성을 유지할 수 있게 된다. 이 두 가지를 병행하다 보니 언쟁에 빠질 위험이 줄어들

수밖에 없는 것이다.

이 작은 카드를 사이에 두고 게임을 하고 있자니, 그 어떤 말들도 그렇게 심각하거나 감정적으로 들리지 않는다. 이 카드는 두 사람의 의견이 아무리 달라도 함께 일하고 즐길 수 있다는 사실을 기억하게 해준다.

다른 사람과의 의논이 필요할 때 TLC는 더욱 효과를 발휘한다. 지난 목회 때 내게 이 방법은 제법 쓸모가 있었다. TLC 방식에 대해 알고 있는 나의 신도들이 나를 식사 자리에 초대했다. 음식을 주문한 후, 각자의 주머니 혹은 지갑 속에 있던 TLC를 꺼내 테이블 위에 올려두었다. 나는 곧바로 신도들이 나에게 어떤 고민을 말하거나 불평거리를 털어놓으려 한다는 사실을 알아차렸다. "아이고, 이제 알겠네. 내가 TLC는 괜히 가르쳐줘 가지고…."

1-2분 후 내 써드(thud)가 진정되었을 무렵, 나는 우리 사이에 벌써 게임의 룰이 적용되고 있음을 알 수 있었다. TLC 아래 나는 정직해야만 하기에, 스스로를 변명하는 그 어떠한 공격적 어투도 사용할 수 없었다. 소용돌이치는 그들의 분노를 나에게 털어놓는 데 TLC가 안전한 통로를 확보해준 것이다(TLC가 안전한 통로를 확보해준 덕택에 그들은 소용돌이치는 자신들의 분노를 나에게 털어놓을 수 있었다). 내가 그들의 이야기를 공정하게 들어줄 것이라고 TLC가 보장하고 있는 것이다. 당혹스러움이 조금 가라앉자, 그들이 내게 맞서는 데 있어 건설적인 방법으로 접근할 수 있게 된 것에 대해 기쁜 마음이 들었다. 그리고 우리는 충분히 논쟁거리가 될 수 있는 사안들에 대해 체계적으로 이야기를 이끌어나갔다.

나의 감정을 억누르며 그들을 이해하고자 하면, 이후 내게도 말할 기회가 온다는 것을 알고 있었다. 그리고 TLC의 규칙이 내게만 적용되는 것이 아니기 때문에 그들 또한 나를 이해하고자 노력할 것이라는 것 또한 알고 있었다.

TLC를 사용한다는 것은 우리가 분쟁 대신 화합을, 그리고 비판 대신 인정을 선택했음을 의미한다. 목소리를 높이지 않는데 암묵적으로 동의하고, 서로를 이해하는 데 더욱 초점을 맞출 것을 약속한 것이다. 각자의 말순서를 지키는 것은 이 모든 것에 대한 상징이었으며 다행스럽게도 이 방법은 매우 효과적이었다. 때문에 우리는 서로 다른 고민과 관점을 가지고 있었지만, 교회를 위하는 방향으로 훨씬 더 잘 협력하여 대화할 수 있었다.

중재자로서의 TLC

어느 늦은 오후였다. 한가로이 거실에 앉아 있던 부부는 전형적인 형태의 부부싸움을 시작하고 있었다. 이 부부는 TLC 방식을 알고 있었음에도 불구하고 또 다시 실천은 잊고 있었다. 목소리는 점점 커졌고 싸움은 크게 번져갔다. 그들의 말다툼이 플랫브레인 탱고의 상태까지 이르렀을 즈음, 그들은 애초에 무엇 때문에 싸우고 있는지를 잊어버렸고 서로를 아끼는 마음도 함께 사라져 버렸다.

부엌에서는 아들이 냉장고를 뒤지고 있는 참이었다. 엄마 아빠의 언성이 높아지는 것을 들은 아들은 잠시 망설이더니, 거실로 나와 벽난로 위에 얹어져 있던 TLC를 가져다 부부가 앉은 소파 위에 놓았다. 엄마 아빠 사이에 카드를 조용히 놓아둔 아들은 다시 부엌으로 돌아가 계속해서 샌드위치를 만들었다. 아들은 그 어떤 말도 하지 않았다.

부부는 마치 그들의 흠이 거울에 비춰지듯 폭로된 것만 같은 기분이었다. 그들은 쑥스러움에 어색한 웃음을 지어 보이며, "우리가 잠시 플랫브레인 상태였나 봐. 자, 지금부터는 말순서를 지키자. 누가 먼저 말하는 결로 할까? 누가 먼저 들어줄 수 있겠어?"라고 말했다. 한 번에 한 가지 입장에만 집중하자 그들은 금방 문제를 해결할 수 있었다.

이 부부의 오래된 대화 습관은 그들이 눈치 채기도 전에 익숙한 예전 방식으로 대화하도록 만들었다. 하지만 아들의 간단한 도움으로 TLC는 중재자 역할을 해냈고, 부부는 이를 통해 자신의 모습을 돌아보게 된 것이다. 자아 성찰 및 인식은 사람들을 더 나은 선택으로 향하게 한다.

우리는 모두 잊어버리곤 한다

나는 가끔 내가 가르친 것을 잊어버리곤 한다. 어느 저녁, 연극을 관람하고 돌아오던 차 안에서 아내는 내게 연극이 재미있었냐며 나의 감상평을 물었다. 아내가 내 생각과 의견에 관심을 가져주는 것은 언제나 기분 좋은 일이다. 그래서 나는 연극에 대한 나의 감상을 열심히 털어놓았다. 이후, 우리는 사이에는 다정한 침묵이 감돌았다. 적어도 내 생각에는 그랬다.

고속도로를 달리던 중 아내가 내게 말했다. "이제 당신이 카드를 돌려 내게 연극이 어땠냐며 물어봐 줄 타이밍이에요. 차례를 지켜야죠?" 다행스럽게도 아내는 나를 향해 웃고 있었다. 그녀는 가끔 나보다도 TLC에 대해 더 잘 알고 있는 것 같다.

나는 때때로 내 말에 지나치게 정신을 빼앗긴 나머지, 내 '듣기' 차례를 잊어버리곤 한다. 나 또한 아직 배우는 중이다.

대부분의 사람들이 '말하기'보다는 '듣기'가 부족한 관계로 나는 듣기를 더 중점적으로 다룰 예정이다. 어떻게 말해야 상대방이 더 잘 들을 수 있는지에 대해서도 이야기해 보려고 한다.

TLC를 활용하기 위한 준비

자신이 끼어있지 않은 대화를 관찰하는 것부터 시작해라. 누가 화자이고 누가 청자인지, 파악해라. 누구의 화제를 가지고 이야기 나누고 있는지를 보면 금방 파악할 수 있을 것이다.

이야기의 화제나 관심사는 화자의 것이다.

다른 사람들의 대화에서 화자와 청자의 역할이 언제 뒤바뀌는지를 파악할 수 있었다면, 자신이 참여하고 있는 대화에서 자신과 상대방의 역할도 어떻게 변화하는지 관찰해보아라. 상대방이 듣고 있을 때 내가 말하는지, 내가 듣고 있을 때 상대방이 말하는지, 혹은 아무도 듣고 있지 않은데 둘 다 말하기만 하고 있는 것은 아닌지를 확인해라.

이 과정의 목적은, 자신이 말을 할 때든 들을 때든 관찰자로서의 안목을 키우기 위함이다. 그리고 그 안목을 키우기 위해서는 연습이 필요하다.

관찰은 큰 도움이 된다

관찰 행위는 나를 대화의 열기로부터 한 발 물러서도록 해준다. 때문에 객관성이 확보된다. 그리고 이것은 우리가 플랫브레인 상태가 되는 것을 방지하며, 더욱 효과적으로 사고하고 말하고 들을 수 있도록 한다.

상대방이 말하는 동안 가만히 듣고 있으면 그가 무슨 얘기를 하는 건지 훨씬 더 잘 알아들을 수 있다. 뿐만 아니라, 내가 말할 차례가 되기 전에 상대에게 무슨 얘기를 할 것인지도 확실히 정리할 수 있다. 이것은 의도적인 면에서 의례적인 듣기와 차이가 있다. 그 의도란, 상대를 이기기보다는 상대가 정말 하고 싶은 말이 무엇인지를 파악하여 반응해주는 것을 말한다.

상대방이 쉬지 않고 말하는 상황이라면, 당신은 하려던 말을 멈추고 그의 말을 계속해서 들어주는 것도 한 방법이다. 그가 말을 마치고 당신의 이야기를 들을 준비가 되었을 때 당신이 말을 시작한다면, 그는 당신의 이야기를 훨씬 더 잘 들어줄 것이기 때문이다.

우리의 대화 장면을 침착하게 관찰할 수 있어야만 우리의 태도도 변화시킬 수 있다. 우리가 무엇을 하고 있는지 정확히 파악하는 것에서 의사소통 능력의 향상이 이루어지며, 이를 통해 우리는 상황에 맞추어 다른 방법도 활용할 수 있게 된다.

고민에 빠져 있는 40세 매리와 마을 반대편에 홀로 살고 계신 어머니와의 통화 내용을 관찰해보자.

> 매리 (화자 역할) : 엄마, 발이 너무 아파요. 새 소파 좀 사려고 하루종일 돌아다녔거든요.
> 어머니 (또 다른 화자 역할) : 그래? 난 더 이상 큰 쇼핑몰에서 쇼핑할 일이 없는데. 네 아버지가 돌아가신 이후로 나는 맨날 꼼짝 없이 집에만 있단다.
> 매리 (화자) : 그럼 운전면허를 따시면 되잖아요. 엄마 친구분들은 다 운전하는데, 뭐. 아니면 제가 모시고 쇼핑가도 되고요. 결혼기념일 파티 전에 소파를 하나 장만하고 싶어요. 그럼 우리 거실이 훨씬 더 세련돼 보일 텐데... 지금 거는 영 조잡해 보여요.
> 어머니 (화자) : 나도 이제 늙었나 보다. 네 오빠가 가끔 쇼핑 데려가주기는 하는데, 걔한테 자꾸 부담을 주고 싶지 않아서 말이야. 니네 오빠가 얼마나 바쁜지 뻔히 아는데… 너는 엄마를 위해 내줄 시간은 없는가 보구나?

흔히 일어날 수 있는 낮은 수준의 플랫브레인 탱고이다. 각자의 문제에만 집중한 나머지, 상대방이 무슨 말을 하고 있는지는 들어주지도 않는다. 상대의 대답을 교묘히 다시 자신의 화젯거리로 연결시키고 있으며, 결국 서로 낮은 수준의 써드(thud)를 주고받게 된다.

결과는? 둘 모두 자신이 존중받고 있지 못함을 느끼고 상처를 받는다. 상대가 내 고민에 아무런 관심이 없는 듯하기 때문이다. 이 대화에 TLC를 적용시키면, 아마도 서로에게 위로가 되는 말들이 훨씬 더 자연스럽게 오고 갔을 것이다.

화자-청자 방법을 활용해서 대화를 다시 전개시켜 나가 보도록 하자. 화자의 발언에 어떤 듣기 반응이 일어나는지 살펴보고, 써드(thud)가 얼마나 감소했는지 주목해보아라.

매리 (화자) : 엄마, 발이 너무 아파요. 새 소파 좀 사려고 하루 종일 돌아다녔거든요.

어머니 (청자) : 정말 피곤하겠다. 어떤 소파를 보고 있는데?

매리 (화자) : 우리 거실에 잘 어울릴 것 같은 초록색 소파요. 결혼기념일 파티 전에 하나 장만하고 싶어요. 지금 거는 영 조잡해 보여서…

어머니 (청자) : 파티 전에 살 수 있으면 정말 좋겠다. 그 파티가 너에게 어떤 의미인지 알아. (화자로의 역할 전환) 나는 네 아버지가 돌아가셔서 더 이상 시내에 있는 큰 쇼핑몰에 나갈 수가 없어.

매리 (청자) : 아버지가 안 계셔서 엄마가 하실 수 있는 일이 적어졌네요. 외로우시겠어요. 많이 힘드시죠?

어머니 (화자) : 응, 힘들어. 내가 네 아버지한테 얼마나 많이 의지했는지 너는 모를 거다. (잠깐 쉬고) 네 오빠가 가끔 쇼핑 데려가주기는 하는데, 걔가 너무 바빠서 자꾸 물어볼 수도 없고…

매리 (청자) : 함께 오랜 세월 같이 살다가 남편이 먼저 세상을 떠났을 때의 상실감이 얼마나 클지 상상도 안 가요. 오빠가 이따금씩 엄마 모시고 외출해서 그나마 다행이네요. 저도 엄마랑 더 많은 시간을 같이 보내면 그게 엄마에게 더 도움이 될까요?

어머니 (화자) : 어머, 그럼. 그렇지만 너도 얼마나 바쁜지 잘 알고
있단다.

각자 상대방이 어떤 생각을 하고 어떻게 느끼는지를 알게 되면, 그들을 플랫브레인으로 만들던 스트레스가 감소하게 된다. 그리고 첫 번째 대화에 비해 두 번째 대화에서 그들은 서로에 대해 훨씬 더 많은 것을 이해하게 되었다.

후자의 대화는 두 사람 사이에 훨씬 더 강력한 유대감을 형성시켜 준다. 전자의 대화에서 느껴졌던 거리감은 찾아볼 수 없다.

전화로 연습하기

관찰 기법을 연습해보는 데는 전화만한 것이 없다. TLC(화자-청자 카드)를 전화기 옆에 비치해 두어라. '화자' 면(面)이 말하는 사람 쪽을 향하도록 돌려가며 TLC 사용법을 익혀보도록 해라. 상대방 눈에 당신이 무엇을 하는지 보이지 않기 때문에 거슬려 하지 않을 것이다.

당신은 아마 쉴 새 없이 역할이 바뀌는 것에 한 번 놀라고, 또 자신의 입장과 이야기에만 정신이 팔려 상대방의 말에 집중하지 않는 모습을 발견하고는 또 한 번 놀랄 것이다.

면대면 의사소통의 상황에서도, 전화상의 관찰 행위 시뮬레이션을 떠올리며 당신과 상대방 사이에 TLC가 있다고 가정해라.

마음속에 TLC가 자리하고 있으면, 당신은 대화의 흐름을 잘 파악할 수 있을 것이다. 그리고 언제 들어야 하는지, 또 언제 말해야 상대방이 내 이야기에 가장 집중할 수 있는지를 알게 될 것이다.

커피숍 실험

살다보면 가끔 어떤 일에 화가 나거나 혼란스러움을 느낄 때가 있다. 이럴 때는 나의 이야기를 들어주고 문제를 해결하도록 도와주는 친구와 이야기를 나누는 것이 꽤 효과가 있다. 그래서 나는 친구에게 차나 커피 한 잔 하자며 전화를 걸곤 한다.

주문한 음료를 계산한 후, 나는 테이블에 앉아 우리 둘 사이에 TLC를 놓고 말했다. "나는 내 이야기를 듣고 문제점을 명확히 짚어줄 수 있는 사람이 필요해. TLC에 뭐라고 적혀있는지 잘 봐. 내가 화자일 때는, 내가 문제를 겪는 당사자인 거야. 너는 내 이야기를 듣고 이해해서 나의 문제점이 뭔지 명확히 짚어주면 돼. 그러니까, 궁금한 거 있으면 물어보고 내가 말하는 거를 다시 반복해서 말해줘. 그리고 '동의, 반대, 충고, 변호 등은 피할 것'이라고 쓰인 부분들도 기억해줘. 나는 이 문제를 내 스스로 해결하고 싶어. 그러기 위해서는, 내가 너한테 소리내어 내 감정을 말하고 네가 그에 대한 피드백을 주면 내게 도움이 될 거야. 그리고 내 이야기가 다 끝나면, 그때 네가 내 상황에 대해 어떻게 생각하는지 얘기해도 괜찮아. 그러면 카드를 뒤집고 그때는 내가 너의 이야기를 들을게. 날 위해서 해줄 수 있겠어?"

대부분의 친구들은 "응, 그럼. 당연하지."라고 대답한다. 그러나 대개는 내가 이야기를 제대로 시작하기도 전에 "그렇지만 이렇게 했으면 됐잖아.", "이렇게 해보는 게 어때?", "그건 절대 안 돼." 혹은 "걔들도 이유가 있어서 그렇게 한 거라고는 생각 안 해봤어?"라며 충고하거나 의견을 제시하기 일쑤다.

그러면 나는 카드를 반대로 뒤집고 말한다. "이게 어려운 과정이라는 거 알아. 넌 방금 청자 역할에서 화자 역할로 바뀌었어. 기억해줘. 동의, 반대, 충고, 변호는 사양할게. 궁금한 게 있으면 물어보고, 내가 말하는 걸 다시 반복해서 얘기해주길 원해. 말하고 싶은 게 있어도 혀를 물며 참고 '아하'라고 반응해줘. 처음부터 다시 해볼까?"

나는 보통 한두 번 정도 카드를 더 뒤집어야 하지만, 대부분의 사람들은 빨리 배운다. 난 말하고, 그들은 피드백을 준다. 몇 가지 질문도 한다. 내 머릿속의 문제들이 정리가 되면, 나는 "정리가 좀 된 것 같아. 들어줘서 고마워. 정말 많은 도움이 됐어. 이제 네 차례야. 내 상황이나 문제에 대해서 혹시 하고 싶은 말 있어?"라고 말한다.

그 후 나는 그들이 내 이야기를 들어줬듯 그들의 이야기를 듣는다. 혹은 "내 이야기를 경청해줘서 고마워. 혹시 다음번에 너의 이야기를 들어줄 사람이 필요하면 나한테 얘기해. 네가 오늘 나에게 해줬듯, 나도 너를 위해 기꺼이 청자가 되어줄게."

한 번은 내가 빨리 어떤 결정을 내려야만 하는 상황에 처했을 때다. 나는 최근에 나의 듣기 전략 수업을 들었던 수강생에게 전화를 걸었다. 이 수강생은 듣기-말하기 과정의 초보자였다. 우리는 함께 점심 식사를 했다. 그는 배운 것을 실천하느라 애먹고 있었다. "그래요, 피터슨 선생님. 무슨 일이시죠?" 우리가 이야기를 이어나갈수록 내가 수업 시간에 가르쳤던 기법을 그가 활용하고 있다는 것을 확인할 수 있었다. 아직 미숙한 그의 말들이 다소 어색하긴 했지만 말이다.

그가 그것을 어디서 배웠는지, 무엇을 하고자 하는 것인지 뻔히 알고 있음에도 불구하고, 이 방법은 여전히 매우 효과적이었다.

우리 둘 사이의 대화는 그에게 TLC 방법을 익히는 데 아주 좋은 경험이 되었다. 그와 대화를 나눈 후 나는 마음이 진정되었고 내 문제를 직시할 수 있었다. 그는 배운 것을 곧이곧대로 말했지만, 그런 그의 진심 어린 노력이 내게 통했다는 것에 나는 놀랐고, 기뻤으며, 그리고 조금은 쑥스럽기도 했다.

'온화한' 친구와 함께 TLC를 연습해 보라

대화 중 일어나는 역할 전환을 잘 파악할 수 있을 만큼 많이 관찰했으면, 이제 참을성과 이해심이 많은, 즉 '온화한' 친구와 함께 TLC를 사용해보도록 해라. 대화를 나누기로 한 화제에 대해서 둘 다 플랫브레인 상태가 아니라면 더욱 좋다. 천천히 시작해라.

이 과정은 두 사람 모두에게 이득이다. 왜냐하면, 각자 자신에게 중요한 일을 이야기할 순서를 얻게 되고, 그 동안에는 상대방이 자신의 생각과 감정에만 집중해주기 때문이다.

'온화한' 친구를 만나면, 순서교대 과정에 대해 설명해주어라. 당신과 함께 시도해볼 의향이 있는지를 묻고, 실험을 충분히 해낼 만큼 시간적인 여유가 있는지 확인해라. 배경지식을 위해 냅킨에 플랫브레인에 관한 설명을 그림으로 그려 친구에게 보여줘도 좋다.

친구가 동의한다면, 당신과 친구 사이에 TLC를 배치하고 누가 먼저 말할 것인지를 정해라. 역할 전환이 언제, 어떻게 일어나는지는 두 사람 모두 관찰할 것이다. 누구든 먼저 역할 전환이 일어났다고 생각하는 사람은, 카드를 뒤집어 '화자'면이 새로운 화자를 향하도록 한다.

만약 자신의 말하기 순서가 아닌데 말을 했을 경우, "아, 잠깐만. 네가 말하기로 한 차례지. 너 아직 안 끝났잖아. 너 얘기로 다시 돌아가자." 혹은 "지금 누가 말하고 누가 듣는 거지? 우리 말순서 놓친 것 같아."라고 하자. 그리고 카드를 뒤집어 원래 말하고 있던 사람이 이야기를 끝낼 수 있도록 하자.

다른 사람의 고민을 들어주는 일이, 주고받는 형식의 게임을 통해 훨씬 쉽게 이루어진다. 서로에 대한 비판을 멈추고, 우정을 더욱 돈독히 할 수 있는 계기가 되기도 한다.

친구, 가족, 그리고 사업 협력자와 순서 교대를 연습해 보려면, 다음 주제를 가지고 대화를 나누어 보라.

- (방학 혹은 그 어떤 것)은 당신에게 어떤 의미입니까?
- 관습 중에서 당신에게 가장 중요한 것과 가장 중요하지 않은 것은 무엇입니까?
- 당신의 (일, 여가 등)의 장점과 단점이 무엇입니까?
- 세계 어느 곳에 여행을 가서 시간을 보내고 싶으십니까? 그곳이 당신에게 매력적인 이유는 무엇입니까?
- 당신에게 가장 의미 있는 장소는 어디입니까? 그 이유가 무엇입니까?
- 당신의 인생에 가장 영향력 있는 사람은 누구입니까? 그 이유가 무엇입니까?
- 어떤 책, 영화, 생각, 혹은 사건에 감동 받으셨습니까?
- 당신은 어떤 사람으로 기억되고 싶으십니까?

당신의 점심 혹은 저녁 식사 시간을 더욱 즐겁게 하기 위해 상대방에게 위의 주제들을 제시해 보아라. 개인적으로 의미 있는 것에 대한 대화는, 서로에 대해 훨씬 더 많이 알게 해줄 뿐만 아니라 관계를 더욱 돈독하게 발전시키기도 한다.

TLC는 혼자서도 사용할 수 있다

가끔 어떤 곤란한 상황에 빠졌거나 급히 어떤 결정을 내려야 하는데, 당장 들어줄 수 있는 사람이 없을 때가 있다. 그럴 때 나는 내 스스로에게 TLC 방법을 적용시켜본다. 안 될 것도 없다. 우리는 늘 내적 대화를 하고 있다. 그러므로 스스로에게 경청하기 전략을 적용하는 것도 가능하다.

내적 대화 중, 나는 창의적인 사고를 방해하지 않기 위해 스스로에 대한 비판을 자제한다. 나를 아주 잘 받아주는 친구가 나를 대하듯 내 스스로를 대한다. 나에게 자문자답하고, 내 생각을 새로운 말로 재진술한다. 내가 가르치는 듣기 전략을 활용하여 머리와 배를(head and stomach), 즉, 생각과 감정을 오고간다[1].

이 과정을 통해 나는 내 문제를 직시할 수 있고, 마음의 안정을 찾으며, 더 나은 결정을 내릴 수 있게 된다. 그러나 이 방법이 항상 통하는 것은 아니다. 이렇게 해보았음에도 계속해서 마음의 갈피를 잡지 못하면 나는 친구에게 전화를 건다. 그리고 서로의 이야기에 경청해 주자며 약속을 잡는다. 경청하는 일은 두 사람 모두에게 이득이다. 그러므로 많은 친구들이 당신의 '경청' 요청에 기쁜 마음으로 응할 것이다.

어떤 사람들은 경청하지 못한다

이야기를 잘 듣지 않는 친구와 함께 낚시를 갔을 때 일어난 일이다. 나는 그 친구와 반드시 상의해야 할 이야기가 있었다. TLC에 대해 알고는 있는 친구였기에, 나는 이 방법을 한 번 시도할 만한 가치가 있다고 생각했다. 우리가 아침을 먹기 위해 잠시 멈췄을 때, 나는 친구에게 나의 요구사항을 전달했다. "중요한 점은 네가 이야기를 듣다가 궁금한 것이 있으면 나에게 물어보고, 내가 말한 것을 다시 반복해서 말해주는 거야. 내 의견에 토를 달거나 충고를 하는 것은 사양할게."

---

1) '듣기 기법'에 대한 더 많은 정보는 18장에 소개되어 있다.

그는 알겠다고 대답했지만, 곧바로 내 이야기에 끼어들어 마구 조언을 하기 시작했다. 몇 번의 시도 끝에 나는 포기했고, 결국 그냥 낚시 이야기로 화제를 돌렸다. 아마 그는 눈치채지 못 했을 것이다.

어떤 사람들은 듣는 데 소질이 아예 없는 듯하다. 자신만의 생각과 감정으로 가득 차서, 다른 사람의 이야기를 들어줄 만한 여유가 없다. 늘 낮은 수준의 플랫브레인 상태를 유지하면서, 말하자면 제대로 된 말하기를 하지 못하는 것이다.

경청하지 않는 사람에게 내 이야기를 나누고자 하는 실수를 여러 차례 범한 후 나는 깨달은 바가 있다. 그들과는 내 이야깃거리가 아닌 다른 대화 주제나 그들의 삶에 대한 이야기를 나누어야 한다. 그러면 그들은 신이 나서 이야기를 시작할 것이며, 마치 다른 사람의 고민에 대해서는 일말의 관심도 없다는 듯 자신만의 세상을 펼칠 것이다. 그들은 낮은 수준의 듣기 역량을 가지고 있는 사람들이다. 그럼에도 불구하고, 나는 이러한 친구, 직장 동료, 그리고 친척과의 관계를 유지하고 있다. 그들과 나는 같은 관심사, 가치관, 그리고 직장을 공유하기 때문이다.

주변에 경청하는 친구들이 있다는 것은, 나를 훨씬 덜 고독하게, 내 생각과 감정을 더욱 명확하고 풍부하게, 내가 창의적인 사고를 할 수 있게, 그리고 조화로운 삶을 살아가게 한다. 만약 여러분 곁에 이러한 친구들이 많이 없다면, 경청하는 법에 대해 배우고자 하는 사람들과 친해져라. 그러기 위해서, 새로운 사람에게 재빨리 플랫브레인 이야기를 해주고 'TLC(화자-청자 카드)'의 사용법에 대해 가르쳐 주어라. 그러면 그는 여러분과 함께 진정한 '경청'의 경험을 나눌 수 있게 될 것이다.

9. 화자 – 청자 카드(TLC) – 누가 먼저 말할까?

TLC에 대해 더 깊이 알아볼 준비가 되었으면, 여러분과 함께 그 작업에 동참해 줄 사람과 나란히 앉아 다음의 설명에 따른다. 대화참여자가 TLC를 사용하기로 상호 합의한 연습 상황과 당신이 실제로 처할 수 있는 실제 상황을 비교하며 설명하도록 하겠다.

여러분이 다른 사람에게 TLC사용에 대해 동의를 구할 때는, 먼저 언쟁을 피할 수 있는 안전한 방법을 사용하여 이야기를 나누고 싶다고 말해라. 그리고 이 방법은 서로를 더 잘 이해하기 위함이라고 밝히며 다음과 같이 말해라. "저는 당신과 함께 TLC의 말순서 지키기 방법을 사용해보고 싶습니다. 같이 해주시겠습니까?"

화자 – 이 일에 가장 신경 쓰는 사람은 나다

그리고 함께 TLC를 보아라. 가장 우선 해야 할 일은 누가 먼저 말할지를 결정하는 것이다. 만약 둘 다 이야기할 거리가 있다면 누가 자신의 문제에 더 많이 신경 쓰고 있는지, 누구의 감정이 더 격앙되어 있는지,

누가 더 플랫브레인의 상태인지를 파악해라. 그리고 그 사람이 먼저 말하도록 순서를 정한다. 왜냐하면 더 많이 신경 쓰고 있는 그 사람보다는, 다른 사람이 그나마 이야기를 조금 더 잘 들어줄 수 있는 상태이기 때문이다. 여기서 '신경 쓰다'라고 하는 것이 반드시 부정적인 의미만을 내포하는 것은 아니다. 걱정, 흥분, 분노, 기쁨, 실망 등을 모두 포함하는 의미이다. 더 '신경 쓰는' 사람이 먼저 자신의 이야기를 털어놓고 마음이 안정되면, 이로써 상대방의 이야기를 귀기울여 들어줄 수 있는 여유를 되찾게 된다.

경우에 따라서는 누구의 감정이 더 격앙되어 있는지 파악하는 것이 쉬운 일이 아니다. 왜냐하면 우리는 스스로의 감정을 잘 파악하지도 못할 뿐더러, 자신의 감정 상태를 소통해 내는 방법에 대해서도 배운 적이 없기 때문이다. 그래서 사람들은 자신의 감정을 제대로 인지하지도 못한 채, "뭐, 저는 괜찮아요. 아주 많이 신경 쓰이는 건 아니에요. 먼저 말씀하세요."라고 말하는 경향이 있다. 물론 친절한 말이다. 하지만 "아주 많이 신경 쓰이는 건 아니에요."라는 말은, 결국 조금이라도 신경 쓰인다는 얘기이다. 그리고 그 '조금'은 경청하는 데 지장을 줄 수 있는 영향력을 가질 수도 있다.

내 감정을 스스로 진단하고 어떤 상태인지 설명하기 위해 내가 사용하는 방법은, 내 감정의 정도를 0에서부터 10까지의 척도로 매겨보는 것이다. 아무 감정도 없는 상태를 0, 그리고 뚜껑이 열릴 정도로 화가 난 상태를 10으로 둔다. "아주 많이 신경 쓰이 건 아니에요" 정도면 8까지는 아니지만, 2에서 5 사이쯤은 되는 상태일 것이다.

그러면 어떻게 해야 할까?

사람들은 자신의 감정 상태가 어느 정도인지, 숫자로 그 척도를 부여

화 자

이 일에 가장 신경 쓰는 사람은 나다.
나는 문제를 겪고 있는 당사자이다.

목표 · 내 감정 나누기
· 내 생각 나누기

피할 것
· 비난 · 공격 · 낙인 · 비판

할 수 있다. '아주 많이 신경 쓰이는 것은 아니다'고 대답한 사람이 실제로 얼마나 신경 쓰고 있는지 알고 싶으면, "아주 많이 신경 쓰이는 건 아니시군요. 그러면 얼마나 신경 쓰이는 건지 0에서 10까지의 숫자로 나타내 봐주시겠어요?"라고 물어라.

그러면 상대방은 망설임 없이 "5요."라고 대답할 것이다2).

만약 두 사람 모두 경청할 상황이 아니라면…?

둘 중에 한 사람은 이야기를 들어줄 만큼 마음이 안정된 상태임을 확인해야 한다. 우리는 모두 어느 수준 이상의 감정을 넘어서게 되면 다른 사람의 이야기를 효과적으로 듣지 못한다. 그러므로 둘 중 하나는 상대의 이야기에 집중하며 다른 의견으로 딴지를 걸지 않을 정도인 5보다 낮은 척도의 감정 수준을 가지고 있어야 한다.

당신의 고민을 옆으로 제쳐두고 상대방의 문제에 집중해줄 수 있는 감정 상태의 최대치가 어느 정도일지 한 번 생각해 보아라. 만약 두 사람 모두가 각자의 문제에 감정적으로 치우친 상태에서 대화를 시도한 다면, 아마도 당신은 대화 후 실망감과 의견 충돌로 인한 상처만 받게 될 것이다. 이런 경우에는 적어도 한 사람은 이야기를 들어줄 만큼 마음이 안정되어 있을 때로 대화를 미루는 것이 현명하다.

아무도 경청하지 않는 상태에서 일단 대화가 한 번 시작되고 나면, 그 대화를 멈추기는 쉽지 않다. 왜냐하면 우리는 플랫브레인 탱고가 상황을 점차 악화시킬 것이라는 것을 인지하면서도, 그저 상대방을 헐뜯어 언쟁에서 이기려 하는 경향이 있기 때문이다. 그러므로 대화를 다음 번으로 미루는 것이 장기적인 관점에서 더욱 유익할 수 있다.

---

2) '감정에 숫자 부여하기'에 대한 더 많은 정보는 18장에 소개되어 있다.

이에 대한 실례를 소개하고자 한다. 한 아이가 저녁을 먹기 직전에 쿠키를 집어들었다. 부모는 아이에게 '입맛을 버리는 일'이라며 야단을 쳤다. 아이의 감정 수준의 척도가 올라가고 머릿속이 새하얘져버린다. 아이는 부모의 이야기가 더 이상 들리지 않는다.

하지만 아이가 듣지 않는다고 해서 부모가 잔소리를 멈추는 것은 아니다. 아이의 눈이 초점을 잃고 튀어나오기 시작하면, 부모는 아이가 자신의 말소리에 집중하고 있지 않다는 노파심에 더욱 크게 그리고 길게 말한다. 하지만 이런 상황에서 잔소리를 하는 것은 효과가 없을 뿐만 아니라, 아이에게 악영향을 미칠 수도 있다. 또한 부모와 아이 사이의 관계를 위태롭게 만드는 일이기도 하다. 이것은 코치, 교사, 그리고 조부모에게도 해당된다. 그러므로 아이가 부모의 말을 잘 듣게 하려면, 부모는 아이가 잔소리를 수용할 수 있을 만큼 마음이 가라앉을 수 있도록 지도해야 한다.

"이야기를 들어줄 만큼 평온하다"는 것은 다음을 의미한다.

- 당신이 플랫브레인 상태일 때는 이야기를 들어주려 애쓰지 마라.
- 당신의 이야기를 경청하지 못할 만큼 플랫브레인 된 사람에게 굳이 당신의 이야기를 전하려 호흡을 낭비하지 마라.

주의 사항은 다음과 같다. 만약 대화를 다음번으로 미루기로 했다면, 그 대화를 언제 다시 할 것인지 정확한 날짜와 시간을 정해라. 상대가 다시 그 얘기를 꺼낼 때까지 무작정 기다리지 마라. 만약 단순히 대화를 피하고 싶어서 연기하는 것이라면, 상대방은 더 이상 당신을 믿지 않게 될 지도 모른다. 당신이 다시 이야기를 들어줄 수 있게 되는 때까지만 미뤄두어라. 그 이상 길게 끌어서는 안 된다. 그런 후, TLC를 활용하여 서로를 이해하기 위하여 플랫브레인의 상태에서 벗어나려는 노력과 함께 대화를 시작해보아라.

시간이 흐르면 둘 사이에 이미 돈독한 관계가 자리하고 있을 것이다.

청자 – 나는 이야기를 들어줄 만큼 평온하다

둘의 감정 상태 수준에 부여한 척도를 비교한 후, 다시 카드를 보아라. 더 낮은 척도에 해당하는 사람이 "당신은 5이고, 저는 3이군요. 당신이 먼저 말씀하세요. 저는 그동안 들을 수 있습니다."라고 말한다. 그리고는 '화자'면이 5인 사람을 향하도록, '청자'면이 3인 사람을 향하도록 카드를 놓는다.

비교적 상태가 나은 플랫브레인 된 사람이 청자 역할을 맡고, 카드의 '청자'면에 인쇄되어 있는 내용을 숙지한다. "나는 이야기를 들어줄 만큼 평온하다." 청자는 자신에게도 말할 기회가 돌아온다는 것을 알고 자신의 고민은 잠시 옆으로 제쳐둔다. 청자는 우선 화자의 관점에 집중하여 그의 고민을 해결할 수 있도록 돕는다.

예상치 못한 말을 하는 것은 경청하라는 의미이다

누군가 "나 지금 되게 속상해. 너랑 얘기하고 싶어."라고 말한다면, 이때는 누가 봐도 명백히 말하기-듣기 과정을 적용해야 할 때이다. 하지만 사람들은 보통 이렇게 분명하게 말해주지 않는다.

현실에서는 이 사람에게 대화가 필요하다는 것을 직감적으로 알아차릴 뿐이다.

길에서 마주친 친구가 "너 나한테 같이 점심 먹자고 한 지 꽤 됐다?", "너 지난주 화요일에 아주 중요한 모임 자리에 안 왔더라?" 또는 "너랑 마지막으로 본 이후에 우리 남편이 세상을 떠났어."라고 말한다고 해보자. 이런 말을 들은 나는 마치 비난 받는 것만 같은 써드 감정을 느끼게 된다. 보통은 이런 경우 상대에게 나를 해명하고 상황을 바로잡기 위한 충동에 사로잡힌다. 최소한 상대의 이야기를 듣기보다는 나의 이야기를 하고자 한다.

이를 사랑으로 극복하기 위해서는 '내 감정에 상처를 주는 예상치 못한 말'에 새로운 의미를 부여해야 한다. 자기변명으로 응수하기보다는 '이 사람이 지금 대화가 필요하구나.'로 받아들여라.

청자 모드로 전환하여 상대방의 마음을 읽어 주자. 따라서 위와 같은 말을 들었을 때는, "그러게, 우리 같이 점심 먹은 지 오래됐네. 나랑 만나서 얘기하고 싶었어?", "내가 못 갔던 모임이 중요한 자리였어? 내가 안 가서 혹시 곤란했니?" 또는 "남편이 세상을 떠났어? 세상에… 무슨 일이 있었던 거야?"라고 대답해 주자. 이와 같은 대답은 상대와 나 사이의 어색함을 깨주고 유대감을 높여준다.

하고 싶은 말을 질문으로 돌려 말하지 마라

사람들은 가끔 자신이 짜증났다는 것을 표출하기 위해 질문법을 사용한다. 문법적으로 질문법은 대답을 요구하는 발화이지만, 때때로 그것은 정작 하고 싶은 말을 숨기기 위한 도구로 활용되기도 한다. "왜 나한테 전화 안 했어?" 혹은 "나 취업한 거 알고 있었어?"와 같은 질문은 상대의 의도를 숨겨두고 있는 경우가 종종 있다.

그 질문 속에 어떤 의미가 담겨있는 것인지는 명확히 알 수 없다.

나에게 기분이 상한 건가? 내가 자신의 일에 좀 더 관심을 가져줬으면 좋겠다는 건가? 상대의 이야기에 경청하라, 문제점을 명확히 인식하여 숨겨둔 의미를 파악하라.

어느 한 부부 사이에서 벌어졌던 일이다. 그들은 갈등을 수면 아래 숨겨둔 채 대화를 이어나갔다. 아내는 "당신 어젯밤에 아이들에게 왜 소홀히 대했어요?"라고 물었다. 아내는 남편이 이해심 많은 청자로서 대답해 주기를 바라는 것이다. 하지만 이 질문에 남편은 도리어 자기 방어 기제가 발동하여 아내를 비방할 수도 있다.

그는 재빨리 "왜냐하면 애들이 골칫덩어리이기 때문이지."라고 대답하며, 아내의 이야기는 전혀 듣지도 않고 말하기만 할 것이다. 이렇게 탱고가 시작되면, 그녀는 자신의 이야기가 전혀 전달되고 있지 않다고 느껴져 더 화가 나기 시작할 것이다. 아내에게만 책임을 전가하는 남편의 태도에 아내 역시 방어기제를 발동시키며 남편을 비방한다.

상대가 질문을 하면, 대개는 내 머릿속에 가장 먼저 떠오르는 대답이 아주 중요한 내용인 줄 착각한다. 하지만 조금만 이야기를 듣다 보면, 그 대답은 대화의 화제와 전혀 관계가 없는 내용인 경우가 많다.

화두에 꺼내는 말은 보통 실제로 하고 싶은 말이 아니거나 할 필요가 없는 말인 경우가 많기 때문이다.

위의 사례에서 보면, 아내는 처음에 자신이 남편에게 하고 싶은 얘기가 있다는 것을 인지하지 못한 상태였다. 따라서 남편 또한 아내 질문의 의미를 알아차리지 못 했다. 만약 남편이 청자로서 대답했다면, "내가 어젯밤에 아이들을 그런 식으로 대한 게 서운했었어? 내가 아이들 마음에 상처를 줬다고 생각하는 거야?"라고 하며 그녀가 무슨 말을 하고자 했는지를 파악했을 것이다. 그리고는 "나는 아이들을 걱정해. 애들이 단지 강아지가 죽어서 반항하는 거라고 생각해. 애들이랑 대화를 좀 나눠봐야겠어."라고 말했을 것이다.

한 사람만 TLC를 활용해도 도움이 된다

말하기-듣기 과정이 유용하려면 대화 참여자 둘 모두가 이 과정에 대해 알고 있어야 하는가? 물론 두 사람 모두가 이 과정에 대해 알고 있으면 더욱 편하게 대화할 수 있을 것이다. 특히 '서운한 감정'을 설명하기 위해 두 사람 모두 플랫브레인 증상이라는 개념을 사용한다면 더 좋을 것이다. 하지만 둘 중 한 사람이 플랫브레인에 대해 잘 모르고, 또 경청할 줄 모른다고 해도 상관없다.

상대방이 심란한 것을 알아차리면 우리가 먼저 들어주기를 자청하면 된다. 그렇게 하면 우리가 말할 차례가 되었을 때도 대화가 성공할 확률은 훨씬 높아진다. 왜냐하면 우리는 상대의 고민을 마음 깊이 이해했고, 상대는 이를 통해 존중받는 기분을 받았기 때문이다. 그는 전보다 마음이 훨씬 차분해져 우리의 이야기를 들어줄 여유가 생기게 될 것이다.

10. 화자-청자 카드(TLC) – 누가 문제의 당사자인가?

누가 먼저 말할지를 결정하고 나면, 두 사람은 누구의 문제점에 관해서 대화하고 있는지 항상 확실히 기억하고 있어야 한다. 카드의 '화자'면에 "나는 문제를 겪고 있는 당사자이다."라고 두 번째 줄에 적혀 있다. 마찬가지로 '청자'면에는 "문제의 당사자는 내가 아닌 상대방이다."라고 적혀 있다. 여기서 '문제'라고 하는 것은 꼭 부정적인 상황만을 말하는 것이 아니다.

화자 - 나는 문제를 겪고 있는 당사자이다

"나는 문제를 겪고 있는 당사자이다."라는 것은 나의 이야기, 혹은 내가 꺼낸 화젯거리를 나의 관점에서 내가 주도하여 대화를 나누는 것을 말한다. 대화에 참여한 두 사람 모두 나의 입장이 되는 것이다. 상대

화 자
이 일에 가장 신경 쓰는 사람은 나다.
나는 문제를 겪고 있는 당사자이다.
목표 ·내 감정 나누기
·내 생각 나누기
피할 것
·비난 ·공격 ·낙인 ·비판

방이 말할 차례가 되면 그의 문제로 화제를 옮길 것이고, 그때는 그의 관점에서 그가 겪고 있는 문제에 대해 생각해볼 것이다.

문제의 당사자가 누구인지 기억해라

우리가 누구의 문제를 다루고 있는가에 따라 '문제 소유권'을 가진 사람이 결정된다. 예를 들어, 나의 다이어트 도전기에 대해 당신에게 이야기한다고 해보자. 당신은 누구라도 성공할 수 있다고 하는 다이어트 방법을 내게 일러준다. 여기서 '문제 소유권'은 나의 문제에서 당신의 방법으로 넘어갔음을 알아차려라.

"나는 문제를 겪고 있는 당사자이다."라고 하는 건, 화자가 그 문제를 다룰 책임이 있다는 것을 의미하기도 하다. 이 경우에, 살을 빼야하는 것은 나의 몫이다.

당신이 청자로서 이것을 기억하고 있었다면 내가 다이어트를 시도하면서 느꼈을 좌절감을 이해하고, 내가 어떤 방법을 시도해봤는지, 그 중 어떤 것이 효과가 있거나 없었는지, 그리고 나의 고민이 무엇인지를 물었을 것이다. 그러면 나는 나만의 결론에 훨씬 빨리 그리고 쉽게 도달했을 것이고, 다이어트 의지를 새롭게 다질 수 있었을 것이다.

다른 예도 살펴보기 위해, 내 다이어트에서 당신의 재정 문제로 화제가 넘어갔다고 해보자. 화자인 당신은 내게 "당신은 제 재정 문제를 어떻게 했으면 좋겠습니까?"라고 묻는다. 나는 듣기를 멈추고 말하기 시작한다. "계약형 투자 신탁만이 답인 듯합니다. 당신이 할 수 있는 최선의 선택은…" 당신과 당신의 재정에 대해 자연스레 내가 결정짓고 있는 모습을 발견할 수 있을 것이다.

나는 그것이 당신의 인생이지, 나의 인생이 아니라는 것에 대해 순간

망각한다. 표면상으로는 계약형 투자 신탁과 다른 종류의 투자 중 어느 것이 더 나을지 논의하고 있는 것 같지만, 실제로는 당신의 상황에 대한 통제권 싸움이 일어나고 있는 것이다.

나는 가끔 이런 힘겨운 상담 중엔 누가 문제의 당사자인지를 까먹어버리곤 한다. 그 사람 쪽으로 바짝 몸을 기울여서 조금이라도 도움이 되기 위해 부지런히 해결책을 생각해낸다. 그리고 그 사람이 무엇을 해야 하는지 열심히 설명한다. 그를 설득하려 하고, 나아가 나의 의견을 강요하기도 한다.

한 번은 내가 친구의 문제에 한창 열을 올리고 있을 때였다. 친구는 몸을 뒤로 편안히 제치고는 이렇게 말했다. "아마 그 방법으로는 안 될 거야. 너는 우리 안사람에 대해 잘 몰라. 네가 우리 아내를 잘 알고 있었다면, 아마 그런 제안은 하지 않았을 거야." 그러자 갑자기 정신이 번쩍 들어, 관찰자로서의 나의 임무가 떠올랐다. 그리고 내가 몸을 앞으로 기울이는 사이 그의 몸은 뒤로 물러났음을 볼 수 있었다. 마치 "어디 내 문제를 한번 해결해 보시지. 네 자신이 너무 잘났지? 참나! 내 인생은 내가 제일 잘 알아."라고 하는 것만 같았다. 다행스럽게도, 나는 카드의 '청자'면에 적혀있던 문구가 다시 생각났다. "문제의 당사자는 내가 아닌 상대방이다." 나는 다시 몸을 뒤로 기대고 그에게 대화의 주도권을 넘겨주었다. 내가 경청하는 동안, 그는 자신의 문제를 명료화시켰다.

'문제 소유권' 싸움은 "좋은 울타리가 좋은 이웃을 불러온다"는 철학과 부합한다. 당신이 울타리 너머 이웃집 뜰에 심어놓은 완두와 당근에 대해 품평해도 좋다. 그 완두와 당근이 이웃의 것이라는 것만 기억하고 있다면 말이다. 어떤 것을 심고, 채소가 더 잘 자라게 하기 위해 무엇을 할 것이며, 언제 수확할 것인지는 이웃이 결정할 몫이다. 이웃의 고민을 듣고 당신이 도와줄 수는 있다. 그러나 다시 한 번 말하지만, 그 고민은 이웃의 것이지 당신 것이 아니다.

당신이 이웃의 '문제 소유권'을 존중한다면, 이웃은 당신과 채소를 나눠 먹을지도 모른다. 그러나 이웃에게 완두와 당근에 대한 당신의 생각을 강요한다면, 당신과 이웃집 사이에는 38선이 그어질지도 모른다. 대부분의 사람들은 이것을 도가 넘어선 것으로 판단한다. 우리는 다른 사람이 내 인생에 대해 왈가왈부하는 것을 좋아하지 않는다. 그래서 경우에 따라서는 상대의 조언이 일리가 있음에도 불구하고 거부하기 마련이다.

문제 당사자의 감정까지도 고려해라

사람들은 자신의 문제가 아닌 것에 만전을 기울이는 법이 없다. 오로지 자신의 문제일 때만 혼신의 힘을 다한다. 그래서 상대가 책임져야 할 문제에 내가 대신 나서서 왈가왈부하면 그는 생각을 멈춘다. 그리고 점점 짜증이 나기 시작한다.

왜? 모욕감을 느끼기 때문이다. 나는 그가 자신의 인생을 스스로 책임질 능력이 없다고 생각하기 때문에 그의 책임을 대신 떠안은 거다. 그의 자신감은 땅으로 떨어지고 사고는 멈춘다.

내가 처음 상담을 시작했을 때, 나는 많은 사람들의 부담을 내가 대신 짊어지려 했고, 그 결과 좌절감을 맛보았다. 그들의 문제가 나아지지 않으면 나의 좌절감은 더욱 심해졌다. 젊고 열정이 넘쳤던 나는 '문제 소유권'에 대해 잘 알지 못했던 것이다. 마침내 나는 내가 유일하게 책임질 수 있는 것이 내 인생 뿐이라는 것을 깨달았다.

이러한 통찰력은, 대부분의 사람들이 이미 내면에 자신의 삶을 슬기롭게 헤쳐나갈 능력을 갖추고 있다는 사실을 깨닫는 데서부터 생기기 시작했다. 사람들은 자신의 문제에 치여 잠시 속상하고 혼란스러움을 느끼기도 한다. 그러나 조금만 격려해주고 문제를 명확히 바라볼 수 있도록 도와주면, 다시 내면의 능력을 발휘하여 자신이 처한 문제 상황을 현명하게 대처한다. 사람들을 믿음으로써 나는 '문제 소유권'을 더 잘 이해하고 지킬 수 있게 되었다.

어떤 사람이 내게 자신의 책임을 전가하려고 하거나 내가 그들의 책임을 떠안으려고 하는 상황이 닥치면, 나는 의식적으로 이렇게 말한다. "당신 정말 힘든 문제를 겪고 계시는군요. 이 상황에 오랫동안 시달리신 것 같네요. 그렇지만 저는 해답을 갖고 있지 않아요. 당신에게 좋은 생각이 있나요?" 또는 "저한테 말씀하신 이 상황에 대해 당신이 무엇을 해 볼 수 있을 것 같으세요?" (잠깐 쉬고) "그 중에 가장 나아보이는 해결책이 있습니까?" (잠깐 쉬고) "그 해결책이 당신을 비롯한 다른 사람들에게 미치는 영향은 무엇입니까?"

상담 중에 내가 상대의 '문제 소유권'을 침범하려 하는 것을 인지하면 나는 몸을 의자 등받이에 기대고 혀를 깨물며 "음…?"이라고 말한다. 만약 그들의 문제에 개입하여 문제를 해결하고자 하는 욕구가 지나치게 커지면, 나는 팔걸이에 팔꿈치를 대고 입 주위로 손을 가져가 말하지 않도록 입술을 꾹 잡는다. 그리고 그들의 문제에 대해 내가 굳이 해결책을 떠올리지 않도록 끊임없이 되뇐다.

그 순간 마법이 일어난다. 내가 몸을 뒤로 기댈 때, 그들은 앞으로 숙여 그들의 상황을 해결해보려 애쓰기 시작한다.

침묵 또한 좋은 방법이다. 대부분의 사람들은 침묵을 달가워하지 않기 때문에 쉴 새 없이 떠든다. 만약 당신의 친구, 아이들, 그리고 직장 동료가 그들의 문제를 당신이 대신해서 책임져주길 바란다면, "음… 어려운 문제인 걸…"이라고 말해라. 그리고 침묵을 깨기 위해 애써 말하려 하지 말고, 역으로 그 침묵을 이용해서 그들이 스스로 문제의 해결방안을 생각하도록 해보아라.

예외가 존재한다

가끔 빠른 해답을 주는 것이 좋을 때도 있다. 이를 테면 "화장실이 어디죠?"와 같은 경우 말이다. 혹은 어떤 사람이 심한 우울증에 시달리고 있거나, 자살의 위험이 있거나, 폭력을 휘두르기 직전의 상태일 때도 마찬가지다. 그 사람과 다른 사람들의 안전을 위해 그 사람을 병원으로 데려가거나 경찰을 부르는 등, 이 때는 내가 책임을 떠맡아야 하는 상황이다. 그러나 이런 상황은 드물고, 발생했다고 하더라도 일시적이다.

사람들은 우리가 그들의 이야기에 경청하는 것을 바라지, 그들을 대신해서 문제를 책임져주길 바라는 것은 아니다.

경각심을 가져야 할 '문제 소유권'의 주안점

이제 '문제 소유권'의 개념에 대해 살펴보았으니, 실례를 통해 더욱 깊이 들여다보도록 하자. 내가 당신에게 화가 난 상태라고 해보자. 당신은 내가 기대하는 바를 이행하지 않았고, 나는 나의 기대와 분노가 나의 사정이라는 것을 깨닫지 못했다.

나는 내 분노가 당신의 문제라고 생각하는 것이 속 편하다. 그러면 '당신이 이 문제점을 수정하고 문제를 해결하여 내가 기대하던 바를 이행하면 내 화가 가라앉을 거야. 맞지? 그러니까 이것은 당신 문제야.'라고 생각해버리면 그만이기 때문이다.

틀렸다. 내가 만약 나의 분노를 당신의 문제로 치부한다면, 당신은 아마 방어적 태세를 취하거나 내게 져주게 될 것이다. 어느 쪽이든, 나는 내 문제를 해결할 수 없을 것이고, 이해받았다는 기분도 느끼지 못할 것이며, 무엇이 나를 화나게 만든 건지 명확히 알 수도 없을 것이다.

내 분노가 당신을 향하면, 당신은 나나 내가 짜증내는 부분이 무엇인지에 대해 진심 어린 마음으로 걱정할 확률이 줄어든다. 당신이 내게 보이는 태도 변화를 보며 나는 당신이 나에 대해 진심으로 걱정하길 갈구한다.

이해를 돕기 위해 조금 더 설명하도록 하겠다. 매우 화가 나고 짜증이 난 남편이 "당신은 항상 늦어. 미리 계획을 세우지 않으니까 맨날 준비할 시간이 부족하지. 조금만 미리 계획하고 움직여도 파티에 지각하지 않을 거고, 영화의 앞부분을 놓치지 않을 거고, 첫 찬송가가 다 끝나갈 무렵에 예배에 들어가는 일은 없을 텐데."

그러면 아내는 "당신은 당신 혼자만 준비하니까 그렇지. 나는 아이들도 준비시켜야 한단 말이야. 그리고 내가 그렇게 자주 늦는 것도 아니거든? 당신이야말로 좀 더 융통성 있게 생각하시지 그래? 그리고 아이들은 나 혼자만 키우는 게 아니라는 것도 좀 기억하고."

이 플랫브레인 탱고는 그들의 결혼 생활 내내 지속될 것이고 다툼의 정도도 점점 심해질 것이다. 두 사람 모두 존중받거나 이해받고 있다는 기분을 느끼지 못할 것이며, 상대방만 변하면 모든 문제가 해결되리라 생각할 것이다.

만약 아내가 청자의 입장을 취했더라면 이야기는 달라진다. "나 때문에 우리가 늦으면 당신이 화가 많이 나는구나. 당신이 보기에 나는 항상 지각하는 사람인 것 같으니까 내가 조금만 앞서 계획하면 우리의 일상이 훨씬 나아질 거라고 생각하는 거지?"

혹은 남편이 청자의 입장을 취했더라도 이야기는 달라진다. "당신이 혼자서 아이들을 모두 챙기는 것에 대해 나한테 불만이 많았구나. 나는 애들 준비하는 걸 도와주지 않고 혼자만 덜렁 준비하니 빨리 준비하고 재촉하는 것처럼 보였을 거야. 그러니까 당신 말은, 당신이 습관적으로 늦어서가 아니라 내가 그 상황을 유연하게 받아주지 않고 아이들 준비를 돕지 않는다는 게 문제라는 거지?"

만약 아내가 경청했더라면, 두 사람은 모두 남편의 고민에 귀를 기울일 수 있었을 것이다. 그러면 남편은 아내가 늦는 것에 대해 화가 난 자신의 마음이 결국 자신의 문제라는 것을 깨달았을 것이다. 더 나아가, 자신도 아이들을 준비시키는 데 동참하거나 두 사람이 각자 따로 출발하는 등의 더 나은 해결방안을 찾았을 것이다. 남편의 문제를 해결하기 위해서 취할 수 있는 선택지의 폭이 갑자기 확 늘어났을 것이다. 스트레스를 받는 상황에서는 단 몇 가지 선택지밖에 떠올리지 못 하지만, 반대로 침착할 때는 그 선택지가 무한으로 늘어나게 된다.

만약 남편이 경청했더라면, 두 사람은 모두 아내의 고민에 귀를 기울일 수 있었을 것이다. 그러면 아내는 남편이 그 상황에 유연하게 대처하지 않고 아이들을 준비시키는 데 돕지 않은 것에 대해 화가 난 자신의 마음이 결국 자신의 문제라는 것을 깨달았을 것이다. 더 나아가, 대화를 통해 아이들을 협력하여 준비시키거나 혹은 두 사람이 각자 따로 출발하는 방법을 제안하는 등의 더 나은 해결방안을 찾을 수 있었을 것이다. 아내가 자신의 문제를 해결하기 위해서 취할 수 있는 선택지의 폭이 갑자기 확 늘어났을 것이다.

게다가 만약 남편이 화가 난 이유가 무엇인지 이해하려고 하고, 자신이 남편을 사랑하고 있다는 사실을 기억하고, 남편의 화를 받아주려고 했다면, 남편을 기쁘게 하기 위해서 기꺼이 자신의 행동을 변화시켰을 수도 있다.

그리고 남편 또한 아내가 화가 난 이유가 무엇인지 이해하려고 하고, 자신이 아내를 사랑하고 있다는 사실을 기억하고, 아내의 화를 받아주려고 했다면, 아내를 기쁘게 하기 위해서 기꺼이 자신의 행동을 변화시켰을 수도 있다.

이러한 의사소통 갈등 상황에서는 갈등을 해소하고 더 나은 결론에 도달하기 위해, 두 사람의 의사소통 기법과 태도를 모두 변화시킬 필요가 있다.

청자 - 문제의 당사자는 내가 아닌 상대방이다

화자의 '문제 소유권'을 지켜주는 일은 보기보다 까다롭다. 왜냐하면 대부분의 사람들은 상대에게 도움이 되는 친절한 사람으로 기억되고 싶기 때문이다. 여태까지는 '도움이 된다'는 것이 친구들의 문제에 조언을 하고 때로는 나서서 해결해주기도 하는 것을 의미했다. 카드의 '문제의 당사자는 내가 아닌 상대방이다'라는 문구는, 우리가 다른 사람을 신경 쓰지 않는다는 것을 의미하지 않는다. 도리어, 그 사람이 자신의 문제에 충분히 집중할 수 있도록 최선을 다해 도와주게 된다.

> **청 자**
>
> 나는 이야기를 들어줄 만큼 평온하다.
> **문제의 당사자는 내가 아닌 상대방이다.**
>
> **목표** · 상대방 안정시키기
>   · 상대방 이해하기
>   · 문제점 명확히 짚어주기
>
> **피할 것**
>   · 동의 · 반대 · 충고 · 변호

그들의 문제에 내가 나서서 해결하려고 하기보다는 그저 경청하는 것이 훨씬 더 도움이 된다는 것을 수년간의 경험이 증명해 주었다.

우리는 문제의 당사자가 아니라는 것을 명확히 인식해야 한다. 그러면 화자에게 우리의 입장과 관점을 관철시키려고 하지 않고, 편향된 의견을 제시하지 않으며, 오지랖을 부리지 않는다. 화자의 입장과 관점에서 상황을 이해한다. 화자가 자신의 인생에 대해 더욱 책임감을 가지고 스스로 결정을 내릴 수 있도록 우리가 지지해주는 것이다.

11. 화자 – 청자 카드(TLC) – 화자는 무엇을 해야 하는가?

우리가 머릿속에 있는 고민을 말로 표현하기가 어려울 때면 짜증이 나는 나머지 "아, 내가 지금 하려는 얘기를 어떻게 표현해야 할지 모르겠어."라고 말하곤 한다. 나는 사실 우리가 무슨 이야기를 하고자 하는지 확실히 안다고 생각하지도 않고, 또 그것을 표현해낼 수 있으리라고도 생각하지 않는다. 생각과 감정의 소용돌이 속에, 자신이 무슨 이야기를 하고자 하는지 스스로도 명확하지 않을 확률이 높기 때문이다.

말하기는 두 가지의 과정을 거친다.

1. 나의 생각과 감정 명료화하기
2. 다른 사람과 나의 생각과 느낌 나누기

이 두 가지 과정을 거쳐야 하는 것으로 보아, 우리는 자신의 생각과 감정에 대해 늘 정확히 알고 있는 것이 아니라는 것을 추론해볼 수 있다. 그러므로 생각과 감정을 명료화하기 위해서는 크게 소리 내어 말해 보아야 한다. 이야기하고자 하는 바를 명확히 알고 있지 않거나,

정답을 알고 있지 않은 이상 입 밖으로 내지 않도록 교육받은 사람들에게는 이 과정이 다소 어색할 수도 있다.

우리가 명확하지 않다는 것을 깨닫는 순간부터 자신의 생각과 감정을 명확히 하기 위한 노력을 할 수 있다. 내게 피드백을 주는 사람과 함께 대화를 나누어라. 이로써 내 생각과 감정의 아주 작은 디테일까지도, 또 그것들끼리의 상호연관성까지도 놓치지 않을 수 있다. 마치 우리 머릿속에 있는 디지털 이미지를 큰 화면에 영사하는 것과 같은 효과이다.

비록 바보 같은 생각일지라도 머릿속에서만 상상할 때는 꽤 그럴싸하다고 착각하기 쉽다. 그러나 그 생각을 밖으로 꺼내놓으면, 그것의 장단점을 더욱 확실히 따져볼 수 있게 된다.

나의 경우, 다른 사람의 입을 통해 나의 생각을 다시 들으며 그것이 얼마나 바보 같은 생각이었는지를 깨닫는다. 반대로 정말 좋은 생각이었던 경우에는, 상대의 말로 인해 그 천재성이 더욱 두드러지기도 한다. 여러 해 동안, 나는 내 스스로에게 귀기울임으로써 나의 신념을 더욱 공고히 했다. 많은 사람들이 내 의견에 반응하고 피드백 할수록 나의 통찰력은 더욱 날카로워졌다. 거친 생각은 점점 부드러워졌고, 형편없는 생각은 훨씬 줄어들었으며, 이전보다 더 나은 생각을 많이 할 수 있게 되었다.

내가 어떤 생각을 나눴을 때 그 누구도 기절초풍하지 않거나 나를 공격하지 않는 것은 참 다행스러운 일이다. 우리의 마음 속 깊숙이 있는 소망과 신념을 이야기했을 때 아무도 기절하지 않으면, 우리는 자신감이 생기고 두려움이 줄어든다. 더불어, 우리의 이야기를 들은 상대방 또한 우리에게 더 많은 믿음을 준다.

경청하는 것의 가치는 금과 같다. 우리의 통찰력을 더욱 날카롭게 다듬어줄 뿐만 아니라 우리가 올바른 방향으로 나아가도록 지지해주기 때문이다.

화자의 첫 번째 목표 - 내 감정 나누기

```
┌─────────────────────────┐
│         화 자           │
│ 이 일에 가장 신경 쓰는 사람은 나다. │
│ 나는 문제를 겪고 있는 당사자이다.  │
│                         │
│ 목표 · 내 감정 나누기        │
│      · 내 생각 나누기        │
│ 피할 것                  │
│  · 비난 · 공격 · 낙인 · 비판  │
└─────────────────────────┘
```

화자인 나는 나의 감정과 생각을 어떻게 하면 효과적으로 나눌 수 있을까? 최고의 의사소통은 감정, 생각, 그리고 열린 태도, 이렇게 세 가지 아래 완성된다. 감정과 생각은 카드의 '화자'면에 쓴 목표에 이미 명시해 두었다. 반면 열린 태도에 대해서는 따로 명시한 바 없으나, 아주 중요한 것이다.

이 세 가지가 의사소통에 어떤 영향을 미치는지, 어떻게 상호작용하는지, 그리고 하나라도 미흡할 경우 의사소통이 어떤 방해를 받는지에 대해 살펴볼 것이다.

"내 감정 나누기"라는 것은 나의 감정을 청자에게 설명하는 일이다. 여기서 말하는 '감정'은 흥분, 실망, 열정, 걱정, 소망, 분노, 불안, 짜증, 두려움 등 이외에도 모든 것을 포함한다.

감정적 말하기(Stomach Talk)

'감정적 말하기'는 단순한 '감정 쏟아내기'가 아니다. '감정적 말하기'란, 감정을 언어로써 전달하는 것을 말한다. 오른쪽 그림의 E는 감정(emotion)을 의미한다.

'감정을 모조리 쏟아내겠다.' 혹은 '완벽하게 솔직해지겠다.'고 말하는 사람들은 자신의 감정을 표출하고 있다고 생각하지만, 사실은 그렇지 않다. 그들은 이런 말로 공격을 하곤한다. "어제 저녁 식사할 때 말인데, 너 너무 강압적이었어. 너무 길게 그리고 크게 말하더라. 어제 그 자리에 있던 모든 사람들의 시간을 네가 망쳐버린 거야." 그들은 이 공격적인 말 속에 담은 자신의 감정이 구체적으로 무엇인지 밝히지 않는다.

'감정을 모조리 쏟아내겠다' 혹은 '완벽하게 솔직해지겠다.'고 했을 때, 사람들에게 자신의 감정을 나누기보다는 대개 그저 분출만 하는 경우가 많다.

내 감정을 나누는 '감정적 말하기'는, 다른 사람에 대한 것을 말하기보다는 내 안에 어떤 마음이 자리하고 있는지를 말하는 것이다. "넌 내게 모욕감을 줬어."라고 말하는 것과 "너가 …라고 말할 때 나는 불편하고 언짢아."라고 말하는 것의 차이는 어마어마하다. 후자의 경우, 내 속에 있는 감정을 전달한 것이므로 나는 '감정'을 나눈 것이다. 하지만 전자의 경우, 상대를 비난하려는 나의 '생각'을 전달한 것이므로 나의 언짢은 감정을 상대에게 꺼내놓은 것밖에 되지 않는다.

감정은 대개 한두 개 정도의 적은 단어 수로 표현할 수 있다. "나 짜증났어.", "나는 …가 싫어.", "나 피곤해.", "나 …를 원해", "나 사랑에 빠졌어.", "나 신났어/화났어/실망했어/흥분했어." 등이 그 예이다.

"…하다고 느껴"의 교묘함에 속지마라

때때로 우리는 감정과 생각을 헷갈려 한다. 우리는 "…하다고 느껴."라고 말하며 자신의 '감정'에 대해 말하고 있다고 착각하지만, 사실 그 앞부분에 오는 말은 '생각'인 경우가 많다. "나는 어젯밤 파티에서 네가 술을 지나치게 많이 마시고 마르시아에게 과도한 애정공세를 퍼부었다고 느껴."

"…하다고 느껴." 이전에 오는 말은 모두 어떤 행동에 대한 묘사 혹은 그에 대한 판단, 즉 자신의 생각이다. 상대에게 자신의 감정을 쏟아내는 것보다 약간 부드러운 형식을 취한 정도이다. "…하다고 느껴."는 거의 예외 없이 언쟁으로 번지거나, 최소 서로를 피하게끔 만든다.

어떤 사람이 아스파라거스를 좋아하거나 싫어하는 깃은 그 사람의 '감정'에 대한 것이므로 논쟁거리가 될 수 없다. 그러나 아스파라거스가 우리 몸에 이롭다 혹은 해롭다 하는 것은 '생각'이므로 논쟁거리가 될 수 있다. "아스파라거스는 우리 몸에 필요한 영양소를 가지고 있어.", "아스파라거스는 홀렌다이즈 소스랑 같이 먹어야만 맛있는데, 그렇게 되면 지방을 너무 많이 섭취하게 돼."

앞서 언급한 파티의 예를 다시 떠올려보자. "나는 어젯밤 파티에서 네가 술을 지나치게 많이 마시고 마르시아에게 과도한 애정공세를 퍼부었다고 느껴." 여자의 생각에 대한 양쪽의 공방은 다음 세기까지도 계속될 수 있다. "나는 그런 적 없어. 그리고 네가 그걸 어떻게 판단하겠어? 너는 톰이랑 히히덕거리느라 바빴으면서."

만약 그녀가 자신의 감정에 대해 말했더라면, "어젯밤 파티에서 나 외로웠어. 네가 마르시아랑 대화를 나누니까 초조했어. 이상하지, 너랑 만난 지 몇 년이나 지났는데 아직도 불안하고 질투가 나."라고 말했을 것이다. 둘의 차이가 확연히 느껴진다. 그녀가 감정을 나누자 생각과 공격이 온데간데없이 사라졌다. 이로써 남자는 자기 자신을 방어할 필요 없이 그녀의 이야기를 온전히 들어줄 수 있다.

감정을 나누는 일은 위험이 따르지만 충분히 가치롭다

대부분의 사람들은 자기 방어 기제로서 자신의 감정을 나누지 않도록 배웠다. 물론 감정을 마음속에 담아두고 벽을 세워 타인으로부터 자신을 보호할 수도 있겠지만, 이것은 관계 형성에 있어 걸림돌이 된다. 그러나 화자가 감정을 나누는 과정에는 위험이 따른다는 사실을 굳이 숨기지는 않겠다.

우리가 감정과 생각을 열어 공유하면 사람들은 그에 반응할 것이다. 만약 청자가 내게 적대적이라면, 본래의 의도와는 다르게 나의 감정과 생각이 되려 나를 찌르는 창이 되어 돌아올 수도 있다. 우리가 개인적인 부분을 나누면 나눌수록, 우리는 상처 입을 각오를 해야 한다. 다음 사례를 살펴보자. 여행 계획을 짜는 중, 아내가 남편에게 "나 비행기 타는 거 너무 무서워."라고 하자 남편이 "언제 어른 될래?"라고 말한다. 한 남자가 "나 너랑 사랑에 빠질 것 같아."라고 하자 여자가 "그래 그래, 너는 치마만 둘렀으면 다 좋아하잖아."라고 말한다. 아들이 "의사 선생님이 말씀하신 검진을 받는 게 무서워요."라고 하자 아버지가 "언제까지 애같이 굴거야? 사내가 말이야!"라고 말한다.

위태로운 상황도 있지만, 나는 내가 사람들에게 마음을 열면 열수록 그들도 내게 더 많이 마음을 여는 것을 자주 확인하곤 한다. 감정을 나눔으로써 서로 신뢰를 쌓고 친밀감을 형성한다. 내가 어떤 감정을 느끼는지를 공유하여 그들을 내 세상으로 초대하는 것이다. 그러면 그들도 내게 애정을 갖고 더 많은 관심을 쏟고, 결과적으로 나의 편에 서서 행동하게 된다.

요약하자면, 나눌수록 풍요로워진다.

당신의 주변 사람들과 소중한 사람들에게 더 많은 감정을 나누어라. 그러나 이것은 꼭 기억해두어라. 당신의 감정을 무분별하게 나누라는 것은 아니다.

　어떤 사람들은 매사에 지나치게 이성적으로 대응하여 감정을 공유하려는 당신의 시도를 업신여길 수도 있다. 그러니 정신 바짝 차리고 어떤 친구에게 무슨 이야기를 할지, 그리고 그 친구와 어느 정도 선까지 감정을 공유할지 현명하게 판단해라.

화자의 두 번째 목표 - 내 생각 나누기

　"내 생각 나누기"라는 것은 나의 발상, 관점, 개념, 신념, 기억, 의문, 추측, 그리고 사실과 환상 등을 모두 설명하는 일이다.

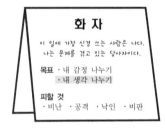

생각을 나누면 청자는 우리의 의도가 무엇인지 훨씬 더 명확하게 이해할 수 있다.

생각을 나누지 않으면 청자는 우리의 인생관이 어떤지 혹은 겪고 있는 문제에 대해 우리가 어떤 마음을 가지고 있는지 전혀 알 수가 없다. "나 여기 있어서 행복해."라고 말하는 것은 내가 여기서 무슨 생각을 하고 있는지 말해주지 않는다. 내가 여기 있어서 행복한 것과 별개로(감정), 사실은 당신에게 바가지를 씌워 당신 돈을 몽땅 써버리도록 하려고 하는지도 모를 일이다(생각).

이성적 말하기(Head Talk)

　'이성적 말하기'란, 생각을 언어로써 전달하는 것을 말한다. 그림에서의 J는 생각, 즉 판단(judgments)을 의미한다.

감정이 포함되지 않은 생각(판단)은 상대를 비난하
는 말이 되곤 한다. 그림에 보이는 사각형의 뾰족한
모서리가 이를 상징한다. 감정이 포함되지 않은 판단은
사실상 상대를 재단하여 평가하는 거나 마찬가지다.
왜냐하면 우리의 개인적인 마음이 담기지 않았기 때문
이다.

예를 들어, "자, 마침내 우리가 저녁 식사를 함께 하네."라고 말했다고
해보자. 감정이 포함되지 않은 이 생각은 마치 '네가 나를 저녁 식사
자리에 더 일찍 초대하지 않아서 조금 언짢아.'와 같이 들린다. 보통
사람이라면 얼마든지 이를 비난으로 들을 것이고, "네가 언제든 전화
했으면 됐잖아. 우리가 이렇게 오랜만에 만난 게 내 탓만은 아니라고"라
며 방어적 태세를 취할 것이다.

사실 내 감정은 "너와 함께 저녁 식사를 하게 되어 정말 기뻐. 오랫동
안 기다려왔어."에서부터 "이 자리에 있기 싫다. 여기 오는 것도 너무
싫었고 지금 당장 나가버리고 싶어."까지의 다양한 스펙트럼 중에 어디
에 속할지 모른다.

내 목소리 톤이나 제스처를 통해 의도를 명확히 드러내지 않은 채
상대방이 나의 의도를 알아서 파악해야 하는 경우에는 대개 문제가
생기기 마련이다.

감정을 포함하지 않은 생각은 청자를 불안하게 만든다. 발화된 생각에
감정이 존재하지 않는다면, 청자는 그 공백을 불안감으로 채울 것이다.
그러면 그저 단순한 사실을 전달하는 말이었던 것도 어느새 불평과
불만으로 변질되어 있을 것이다. "너랑 드디어 같이 저녁 식사를 할
수 있게 되어 아주 기뻐! 보고 싶었어."라고 말하는 것이 좋다.

칭찬

상대에게 친절을 베풀고 칭찬의 말을 건네었는데 오히려 곤경에 처한 경험이 있는가? 한 남자가 "그 드레스 당신에게 참 잘 어울리는군요."라고 말했다고 해보자. 이 말은 겉보기에는 단순한 칭찬인듯 하지만, 그 내막에는 상대 여성에 대한 평가가 담겨있다. 우리는 평가 받는 것을 좋아하지 않기 때문에 이런 칭찬을 들으면 자신도 모르게 방어적인 태도를 취하게 된다.

그러면 여자는 대개 이렇게 반응한다. "이 낡은 드레스 말하는 거야? 엄청 옛날부터 입고 다녔는데 이제 알았나보지?" 그녀는 자신이 평가받았다고 생각하는 것이다. 그리고 그에게 공격적으로 말함으로써 자신을 방어한다.

감정을 포함하지 않은 칭찬은 좋은 의미로 받아들여지는 경우가 드물다. 만약 남자가 처음부터 감정을 담아 칭찬했다면, 자신의 의도대로 내용을 전달할 수 있었을 것이다. "그 드레스를 입은 당신의 모습이 내 눈에 참 아름다워 보여요. 정말 예쁘군요." 평가가 사라진 것은 아니지만, 개인적인 감정을 표현함으로써 전보다 훨씬 부드러워졌다.

다른 예를 들어보자. 한 여자가 "네가 했잖아."라고 말한다. 감정이 포함되지 않은 상태에서는 마치 상대를 비난하는 것만 같다. 그렇기에 남자는 "안 했는데."라고 대답한다. 아주 당연한 자기 방어적 대답이다.

"했잖아." "안 했다니까."

만약 그녀가 이렇게 말했다면 어땠을까. "네가 해서 얼마나 다행인지 몰라. 나 혼자서는 하고 싶지 않았거든." 감정을 담아 표현했더니 어감이 훨씬 더 부드러워졌을 뿐만 아니라 그녀의 생각이 더욱 명확하게 전달되었다.

분쟁의 여지, 의미 전달의 모호성, 그리고 대화상의 오해를 줄이고 싶다면 감정과 생각을 함께 발화하여라.

잠깐 멈추고 방금 전의 문장을 돌이켜 생각해보아라. 조금이라도 논란 거리가 될 수 있겠는가? 혹은 최소 의논거리가 되겠는가? 당신은 좀 전에 그 문장을 읽고는 "그럴 수도 있겠네요. 그런데 왜 그런 거죠?"라고 반문하고 싶었을 것이다.

그렇다면 감정과 생각을 혼합해서 다시 한번 말해보도록 하겠다. 논란 의 여지나 평가의 정도가 줄어들었는지 확인해보아라. "제게 유용한 방법을 당신에게도 알려줄 수 있게 되어 기뻐요. 제가 감정과 생각을 함께 섞어 말했더니 분쟁의 여지, 의미 전달의 모호성, 그리고 대화상의 오해가 많이 줄어들더라고요. 참 다행스러운 일이죠. 당신에게도 이 방법이 유용했으면 좋겠네요."

생각을 나누는 일 또한 위험하다

대부분의 경우, 나는 사람들에게 내가 어떤 생각을 하는지 말하는 것을 좋아한다. 그래야 사람들이 내 관점을 막연하게 추론하지 않고 정확히 이해하여 대답하기 때문이다.

우리는 어떤 한 가지 입장을 취하여 머릿속에 있는 생각을 말로 전하 게 된다. 내 생각이 틀릴 수도 있고 사람들이 부정적으로 반응할 수도 있다. 그런 위험을 부담하는 것은 누구에게나 쉬운 일이 아니다. 또, 내가 생각하는 바가 명확하지 않다고 하면 나를 결론 없는 사람이라며 비난하는 사람도 있을 것이다.

기억해 두어라. 사람들은 자신의 불확실성에 대해서는 관대하면서 상대의 불확실성에는 가차없다. 내 생각이 명확하지 않다는 것을 드러낸 나의 솔직함을 도리어 얕잡아볼 것이다. 그럴 때는 그 사람들의 이야기를 더 많이 들어주고 이해하려고 노력해라. 이 방법이 먹히지 않는다면, 그 사람들을 피하거나 깊은 관계를 맺지 않는 편이 낫다.

내가 생각하는 것을 말하는 건 상대에게 나의 관점과 입장을 밝히는 일이다. 하지만 나는 내가 생각하는 것과 알고 있는 것 모두를 언제나 다 말하는 것은 아니다. 우리의 생각이 상대에게는 상처가 될 수도 있고 때와 장소에 부적절할 수도 있다는 것을 명심해라.

내가 가장 중요하게 생각하는 원칙은 "사랑의 마음으로 진실을 말해라"이다. 이 구절은 '진실'을 어떻게 말하는지에 따라 두 사람 사이에 건설적인 변화를 야기할 수도, 혹은 상처를 안겨줄 수도 있음을 내포한다.

상대방과의 관계를 돈독하게 하기 위해서, 그리고 가치로운 것을 함께 이루기 위해서 우리의 생각을 언제, 어떻게 전달할지에 대한 고민이 필요하다. 우리의 생각을 분명 불쾌하게 받아들이는 사람도 있을 것이다. 그러나 우리는 다른 사람들의 비위를 맞추기 위해서가 아니라 그들의 편에 서서 행동하기 위해 존재하는 것이다.

화자의 세 번째 목표 - '내'

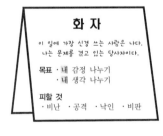

화자

이 일에 가장 신경 쓰는 사람은 나다.
나는 문제를 겪고 있는 당사자이다.

목표 ·내 감정 나누기
　　　·내 생각 나누기

피할 것
·비난 ·공격 ·낙인 ·비판

화자의 두 가지 목표에는 모두 '내'라는 단어가 포함되어 있다. 대화에서 화자의 주도권과 열린 마음이 중요하다는 것을 강조하기 위함이다. 나는 주도권과 열린 마음을 통틀어 '인간적인 요소'라고 부른다.

왜냐하면 이 두 가지를 통해 화자는 자신이 말하는 바에 책임을 지고, 그와 동시에 상대방에게 대화의 여지를 남겨두기 때문이다. 두 가지 '인간적인 요소'를 좀 더 자세히 살펴보도록 하자.

주도권

대화에서의 주도권이란, 나의 감정과 생각에 책임을 지는 것을 말한다. '나' 혹은 '내'를 사용하여 말하는 것은, 내가 대화를 이끌며 나의 감정과 생각을 분명히 전달하겠다는 의지이다. 많은 사람들은 이것을 '나 전달법'이라고 부른다.

예를 들어, "관리자님이 생각하시기에는…" 혹은 "다른 사람들이 말하기를…"보다는 "내가 생각하기에 …는 좀 아닌 것 같아." 혹은 "내가 선호하는 것은 …"으로 말하는 것이다. '나 전달법'은 내가 여느 사람이 아닌, 나의 감정과 생각을 말하고 있다는 것을 분명히 드러내 준다.

내가 당신을 나의 직장 상사라고 생각하고 말해보겠다. "사람들 얘기로는 당신이 프레드를 해고하지 말았어야 했대요." 당신은 내가 어떤 기분이 들고 어떤 생각을 한다는 건지 도무지 알 수가 없다. 나는 이름 모를 그 사람들에게 책임을 전가함으로써 당신의 반박을 미연에 방지한 것이다. 당신은 누가 당신의 결정에 동의하지 않으며 기분이 상했는지 알 수 없다. 대답할 기회조차 없는 것이다.

"당신에 대해서 다른 사람들이 …라고 하더라."고 하는 것은 자기 방어적이고 비인간적인 영악한 말하기 수법이다.

열린 마음

대화에서의 열린 마음이란, 상대 또한 이야기를 주도할 수 있으며 내가 그의 이야기에 귀기울일 수 있음을 받아들이는 마음가짐이다. '인간적인 요소'는 우리 중 누구도 진리를 알지 못한다는 것을 깨우쳐 준다. 그 누구도 완벽하게 보고, 듣고, 생각하는 사람은 없다. 우리는 각자 서로 다른 배경과 경험, 조금은 부족한 시력과 청력에 따라 국한된 사고를 하기 마련이다.

하지만 우리 모두가 조금씩 플랫브레인이기는 해도, 우리는 기본적으로 좋은 사람들(BNPs ; basically nice people)이기에 서로서로 배울 수 있다.

감성적 말하기(Heart Talk)

'감성적 말하기'란 주도권과 열린 마음을 언어로써 전달하는 것을 말한다. 그림의 H는 '인간적인 요소'를 상징하며, 이는 두 사람 간의 관계 맺기와 협력을 도모한다.

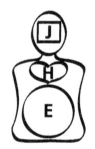

"내 관점으로는 …", "내가 생각하기에는 …", "내가 보기에는 …" 또는 "내가 기억하기로는 …" 등의 감성적 말하기를 통해 내 생각을 먼저 말하고 상대를 위해 여지를 남겨두는 것이다.

감성적 말하기는 "…인 걸 알아." 대신 "…이라고 생각해."라고 말하는 것이고, "너는 맨날 그런 식으로 하더라." 대신 "내가 보기엔 네가 그런 식으로 자주 하는 것 같아."라고 말하는 것이다. 또, "네가 실수했네." 대신에 "네가 실수한 걸 수도 있어." 라고 말하는 것이고, "네가 배수관 수리 안 했잖아." 대신에 "네가 배수관 수리하는 걸 못 본 것 같은데?"라고 말하는 것이다.

이 둘의 차이가 미묘해 보이나, 그 위력은 우리가 대화 중에 감성적 말하기를 전혀 하지 않을 때 더욱 극명하게 드러난다. 극단적인 표현은 상대방의 관점이 치고 들어올 틈을 주지 않는다. 만약 어떤 사람이 내게 "당신은 설거지 한 번을 도와주지 않는군요."라고 말한다면 마치 예외가 없는 듯하다. 그러면 나는 본능적으로 "아니, 나 도와준 적 있는데? 1983년에 내가 한 번…"이라며 목소리를 높인다.

만약 그 사람이 내게 "부엌일을 돕는 걸 당신이 좋아하지는 않는군요." (감성적 말하기) "나는 그게 좀 불만이에요. (혹은 만족스러워요.)" (감정적 말하기) "나는 당신이 … 했으면 좋겠어요." (감정적 말하기)라고 했으면 나는 훨씬 덜 방어적이었을 것이다.

TV 전도사들은 설교 중에 감성적 말하기를 빼놓고 말하는 경우가 허다하다. 그들은 "성서가 말하길 …" 혹은 "믿음의 유일한 길은 …"이라고 선언하듯 말한다. 그들의 말하기에는 '인간적인 요소'가 부재하며 감성적 말하기가 이루어지지 않는다.

절대론자의 설교를 듣고 있노라면 내 머리카락이 쭈뼛 서는 것을 느낀다. 그들은 마치 자신의 생각이 신의 것과 일치한다고 주장하는 듯하다. 그리고 만일 내가 그들과 다른 생각을 한다면 내 생각은 틀렸다고 말하는 것처럼 들린다. 그들은 청자가 다르게 생각할 여지를 주지 않는다. (나만 해도 다른 생각을 자주 한다.)

나는 감성적 말하기를 하는 화자 편이 훨씬 좋다. 대화의 주도권을 쥐고 있으면서도 열린 마음을 가지고 있는 화자는, 내가 나의 관점과 생각을 유지할 수 있도록 여지를 남겨둔다.

'인간적인 요소'의 효력이 분명하다는 것을 아는 종교 지도자들은 "제가 하는 말을 믿지 않으면 당신은 틀린 거고 지옥에 갈 겁니다."라고 말하는 대신에 "이것은 제게 아주 중요한 일이고 성경에는 …라고 전한다고 해석합니다. 그러나 당신의 신념이나 철학에 따라 다른 의미로 받아들여질 수도 있겠지요. 당신이 소망하는 일이 모두 잘 되길 바랍니다."라고 말한다. 발화를 들으며 나는 느끼는 바가 있었다. 상대방을 평가(비판)하는 대신 그 평가를 함께 나누기로 결정했다.

우리는 모두 평가를 하고 그것을 토대로 결론을 도출해 낸다. 하지만 그것은 모두 우리의 생각일 뿐이다. 그러나 비판은 다르다. 비판은 주도권을 빼앗아오고, 열린 마음을 닫히게 하며, 우월의식에 젖게 하고, 자기방어를 촉진시킨다.

사업에서도 이 과정은 똑같이 이루어진다. "내 방식대로 하는 것만이 이 사업안을 성공시킬 수 있어. 다른 방식으로 진행하면 회사가 도산하게 될 거야" 대신 "새로운 사업안이 매우 기대돼. 그리고 나의 방식이 최적이라고 생각해. 내가 어떻게 생각하는지 먼저 말할테니까 그 다음에 네 생각이 어떤지 말해줘."라고 말해라.

내가 감성적 말하기를 하면 상대방은 원만한 직장 생활과 결혼 생활, 혹은 아이들을 돌보거나 정원을 가꾸는 데 가장 좋은 방식이 무엇인지에 대해 내게 자신의 생각과 의견을 분명히 피력할 수 있게 된다.

균형 잡힌 대화에서의 EHJ

원활한 의사소통을 위해서는 감정과 논리를 2대1 비율로 섞어 말해야 한다.

EH   J
△

감정(E)과 '인간적인 요소(H)'가 판단(J)과 균형을 이루는 모습을 평균대 그림을 활용하여 설명해보겠다. E와 H를 평균대의 왼편에, J를 오른편에 두겠다.

이 세 가지 중 한 가지라도 빠지면 의사소통의 균형은 깨질 것이고 오해의 여지는 커져만 갈 것이다. 우리가 감정적 말하기로 감정을, 감성적 말하기로 인간적인 요소를, 그리고 이성적 말하기로 판단과 생각을 소통한다는 것을 기억해라. "이 책 반납일이 지난 걸 (J) 네가 알고 있었는지 (H) 난 궁금해 (E)."

만약 E가 떨어져나가면, 평균대는 J쪽으로 치
우칠 것이다. 평균대가 J쪽으로 치우치게 되면
J의 성질이 '비판적'으로 변하고, 언쟁이 벌어질 것이다. "이 책 반납일이
지난 걸 (J) 너 몰랐어 (H)?"

의사소통에서 H가 빠져도 언쟁의 가능성이 생
기고, 상대방은 여느 때처럼 자기 방어적인 대답
을 하게 될 것이다. "이 책 반납일이 지났대(J).
(너에게) 실망스럽다(E)."

이 문제는 우리 모두에게 만연하다. 대부분
의 사람들은 E와 H를 빼놓은 채 말하는 것이
습관이다. "이 책은 반납일이 지났어(J)."와

같이 돌직구적인 발언은 상대를 자기 방어적으로 대답하게 만든다. 결국
'법정 스타일(J/D : Judgment/Defense)'의 대화 방식으로 이어지게 되는
것이다.

또 다른 예를 살펴보자. J: "벌써 3시잖아? 경기 보러 빨리 가야 돼."
D: "닦달하지마. 나 준비 다 했어." E와 H를 포함하여 균형잡힌 의사소통
을 했다면 "어머(E). 벌써 3시네(J)? 경기가 시작하기 전에 우리 도착해
야 하니까(H) 지금 떠나야겠어(J)."

감정적 말하기(E)와 감성적 말하기(H)를 포함하지 않은 이성적 말하
기(J)의 예를 더 살펴보자. "미트 로프(곱게 다진 고기, 양파 등을 함께
섞어 빵 모양으로 만든 뒤 오븐에 구운 것)에 소금이 너무 많이 들어갔
네." 감정이 빠진 이 간단한 생각은 마치 상대를 비난하는 것처럼 들리
고, 상대는 이에 방어적으로 대답하게 된다. "당신은 맨날 불평만 하지.
앞으로 당신이 요리해."

H _(시소 그림: H쪽으로 기울어진 평균대)_

만약 화자가 E를 포함해서 얘기했다면 훨씬 듣기 좋았을 것이다. "나 요즘 혈압 조절 중이라 소금이 좀 적게 들어갔으면 좋겠어." 혹은 H를 포함했어도 좋다. "당신이 레시피대로 했겠지만, 내 입맛에는…" 이렇게 감정을 더함으로써 J와의 균형을 맞추어 비난조를 약화시킬 수 있다.

반면, J가 떨어져나갈 경우 평균대는 감정적인 측면으로 훅 기운다. "네가 정부의 간섭에 대해 어떻게 생각하는지(H) 궁금해(E)."

이렇게 말하면 청자는 화자가 정부의 간섭에 대해 어떻게 생각한다는 것인지 알 수가 없다. 그러므로 청자는 화자가 어떤 의견을 가지고 있는지 알지 못 한 채 자신의 입장을 밝혀야 한다.

마치 화자가 이렇게 말하는 상황과 비슷하다. "네가 좋아하는 걸로(H) 저녁도 먹고 싶고 영화도 보고 싶어(E)." 청자가 결정, 즉 판단을 내리도록 상황은 주어졌다. 이렇게 되면 저녁 식사로 먹은 음식이 맛이 없거나 영화가 재미없었을 시에 모든 책임은 청자의 몫이 된다.

이성적 말하기가 없는 의사소통은 마치 조작된 의사소통과도 같다. 화자의 책임이 청자에게로 전가되고, 청자는 불쾌한 마음을 갖기 때문이다. (이 문단에 나타난 H를 눈여겨보아라.)

E _(시소 그림: E쪽으로 기울어진 평균대)_

감정적 말하기만 할 경우에는 평균대가 E쪽으로 기울며, 화자의 감정 상태에 대해 청자가 뭐라도 해줘야할 것만 같은 기분이 들게 한다. "나 너무 우울해. 모든 것이 잘못된 것 같아. 내가 쓸모가 없는 사람인 것 같고 모든 게 실패할 것만 같아." 혹은 "나 너무 흥분돼! 시간이 빨리 갔으면 좋겠어. 하늘을 나는 것만 같아." 화자는 그 다음 단계로의 생각을 이어가지 않는다.

H _(시소 그림: H쪽으로 기울어진 평균대)_

감성적 말하기만 할 경우에는 평균대가 H쪽으로 기울며, 청자가 결정을 하도록 책임을 전가시킨다. "네가 먹고 싶은 곳, 그냥 네가 제일 먹고 싶은 식당 아무데나."라고 말하는 것은 상대방에게 모든 것을 맡기는 일이다. 화자가 결정을 짓거나 책임을 지는 데서 회피하는 것이다.

다시 한번 말하지만, 균형 잡힌 의사소통은 세 가지 요소를 모두 포함한다. "내 입맛엔(H) 미트 로프가 좀 짜네(J). 나 요즘 혈압 때문에 걱정이 많아서 (E) 조금 덜 짜게 먹고 있어(J). 당신은 아마 레시피대로 했겠지만은 말이야…(H)" (내 요점을 더 명확히 전달하기 위해 다소 과장했다.)

$$EH \qquad J$$
$$\triangle$$

균형 잡힌 발화는 나의 의견을 포함하고 있기 때문에 굉장히 직접적이다. 청자에게 여지를 주고 내 말에 대답하게끔 한다. 균형 잡힌 발화는 열린 마음과 감정 표현으로 무장되어 있기에 누구나 편안히 그 말을 들어줄 수 있다. 무엇보다, 평가가 담겨 있지 않다.

다소 불편한 사람과 만났을 때면 나는 내가 우선 무슨 말을 하고 싶은지를 생각한다. 그리고 내가 진짜로 하고 싶은 말에 어떻게 '인간적인 요소'를 포함하여 의사소통할지를 고민한다. 이 방법이 타인과의 관계 개선에 있어 얼마나 큰 도움이 되는지 매번 경이로울 따름이다. 나는 당신이 의사소통 상황에서 EHJ 방식을 실천해보기를 권한다. 그리고 다른 사람들은 이 방식을 어떻게 사용하고 있는지, 혹은 사용하지 않는지 관찰해 보길 바란다.

그러나 꼬장꼬장하고, 플랫브레인이며, 자기 방어적인 사람들에게는 이런 최고의 의사소통 기법조차 무용지물일 수 있다. 만약 당신이 아주 잘 고안해 낸 EHJ 발화를 듣고 청자가 방어적인 태세를 취한다면, 당신은 어떻게 할 것인가?

어떻게 하긴 뭘 어떻게 하는가? 당신은 이미 익숙한 써드(thud)를 느끼게 될 것이다. 그러면 마음속의 TLC(화자-청자 카드)를 뒤집고 그저 상대의 말에 경청해주어라.

12. 화자-청자 카드(TLC) - 화자가 피할 것

지금까지 우리가 원활한 의사소통을 위해 무엇을 해야 하는지에 대해 살펴보았다. 그렇다면 이번 장에서는 무엇을 하지 말아야 하는지에 대해 알아보도록 하자. 카드의 화자 면에 적혀있는 '피할 것' 목록을 확인해 보아라. '목표'와 '피할 것'이 공통적으로 함의하는 내용이 '비난 대신 공유하기'라는 것을 알 수 있을 것이다.

화자-피할 것: 비난, 공격, 낙인, 비판

화자

이 일에 가장 신경 쓰는 사람은 나다.
나는 문제를 겪고 있는 당사자이다.

목표 · 내 감정 나누기
· 내 생각 나누기

피할 것
· 비난 · 공격 · 낙인 · 비판

비난하기와 공유하기의 차이는 대화중에 더욱 극명하게 드러난다. 나는 비난과 공유의 차이를 탐색하는 과정에 대해 설명할 것이고, 당신의 이해를 돕기 위해 이를 '의사소통에서의 손가락 기법'이라고 부르겠다.

손가락 기법은 다음과 같다. 내 손가락을 내 쪽으로 가리키고 말하면, 내 안에 있는 감정과 생각을 당신과 공유하는 중인 것이다. 반대로 내 손가락이 당신 쪽을 가리키면, 나는 당신에 대해 말하고 있는 것이다. 즉, 당신을 비난하기, 공격하기, 낙인찍기, 그리고 비판하는 것이다. 이는 의사소통에 전혀 도움이 되지 않는다.

상대를 비난하기보다는 내 생각과 감정을 열어 공유하면, 의사소통이 훨씬 원활하게 이루어진다. 대화 중 내 손가락을 상대에게 겨누는 대신 내게 겨누는 것만으로도 언쟁의 확률은 급격하게 떨어진다.

손가락 기법 사용하기

당신이 누군가에게 짜증이 났다면 손가락 기법을 염두에 두어라. 그 사람을 방어적으로 만들지 않고도 당신의 감정을 전달할 수 있을 것이다. 손가락 기법을 사용하면 비난하기와 공유하기의 차이를 쉽게 알 수 있다.

당신의 생각과 감정을 밝혀야 하는 갈등 상황에서는 손가락을 들어 당신을 향해 가리켜라. 당신이 상대를 비난하기, 공격하기, 낙인찍기, 비판하는 것을 방지해줄 것이다. 이와 같은 손가락 기법을 표 나지 않게 활용할 수도 있다.

그 방법은 다음과 같다.

- 손가락으로 머리를 가리키며, "내가 생각하기에는… (혹은) 내가 기억하기로는…"
- 손가락으로 눈이나 귀를 가리키며, "내가 본 바로는… (혹은) 내가 들은 바로는…"

- 손가락으로 배를 가리키며, "나는 무서워. (혹은) 화나. (혹은) 짜증
  나. (혹은) 신나."

손가락 기법을 사용하면, 갈등 상황에서도 대화의 본질을 효과적으로
전달할 수 있다. 예를 들어보자. 상사가 당신을 손가락으로 가리키며,
"당신이 제 시간에 업무 서류를 전달하지 않아 나를 기다리게 했어."라
고 말한다. 상사는 당신의 행동에 대해 판단하고 비판했다.

당신은 스스로를 방어하느라 이렇게 말할 것이다. "필요한 내용은
다 전달했습니다." 혹은 "서류를 완성할 시간을 충분히 주시지 않았잖아
요." 혹은 "제가 어떻게 해도 마음에 안 들어 하시잖아요."

만약 상사가 자신을 손가락으로 가리키며 당신에게 감정을 공유했더
라면 이렇게 말했을 것이다. "사장님께 제 시간에 업무 보고를 못해서
얼마나 많이 혼났는지 몰라. 당신이 처리해야 할 일이 많은 건 알고
있어요. 이번 프로젝트에서 당신이 맡은 부분의 진행 상황이 어떤지
말해주면 좋겠어요. 같이 해결해 봅시다."

상사가 당신을 공격하지 않으면, 당신도 상사의 말을 훨씬 편안하게
들을 것이다. 나아가, 상사가 사장님께 실점한 것을 만회했으면 하는
마음에 프로젝트를 완성시키는 데 여느 때보다 더 힘쓸지도 모른다.

화가 치밀어 오를 때의 손가락 기법

최상의 컨디션은 아니었던 어느 날 아침이다. 욕실에 비틀거리며 들어
갔는데 젖은 수건 더미를 밟았다. 나는 내 목소리가 들리는 데 있을
그 누군가를 향해 손가락을 가리키며 소리를 질렀다. "어떤 배려심 없는
돌대가리가 바닥에 젖은 수건을 둔 거야? 나한테 정말 왜 이래? 수건

쓰고는 한 번을 제 자리에 둔 적이 없지! 내 아침은 너 때문에 늘 엉망이야!"

당신이 소리를 지른 사람이라고 가정해 보자. 이렇게 얘기하면 상대가 앞으로 당신의 편의를 배려해줄 것이라고 생각하나? 당신의 삶을 편안히 해주기 위해서 다음번에는 수건을 제 자리에 가져다 둘 것이라고 생각하나? 상대가 성인군자, 혹은 착한 아이 콤플렉스를 가지고 있는 사람이 아니라면 아마 그런 일은 일어나지 않을 것이다.

위와 같은 공격을 들은 상대는 오히려 반격해 올 것이다. "그래서 뭐 어쩌라고? 좀 깜빡할 수도 있고 너도 내 동선에 쓰레기 투척해두잖아. 그리고 내가 젖은 수건을 바닥에 그렇게 자주 두는 것도 아니거든?" 이 다음 시나리오는 다들 알아서 써내려갈 수 있으리라.

손가락 기법을 사용해보자. 나의 짜증과 분노를 비난, 공격, 그리고 비판 없이 전할 수 있다. "내가 욕실로 들어서서 젖은 수건 더미를 밟으면 미치도록 화가 치밀어 올라!!! 이 화를 어디다가 풀지? 내 하루를 이렇게 시작하는 게 싫어! 어이쿠, 시간 좀 봐. 정신 차리고 빨리 출근해야겠다."

손가락을 내 쪽으로 향하자, 나는 상대를 공격하지도, 비난하지도, 낙인찍지도, 비판하지도 않게 되었다. 느낌표 수가 줄어드는 것은 내 분노가 점점 가라앉고 있음을 말해주며 내 뇌는 점차 회복(un-flattening)한다.

위와 같은 발화를 통해 화자는 청자에게 직접적으로 말하지 않고도 자신의 내면에서 어떤 감정의 소용돌이가 휘몰아치는지를 보여줄 수 있다. 이로써 두 사람이 소통할 가능성은 높아졌다. 수건을 떨어뜨린 사람은 이제 방어적일 이유가 없기 때문에 아침에 일어나자마자 젖은 수건을 밟는 일이 내게 얼마나 짜증이 나는 일인지를 기억해 둘 것이다. 몇 번의 샤워 뒤에는 "아 맞다, 수건. 그래 뭐, 내가 그 남자를 좋아하긴 하지. 그의 하루가 기분 좋게 시작하면 더욱 좋고. 빨래 바구니에다가 넣어야겠다."라고 생각할지도 모른다.

그러니 우리가 화자일 때는, 상대에게 공격, 비난, 낙인, 판단하지 말자. 더 이상 상대를 가리키며 내 분노를 표출하는 일은 없어야 한다.

상대를 가리키며 비난하는 것보다는 스스로를 가리키며 자신의 생각과 감정을 공유해라. 그러면 타인과의 관계가 더욱 돈독해질 것이다. 그리고 기억해 두어라. 화법 변화는 나(저자)의 강요가 아닌 타인에 대해 진정으로 배려하는 당신의 마음으로부터 시작하는 것이다.

13. 화자 – 청자 카드(TLC) – 청자는 무엇을 해야 하는가?

화자는 경청하는 당신을 자신의 세상으로 초대할 것이다.

경청하기란, 그 사람의 겉모습, 방어적인 태도, 그리고 사소한 습관을 넘어 걱정, 열정, 소망, 두려움 등의 내면세계까지 모두 듣는 일을 말한다. 나는 당신의 듣기 능력이 향상되어 사람들과 더욱 돈독한 관계를, 그리고 깊은 유대감을 형성하길 바란다.

사람들은 보통 갈등 상황에서 서로 극과 극의 입장을 취하며 공방전을 펼친다. 그러나 한 사람이 먼저 일어나 다른 사람의 옆 자리에 다가가 앉으며 "문제를 네 쪽에서 먼저 살펴보자."라고 말했다고 가정해보자.

이제부터는 한 사람의 입장에 두 사람이 함께 집중하여 대화를 나눌 것이다. 두 쌍의 눈, 경험, 기억, 배경지식, 그리고 문제 해결 능력이 한 사람의 관점을 완전하게 이해할 때까지 집중하여 대화를 나누는 것이다.

만약 이 두 사람이 연인 혹은 부부 관계라면, 대화 중 스킨십을 하거나 손을 잡을 수도 있다. 그리고 이 방법은 직장에서도 똑같이 활용할 수 있다. (다만 스킨십과 손을 잡는 부분은 생략하도록 하자.)

혼자보다는 둘이 낫다?

각자가 자신의 입장만을 옹호할 때는 오히려 혼자가 낫다. 각자의 생각만을 주장하다 보면, 상대방의 통찰력에서 새로운 점을 배울 기회를 놓치게 된다. 하지만 두 사람이 돌아가며 한 번에 한 사람의 입장에만 집중한다면, 머리가 둘일 때 더욱 좋은 해답을 찾기 마련이다.

다음과 같은 상황에서 청자인 당신은 어떻게 행동해야 할까? 당신의 입장을 잠시 접어둔 채, 화자에게 다가가서 그의 고민거리에 귀를 기울여주어라. 화자의 입장을 두 사람 모두가 완전히 이해하고 나면, 이번에는 반대의 입장을 들어줄 차례다. 하지만 두 사람이 도달할 결론에 이 과정이 온전히 다 반영될지는 알 수 없다. 그렇다고 하더라도, 우리는 언쟁을 하지 않음으로써 서로가 서로에게 소중한 사람이라는 사실을 기억한다. 또한, 경청하는 것이 이타심 아래 자신의 희생시켜야 하는 일이 아니라는 것을 알게 된다.

경청하기는 상대의 이익뿐만 아니라, 동시에 자신의 이익을 위한 일이기도 하다.

내가 먼저 경청하면 상대의 생각이 보다 명료해지고, 덕분에 그가 빠진 혼란에 나도 함께 갇혀버리는 일이 없다. 함께 이상한 결과에 도달하지 않는 것이다. 그리고 이 과정을 돌아가면서 갖기에, 상대 또한 곧 나의 의견을 보다 명료화하는 데 도움을 줄 것이다.

듣기는 서로에게 발전적인 과정이다. 우리가 자주 경험하게 되는 불합리한 합의, 소리 없는 냉전, 그리고 꺼림칙한 퇴직에 대해 대화를 통한 새로운 가능성을 열어준다. 그 뿐만 아니라, 우리의 땀과 노력을 응원하고 지지하는 사람들과의 신뢰 관계를 구축하고 더욱 굳건하게 한다.

청자의 첫 번째 목표 - 상대방 안정시키기

TLC의 세 가지 목표인 "상대방 안정시키기, 상대방 이해하기, 문제점 명확히 짚어주기"를 실현시키기 위해 우리는 더욱 집중하여 듣는다.

자신이 비난 받을까 걱정되면 누구나 안심하고 이야기하지 못 한다. 화자가 자신

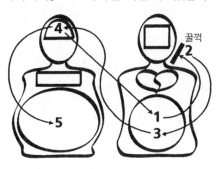

의 감정과 생각을 자유롭게 펼치기 위해서는 심리적 '안정'이 확보되어야 한다. 청자가 화자의 이야기를 방어적인 태도로 듣지 않는 것만으로도 화자에게는 자신의 의견을 마음껏 펼칠 심리적 안정감을 느낀다.

플랫브레인 된 화자들은 자기 자신보다는 청자에게 손가락을 겨누는 경향이 있다. 그리고 비난하기, 공격하기, 낙인찍기, 비판하기 등을 서슴없이 해댄다. 그렇다면 이런 화자와 마주할 때 우리는 청자의 입장으로서 어떻게 하면 방어적인 태도를 취하지 않고도 대화를 나눌 수 있을까?

'거꾸로 두 번 비틀기' 방법을 사용하면 된다. 손을 뻗어 화자의 손가락 끝을 잡고, 손가락이 화자 자신을 향하도록 조심히 돌리는 내 모습을 마음속으로 상상해라. 그리고 이렇게 말해라. "너 정말 속상하고 화나보인다. 힘들겠지만, 무슨 일인지 나한테 말해줘."

상처 받고 화가 나있는 화자는 끔찍한 이야기를 풀어놓을 것이다. 청자인 우리는 침착해야 한다. 조금 이따가 화자에게 그가 한 말을 그대로 다시 돌려주기 위해 인내하는 과정이다. "음, 네가 이 결혼 생활

관두고 싶다고 그랬잖아." 혹은 "너 나랑 절교하고 싶다며." 혹은 "그 일 그만 둔다고 그러지 않았어?" 플랫브레인 된 상태에서 했던 말이, 진정되고 난 후까지도 진담인 경우는 흔치 않다. 어려운 일 수 있으나, 화자에게 3일 후에 다시 대화를 나누자고 요청해라. 그 동안 그는 진정되고 '안정'된 상태에서 상황을 숙고할 수 있을 것이며, 마음을 고쳐먹고 더 나은 결정을 하게 될 것이다.

악어가 가득한 세상에서 '안정' 제공하기

우리 사회는 전통적으로 '안정성' 제공의 원칙을 보장한다. 미란다 원칙은 피의자에게 변호인 선임의 권리를 보장해준다. 범죄자는 진술 거부권 혹은 묵비권을 행사할 수 있으며, 자신이 누구에게 진술할 것인지 선택할 수 있다. 국가는 다양한 전문 상담의 종류에 따라 그 기밀 정도를 달리 설정해두었다. 나 또한 사람들이 자신의 '안정성'을 지킬 권리가 있다고 믿는다. (물론 타인을 해하려는 의도를 드러내는 경우는 예외이다.)

청자는 '안정성' 제공의 책임을 어느 정도 부담한다. 그것의 핵심은 비밀을 지키는 것이다. 우리가 진정으로 경청했다면, 믿음으로 오고간 정보를 화자에게나 다른 사람에게 나중에라도 다시 언급하지 않아야 한다.

'안정'을 제공함으로써 화자는 자율성을 확보한다. 혹자는 말하기를, "악어를 막상 눈앞에서 마주치면 늪에서 최대한 멀리 떨어져야 한다는 사실을 까먹고 만다." 만약 세상이 우리를 위협하는 악어로만 가득하다면, 우리는 스스로를 방어하는 데 온 힘을 쏟느라 자아 성찰을 하지 못하고 주어진 상황에서 교훈을 얻지 못한다. 자기 자신을 방어하는

데 정신이 지나치게 쏠린 나머지, 우리가 그 자리에 왜 있는지, 무엇을 말하고자 했는지 다 잊어버리는 것이다. 경청이란, 악어를 치워버리고 '안정'을 제공함으로써 화자가 자신의 늪에서부터 최대한 멀리 떨어지도록 도와주는 일이다.

예를 들어보자. 당신에게 나의 '습관적 미루기' 문제를 털어놓으려면 나는 당신이 믿을 만한, 즉 '안정'을 제공하는 사람인지를 확인해야 한다. "맞아, 나는 뭐든지 좀 미뤄두는 것 같아. 어렸을 때부터 그랬던 거 같아. 그냥 새로운 것을 시도하는 게 두려워서인지도 몰라. 공개적으로 망신 당할까봐 무섭거든. 내가 미뤄두는 것들은 보통 내게 고통스러운 일들이야. 그 고통을 정면으로 마주하고 싶지가 않아. 음… 그 고통을 피할 수 없다는 사실을 받아들이고 싶지 않아. 근데 생각해보면, 미뤄두기만 해서는 그 문제가 사라지지 않거든. 내가 피하려고 하는 고통스러운 문제를 더 잘 다룰 수 있는 방법이 있을까 모르겠어."

똑같은 대화인데, 다만 악어에게 위협받는 상황이라고 해보자. "너는 제 시간에 일을 끝내는 법이 없지. 네가 자꾸 이렇게 약속을 어기면 나는 더 이상 너를 믿을 수가 없어. 자꾸 이렇게 미루기만 하면 너랑은 끝이야!"

변명거리를 생각해내기 바쁜 이 시점에 내 '미루기 습관'에 대해 스스로 성찰해볼 정신이 어디 있겠는가. "너야말로 모든 일에 시간을 철저히 엄수하는 사람은 아니거든? 말만 번지르르 해서는… 정작 내가 필요할 때 네가 일을 제때 마쳐주지 않아서 곤란할 때도 많았거든? 너도 날 실망시키기는 마찬가지야." 눈앞에서 불이 활활 타오르고 있는데, 우리가 스스로의 문제를 가만히 돌이켜 생각해볼 수 있을 리가 없다.

'안정'은 우리에게 스스로 성찰할 기회를 제공해주고, 무엇이 중요한지 생각하게 해주며, 더 나은 변화로의 움직임을 촉진시키고, 창의로운 삶의 원동력을 제공한다.

청자의 두 번째 목표 - 상대방 이해하기

```
청자

나는 이야기를 들어줄 만큼 평온하다.
문제의 당사자는 내가 아닌 상대방이다.

목표 · 상대방 안정시키기
     · 상대방 이해하기
     · 문제점 명확히 짚어주기

피할 것
     · 동의 · 반대 · 충고 · 변호
```

효과적인 듣기를 통해 청자는 화자를 이해하고 화자는 자신의 생각을 명료화한다. 이 두 가지는 각각 청자 카드의 두 번째와 세 번째 목표로 적혀있는 것이기도 하다. 이 두 가지 목표는 동일한 듣기 기법으로 동시에 실현할 수 있다.

경청하는 것은 대단히 따분한 일일 수도 있다. 하지만 경청하는 것은 청자를 위한 일이기도 하다. 왜냐하면 상대방을 더욱 잘 이해하게 되기 때문이다. 청자는 상대의 눈, 관점, 그리고 경험을 통해 그의 삶을 엿보게 된다. 그리고 상대의 동기, 관점, 그리고 의도를 마음 깊이 이해함으로써 청자의 관점도 성장하고 변화한다. 다른 사람의 심리를 이해하며 청자 또한 융통성 있는 사람으로 성장하는 것이다.

다른 사람의 이야기를 오래 들으면 들을수록, 삶과 내 자신에 대해 더 많은 것을 깨닫게 된다는 사실을 배웠다. 다른 사람들의 경험담으로부터 교훈을 얻었고, 덕분에 여러 가지 실수를 면할 수 있었다.

언쟁을 하면 십중팔구는 상대방이 무엇을 원하는지, 어떤 것을 의도했는지를 파악할 수가 없게 된다. 결과적으로, 양쪽에게 이득이 되는 협상을 이루어낼 수가 없다.

상대방이 어떤 사람인지, 무엇을 걱정하는지, 어떤 행동을 무슨 이유에서 하는지를 이해하기 위한 노력은, 청자인 우리의 삶을 풍요롭게 만든다.

판단하지 않는 듣기

상대방을 이해하기 위한 듣기는 '판단하지 않는 듣기'를 전제로 한다. 하지만 우리는 대부분 무엇이 옳고 그른 것인지를 판단하며 비판적으로 듣도록 교육 받아왔다. 특히나 내가 싫어하는 사람, 고까운 태도를 가진 사람, 그리고 나와 다른 관점과 견해를 가진 사람을 만나면 '툭 하면 언쟁을 하는' 우리의 비판적 의식이 더욱 고개를 내민다. 그 사람은 틀렸고, 무식하며, 정신이 나갔다고 말하게 된다.

다른 사람을 낙인찍는 것은 오히려 제 얼굴에 침 뱉는 격이다. '낙인찍힌 사람'보다 '낙인찍는 사람'에게 더 큰 악영향으로 되돌아온다.

세상에 존재하는 다양한 종교 지도자들과 여러 분야의 지도자들은, 이와 같은 생각을 늘 염두에 두고 있을 것이다. 나의 신념, 행동, 그리고 태도에 대해서 판단하는 사람에게 달려들어 내 의견을 피력하기보다는, 무엇이 이 사람에게 매사 옳고 그름의 잣대를 들이밀게 만들었는지를 이해하자.

상대방의 다소 다른 관점을 이해하고자 더 많은 시간과 에너지를 쏟고 있노라면, 그의 경험과 상식에서 비롯되었을 그의 행동에 대해 조금은 수긍할 수 있게 된다. 비록 그와 일치하는 의견을 갖게 되거나, 그에 따라 나의 행동을 변화시킬 것은 아닐지라도 말이다.

무엇이 상대방의 이상한 행동을 촉진시켰는지를 이해하게 되면, 나는 "아, 그래서 그렇게 행동했구나!"라고 말한다. 상대방에 대한 호기심 어린 마음가짐은, 우리를 "그거 참 이상한 행동이네." 대신 "왜 그렇게 행동했는지 궁금하네?"로 말하게끔 변화시켜준다.

가족과 보호자라고는 자신이 몸담고 있는 범죄 조직밖에 없는 한 소년을 떠올려보자. 소년은 자신의 유일한 안식처를 지키고자, 그리고 자신의 친구들을 보호하고자 대적 관계에 있는 조직의 구성원과 싸우던 중 상대를 칼로 찔렀다. 사람들은 이 소년을 살인자라고 치부(판단)해버릴 것이다. 왜냐하면 소년이 가지는 안전에 대한 욕망의 정도를 대부분의 사람들은 이해하지 못하기 때문이다. 소년은 수감되어 마땅하지만, 누군가는 그의 이야기를 들어주고 그의 내면에 어떤 고뇌가 자리하고 있는지 이해해 주어야 한다. 그래야만 소년이 조직 외의 사람들과도 인간적인 관계를 형성하며 또 다른 삶의 길을 찾을 수 있기 때문이다.

우리나라의 사자성어 '역지사지'와 같은 의미를 가지는 '다른 사람의 신발을 신고 1마일을 걸어보기 전까지는 그 사람에 대해 함부로 판단하지 마라'는 옛말(미국의 원주민 사이에서 내려오는 속담)이 이 상황과 딱 들어맞는다. 호기심 어린, 그리고 판단하지 않는 마음가짐을 통해, 예전이라면 절대로 용납하지 않았을 행동을 이해할 수 있게 될 것이다. 상대방을 비난하기 시작하면, 우리는 더 이상 듣지 않는다. 화자를 이해하기보다는 우리의 견해를 주장하게 된다.

'이해하기'라는 것은, 화자가 무엇을 말하고자 하는지 성심성의껏 들어주는 일이다. 보고, 듣고, 맛보고, 만지고, 느끼고, 존중해라. 나는 당신이 화자의 열렬한 지지자가 되어, 그가 당신과 함께 나누고 싶은 것이 무엇인지를 발견해내기 위해 노력했으면 한다.

경청하기 : 나의 가치관에 적신호

경청하기는 위험 요소를 동반한다. 당신이 오랫동안 간직해왔던 관점이 흔들리게 될지도 모른다. 나와 다른 관점을 가지고 있는 사람의 이야기를 들을 때면, 나는 나의 신념과 가치관, 그리고 관점을 책상 서랍 한쪽에 넣어두고 살포시 닫아버린다. 그들의 경험 속으로 더욱 깊이 빠져들기 위해서다.

그들의 입장에서 바라본 세상을 함께 거닐다 돌아와 나의 신념과 가치관, 관점이 들어있는 책상 서랍을 열어보면, 그 중 몇은 그대로 있거나 더 강해지기도 하지만 또 몇몇은 변했거나 증발해버렸기도 한다.

'진짜로 듣는 것'은 우리가 세상을 다르게 볼 수도 있다는 것을 의미한다. 이러한 과정은 나를 동요시키기도, 혹은 내게 득이 되기도 한다. 이것이 바로 배움과 성장이 아니겠는가.

청자의 세 번째 목표 - 문제점 명확히 짚어주기

상대방의 문제점을 명확히 짚어주는 것은, 화자로 하여금 자신의 생각과 감정을 더욱 명료화하도록 해준다. 화자가 자기 스스로를 더 잘 이해하게끔, 그리고 자신의 감정과 생각, 태도, 그리고 세계관이 어떻게 상호작용하고 있는지를 더 잘 파악하게끔 한다.

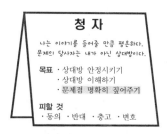

문제점을 명확히 짚어줌으로써 화자는 자신의 입장을 확실히 정할 수 있게 된다. 화자에게 더욱 적합한 해결 방안을 모색할 수 있도록 돕는 것이다.

사람들은 이따금씩 소리 내어 말하다가 자신의 생각을 깨닫곤 한다. 어떤 사람들은 말소리 없이 머릿속으로만 생각하다가 답을 얻기도 하지만, 대부분의 사람들은 '표현하며 생각하는 사람'이다. 즉, 말하는 것을 직접 소리로 듣는 것이 도움이 되는 사람이다. 말하는 중에도 생각과 감정은 계속해서 자라나기 때문에, 대화의 시작과 끝 무렵의 결론이 다르게 도출되기도 한다.

나는 결혼 생활을 통해 똑같은 것을 며칠 간격으로 여러 번 반복해서 얘기하는 것이 어떤 계획을 실행하는 데 있어 도움이 된다는 것을 깨달 았다. 하루는 우리 중 한 명이 퓨젯 사운드(미국 워싱턴 주의 북서부 지역)로 이사를 가자고 제안했었다. 하지만 우리 중 누구도 이삿짐 싸는 것을 시작하지 않았다. 충분한 시간에 걸쳐 여러 번 이야기를 나눈 결과, 우리는 현재 집에 머무르는 것으로 결정을 내렸다. 내가 목사로 있었던 교회에서 새로운 프로그램을 설계했을 때도 마찬가지였다. 우리가 무엇 을 원하는지, 무엇이 가능한지, 다양한 연령대의 신도들이 무엇을 원하 고 필요로 하는지, 우리 공동체가 지향하는 바가 무엇인지에 대해 소리 내어 말했고, 또 충분한 시간에 걸쳐 아내와 여러 번 대화를 나누었다. 그 결과 좋은 아이디어가 떠올랐고, 그렇지 않은 아이디어는 어느 새 사라졌으며, 점차 방향이 잡히고, 모든 것이 명료해졌다.

아무도 "그렇지만 우리 6개월 전에는 이렇게 저렇게 하기로 했었잖 아."라고 말하지 않았다. 우리 둘 모두가 만족하는 계획이 완성될 때까지 거듭 대화하고 돌이켜 생각해보자고 동의했기 때문이다. 훌륭한 청자는 이러한 과정이 얼마든지 일어날 수 있다는 것을 이해하고, 화자가 이전 에 말했던 것으로 발목 잡지 않으려고 배려한다.

명료화하는 과정은 인내심이 필요하다. "어떻게 그런 생각을 할 수가 있어?" 혹은 "그 방법으로는 아마 안 될 거야." 혹은 "네가 그런 식으로 하고 싶다면 난 빠질래."와 같은 조급한 답변은, 화자가 새로운 결론에 도달할 기회를 박탈시킨다. 청자가 할 일은, 오랜 시간이 걸리더라도, 화자가 무슨 말을 하고 싶은지를 찾아주는 것이다. 경청함으로써 청자가 화자에 대해 더 많이 이해하게 될 뿐만 아니라, 화자 또한 자신의 문제를 보다 명료화할 것이다.

대부분의 사람에게 이와 같은 듣기 기법은 이미 배워서 친숙한 기술일 것이다. 만약 당신에게 이 듣기 기법이 생소하다면, 당장 뛰어들어 시도해 보아라3).

'듣기'가 사람을 변화시킬 수 있을까?

다른 사람을 변화시키는 데 혈안이 되어 있는 사람들은 "하지만 잘 들어준다고 해서 사람이 변하나?"라고 짜증스럽게 묻곤 한다. 이 질문의 이면에는 '상대방이 내 생각에 동의하게 되거나 내가 그에게 바라는 것을 인정하게 되지 않는다면 듣기는 시간 낭비야.'라는 의도가 담겨있다. 표면적인 질문에 먼저 대답을 하자면, 듣기는 사람을 변화시킨다. 하지만 늘 그런 것은 아니며, 그 변화가 빠른 시간 내에 이루어지는 것도 아니다.

자, 이번에는 이 질문의 속내에 대해 좀 더 얘기해 보도록 하자. 만약 '듣기'를 하는 이유가 상대방을 당신의 방식대로 생각하고 행동하게 하려는 것이라면, 당신은 '듣기'보다는 '압박하기(말하기)'를 하고 있는 것이다.

상대방을 압박하면, 그 사람이 스스로 변화하려고 할 때보다 더 많은 저항을 하게 만든다. 권위 아래 사람들을 굴복시킬 수는 있겠으나, '증오로 가득한 복종'은 일시적일 뿐이다. 그리고 결국에는 대가를 치르게 될 것이다. '복종한' 사람들은 대개 복수할 방법을 찾기 때문이다.

반면, 효과적인 듣기는 화자의 마음을 안정시킨다. 화자가 자신의 고민과 의견, 행동을 돌이켜 생각해 볼 수 있게끔 한다. 화자가 자기 자신과 자신의 오래된 관념을 지켜내느라 혼이 빠지지 않아야만 새로운 생각을 떠올릴 수 있고 더 나은 행동을 실천할 수 있다. 내가 화자의 이야기를 잘 들어주면, 다음번엔 화자가 나의 이야기를 더 잘 들어줄

---

3) '듣기 기법'에 대한 더 많은 정보는 18장에 소개되어 있다.

것이다. 그리고 자신의 이야기를 잘 들어준 나를 달리 보게 될 것이다.

다른 사람을 변하게 하기 위해서는, 그를 압박하는 대신에 스스로 나에 대한 생각을 변화시킬 수 있게끔 유도해라. 나를 대하는 태도의 변화는 거기서부터 시작되는 것이다.

내가 당신에 대해 긍정적으로 생각하고 있다면, 당신이 가려운 등을 내밀었을 때 가렵지 않도록 긁어줄 것이다. 그리고 나의 어떤 행동이 당신에게 거슬린다는 것을 깨달았을 때, 당신이 불쾌해지는 것을 원치 않기에 그 행동을 변화시킬 것이다. 좋은 사람은 그저 마땅한 이유 없이도 상대방에게 스트레스를 안겨주지 않기 위해 노력하기 때문이다.

우리는 다른 사람을 이해하고 아끼기 때문에 변화하기도 하지만, 때로는 스스로의 정체성과 긍지를 지키기 위해 변화를 선택하지 않을 수도 있다.

듣기가 소용이 없을 때도 있다

어떤 화자들은 청자가 자신의 이야기를 잘 듣고 있는지, 자신을 이해하고 있는지에 대해 관심을 두지 않는다. 화자가 "네가 듣기만 하는 것에 지쳤어. 이딴 거 다 때려치우고 이제 그만 말 좀 하지?"와 같은 말을 한다면, 이는 확실하다. 이 말은 "네가 내 얘기에 몰입하지 않아서 서운하고, 그래서 나는 어떻게 해야 할지를 모르겠어."라는 뜻으로 해석할 수 있다. 이런 경우, 화자는 소통보다는 통제를 원하는 것이다. 숙달된 듣기 기법을 가지고 있는 사람이라면 이러한 상황에서도 통제를 요구하는 화자에게 휘둘리지 않을 것이다. 그러나 그렇다고 해서 화자가 자신의 문제를 명료화한다거나 더 나은 생각으로 발전하기를 바라는 것은 무리다.

간혹 풍부한 경험을 가지고 있는 청자가 듣기 기법을 매우 잘 구사하여 화자 스스로 자신이 어떤 상황으로 몰고 있는지 깨닫게 만드는 경우도 있다. 이렇게 되면 둘은 협력 관계로 나아갈 수 있게 된다. 하지만 이런 경우는 아주 드물다.

이와 같은 경우가 아니라면, 이렇듯 통제를 요구하는 화자를 '논의할 문제가 있는 사람'이라기보다는 '문제가 있는 사람'이라고 생각하는 것이 차라리 속 편하다. 이런 화자는 자신의 관념 안에 갇혀 대화가 불가능한 사람이기 때문이다. 그들은 걸어 다니는 플랫브레인이다.

이쯤에서 듣기 초보자에게 주의의 말을 전하고 싶다. 당신이 신뢰하는 사람과 함께 연습해라. 통제가 필요한 '문제가 있는 사람'은 당신에게 상처를 줄 수도 있다.

듣기가 소용이 없을 때는 어떻게 해야 하는가? 가장 좋은 방법은 현실을 직시하고 포기하는 것이다. 양쪽 모두의 삶을 풍요롭게 하는 대화가 가능한 사람들과 이야기를 나누고, 그들의 이야기를 들어주어라. '문제가 있는 사람'에게 "네 방식에 대해 확고한 것 같은데, 그럼 그렇게 하도록 해. 그렇지만 나는 빠지겠어. 두 사람이 서로 존중하고 배워가며 대화를 이어가는 것이 불가능한 관계는 더 이상 지속하고 싶지 않아."라고 말해라. 그리고 당신이 문 밖을 나서고 있을 때 쯤 그 사람은 "응, 그런데…" 이후를 말하고 있을 것이다[4]).

경청하여 다른 사람의 삶 속으로

본 장(chapter)의 서두에서, 나는 당신에게 화자가 자연스럽게 자신의 세상으로 여러분을 받아들이게 되기를 바란다고 밝혔다. 또한 여러분은

---

4) "응, 그런데…"에 대한 더 많은 정보는 16장에 소개되어 있다.

화자의 삶 속에 초대되는 청자가 되기를 바란다. 이것이 가능한 청자라면, 두 사람에게 모두 생산적인 대화를 하고 있는 것이다. 화자는 나누고, 청자는 받아들인다. 화자는 청자를 믿고 더 많이 나눈다. 사람들은 자신을 전면에 드러내는 것에 대한 두려움이 있다. 상대방의 상냥함, 존중, 그리고 시간이 필요한 일이다.

상담 중일 때면, 나는 마치 화자의 집에 초대된 듯한 나의 모습을 마음속으로 그려본다. 일단, 나는 그의 집 현관문 앞에 초대되었다. 내가 그를 위협하러 온 것이 아니라는 걸 그가 알면, 그는 나를 거실로 들일 것이다. 나는 집을 둘러보며 그가 어떤 방식으로 살고 있는지, 그에게 무엇이 중요한지를 가늠할 수 있을 것이다. 내가 그에 대해 캐묻거나 어떤 방식으로든 압박하지 않는다면, 우리는 함께 부엌으로 가 커피 한 잔을 하며 가족 관계에 대한 이야기를 나눌 것이다. 모든 과정을 겪은 후에도 나에 대한 그의 심리적 안정감이 유지되면, 그는 내게 케이크나 파이 한 조각을 내어줄 것이다.

그가 내어준 음식을 덥석 받아먹을 만큼 내가 그를 신뢰한다면, 그 또한 나를 신뢰할 것이고 더 깊은 속내의 이야기를 나눌 것이다. 어쩌면 그의 취미 생활이나 괴짜 같은 면모를 드러내 보일 수도 있다. 내가 그를 받아들이고 그의 이야기를 경청할수록, 우리는 함께 그의 수납장, 옷장, 거미줄 쳐진 숨겨둔 방, 계단 아래, 다락방, 지하실까지 모두 돌아보며 집안 어두운 곳 구석구석까지 살펴보게 될 것이다.

내가 그곳에 있는 모든 것을 받아들이고 가치롭게 여기는 것은 모두 그를 알아가고 이해하기 위한 과정임을 화자가 깨닫게 되면, 화자 또한 전보다 스스로를 더욱 존중하게 될 것이다. 그의 세상을 나와 모두 공유하고 나면, 그는 이제 문밖을 나서 내가 어떻게 살고 있으며 어떤 것을 중요하게 생각하는지를 받아들일 준비가 되어 있다. 우리 집으로 비유할 수 있는 나의 세상을 그가 무사히 받아들일 수 있으면, 그는 다른 친구나 다른 사람의 집 혹은 세상을 받아들일 수 있는 사람이 되어 있을 것이다.

내게 듣기란 이런 것이다. 그렇다면 경청한 우리에게 돌아오는 선물은 무엇인가? 이런 우리에게 사람들은 자신에게 가장 값진 순간과 삶의 이야기를 들려줄 것이다. 이 만한 특권이 또 어디 있는가.

14. 화자 - 청자 카드(TLC) - 청자가 피할 것

'동의, 반대, 충고, 그리고 변호'는 듣기의 장애물이다. 나는 이 네 가지 '피할 것'을 청자 카드에 기술해 놓았다. 당신이 이 넷 중 하나라도 하고 있을 때면 바로 알아차릴 수 있도록 자세히 설명을 해보겠다. 당신이 동의, 반대, 충고, 그리고 변호를 한다면, 화자는 자신이 존중받고 있지 못하다는 생각이 들 것이다. 그리고 이로 인해 당신과의 관계가 악화될 것이다.

청자 - 동의를 피할 것

청 자

나는 이야기를 들어줄 만큼 평온하다.
문제의 당사자는 내가 아닌 상대방이다.

목표 · 상대방 안정시키기
· 상대방 이해하기
· 문제점 명확히 짚어주기

피할 것
· 동의 · 반대 · 충고 · 변호

내가 청자일 때는, 당신에게 집중하여 이야기를 듣는 것이 나의 임무이다. 내가 겉으로든 속으로든 당신의 말에 동의한다면, 혹은 당신의 말에 동의하는지를 고민한다면, 나는 내 생각의 나래를 펼치는 중이지 당신의 생각에 귀기울이고 있는 것이 아니다.

동의하기는 듣기가 아닌 말하기이다.

청자는 화자의 말에 동의해야만 할 것 같은 압박을 강하게 느낀다. 화자가 자신의 불안함을 극복하고자 이따금씩 동의를 요구해 오기 때문이다. 화자는 청자의 동의가 자신에 대한 지지라고 생각한다. 하지만 사실은 청자에게 듣기 대신 말하기를 요구하는 것이나 마찬가지이며, 그러므로 결국에는 화자의 기분이 엉망이 되어 버리고 말 것이다.

그리고 만약 청자의 동의를 얻을 수 있을지라도, 청자가 자신의 이야기를 잘 들어주고 이해해주었을 때보다 그 만족감이 클 수 없다. 예를 들어보자. 화자가 "내 남편 정말 끔찍한 거 알지."라고 운을 떼며 무려 5분 동안 자기 남편의 잘못에 대해 장황하게 이야기를 늘어놓기 시작한다. "내가 왜 그 이 때문에 짜증이 났는지 좀 이해가 되니? 확 그냥 이혼해버릴까 봐."

만약 우리가 동의한다면(즉, 말한다면), "그래, 네 말이 맞는 것 같아. 들어보니까 네가 웬 배려심 없는 놈한테 시집을 갔네. 나는 네가 왜 그런 놈이랑 결혼 생활을 유지하고 있는지 모르겠다. 네 말마따나 아주 나쁜 놈이야."라고 말할 것이다. 이 말을 들은 친구는 자신이 존중받고 있지 못함을 느낄 것이고, 갑자기 남편을 방어하고 변호하기 위해 이와 같이 말할 것이다. "그래, 맞아. 그렇지만 이때까지 함께 살아 왔는걸. 다른 남자들은 더 심해. 그나마 내 남편은 술 취해서 나를 때린다거나, 바람을 피우지는 않아. 그리고 사실, 너 그 사람 잘 알지도 못 하잖아."

결혼한, 동거하는, 관계를 맺고 있는, 혹은 동업하는 비호감의 사람을 화자가 직접 비난하는 것은 괜찮지만, 그것을 우리가 해서는 안 된다. 아까 그 친구의 말에 동의하며 남편을 공격하는 데 우리가 가세했다면, 그녀는 분명 펄쩍 뛰며 우리로부터 남편을 보호할 것이다. 친구가 시작한 남편의 뒷담화에 결과적으로는 우리끼리 싸우게 된다.

무슨 일이 일어난 걸까? 우리가 듣기를 멈춘 것이다. 우리의 생각에 집중해버리고 말았다. 화자의 말에 동의하는지 하지 않는지를 결정하는 데 시간을 쏟고, 우리의 생각을 말했다. 그녀가 계속해서 플랫브레인 된 상태에서 허우적거리도록 방치해 둔 것이다.

우리가 상대의 말에 대해 판단하고 있을 때, 그것을 빨리 알아차리고 다시 올바른 듣기 자세를 회복하는 일은 대단히 중요하다. 이 경우에는, 그녀가 빨리 이 상황에 대처할 수 있도록 도와주는 것을 의미한다.

유용한 동의

'동의'는 유용한 듣기 기법으로 활용될 수 있다. 그러나 반드시 짧게 이루어져야 하고, 금방 다시 화자의 이야기로 돌아올 수 있어야 한다.

화자가 다른 사람의 험담을 한다거나 하는 흥분된 심리 안에 갇혀 있을 때, '동의'는 효과적이다. 화자가 흥분에 빠진 것 같으면 나는 의도적으로 그의 말에 동의하기 시작한다. "지금 네가 겪고 있는 문제는 전적으로 네 남편 탓이야. 너는 이해하고 협력하려던 것밖에 없어."

이렇게 말하면 그녀는 남편을 방어하기 위해 그의 장점을 이야기하며 조금 전과는 정반대의 입장을 취하게 될 것이다. 그러면 그녀는 자연스레 더 이상 남편을 공격하지 않을 것이다. 그러나 이때도 반드시 화자의 이야기로 다시 빨리 돌아와야 한다는 것을 기억해라. 그녀가 말한 남편의 장점을 다시 상기시켜 주어라. "그러니까, 너는 남편의 우직함과 진솔한 마음이 참 고맙다는 거지?"

다소 까다로운 기법이기는 하나, 아주 가끔은 유용하게 쓰인다. 그러나 이 방법을 사용하는 당신의 의도는 흔들림 없이 아주 명확해야만 한다. 듣는 것을 회피하고자 '동의'를 사용해서는 안 되며, 또 화자를 힘들게 하는 '악마의 속삭임(지지)'으로써 사용되어서는 더욱 안 된다.

동의, 우정의 증표?

동의를 강요하는 사람은 다음과 같이 말한다. "네가 만약 나에 대해 마음 쓰고 있다면 내 의견에 동조해줬을 거야. 네가 동의하지 않는 걸 보아하니 나에 대해 신경 쓰고 있지 않은가 보네. 그러니까 우리는 친구가 될 수 없어." 아직 두 사람의 친구 관계가 확립되지 않았을 때는, 동의의 여부가 민감한 문제일 수 있다.

상대방의 동의가 굉장히 중요한 사람은, 이를 마치 우정의 증표처럼 여기기도 한다. 상대방의 이러한 태도가 느껴지면 당신이 알고 있는 듣기 기법을 활용하여 문제를 표면으로 드러내고 해결하려 노력해라.

동의를 하고 안 하고는 친구 사이에 중요한 게 아니다.

소통하는 사람들은 서로 관점과 의견이 많이 달라도 대화를 즐기고 이를 통해 배운다. 성숙한 우정은 의견 충돌에 위협받지 않는다.

청자 - 반대를 피할 것

동의와 마찬가지로, 반대 또한 듣기가 아닌 말하기이다. 화자의 관점에서 청자의 관점으로 화제를 빠르게 전환시킨다는 점에서, 반대는 더욱 명확한 언쟁적 요소이다.

청 자

나는 이야기를 들어줄 만큼 평온하다.
문제의 당사자는 내가 아닌 상대방이다.

목표 · 상대방 안정시키기
· 상대방 이해하기
· 문제점 명확히 짚어주기

피할 것
· 동의 · 반대 · 충고 · 변호

청자는 자신의 생각으로 빠져드는 것을 경계해야 한다. 그러나 청자가 화자의 의견과 반대되는 생각을 가지고 있으면 이는 매우 힘들어진다. 우리가 반대하는 것을 말로 표현하기 위해 마음속으로 생각을 정리하고 있노라면, 화자는 홀로 남겨져 자신만의 울타리를 더욱 견고하게 만들기 때문이다.

앞서 언급했던 예시에서 등장했던 친구의 의견에 반대한다면, 다음과 같은 상황이 연출될 것이다. "내가 네 남편이랑 일해 보니까, 남의 말에 귀기울일 줄 알고 이해심이 깊은 사람이었어. 그 사람이랑 왜 갈등이 있는지 이해가 안 가네." 청자가 화자의 입장에 반대하기 시작하면, 두 사람 간의 대화에서 듣기는 부재하고 그 자리에 방어적 태세가 자리하며 배움은 물 건너간다. 친구를 반대함으로써 당신은 남편을 보호하고 친구를 공격한 것이다. 바람직하지 않다.

'반대'의 문제는 우리와 친분이 두터운 사람과 대화를 나눌 때 더욱 심각해진다. 아내가 남편에게 "이 웬수덩어리야."라고 말하면, 남편은 아내가 무슨 말을 해도 반대하고 싶어질 것이고, 그러면 결국 그는 아무 말도 듣지 못하게 된다.

동의하지도 않고 반대하지도 않는 것이 대화에 도움이 된다. 만약 남편이 아내의 말에 동의하고 "당신 말이 맞아. 내가 틀렸어."라고 하면, 아내는 더 이상 할 말이 없게 되고 결국 자신의 이야기는 제대로 털어놓지도 못한 채 혼자 남겨지게 된다. 아내의 말에 동의함으로써 그녀의 입을 다물게 하였으므로, 이는 남편이 방어적 태세를 취한 것이다.

만약 남편이 아내의 말에 반대하며 "내 말이 맞아. 당신이 틀렸어."라고 해도 도움이 되지 않을 것이다. 왜냐하면 듣기가 필요한 순간에 말하기를 하고 있기 때문이다.

청자 - 충고를 피할 것

상대를 도와주고 싶은 마음이 강하면 그것이 충고로 이어지기도 한다. 하지만 충고나 조언은, 상대방이 말하기를 다 끝내고 온전히 들을 준비가 되었을 때까지 해서는 안 된다.

충고 또한, 듣기가 아닌 말하기이다.

남편의 잘못에 대해 5분 동안 장황하게 이야기를 늘어놓았던 그 상황에, 나는 그만 조언을 해버릴 뻔했다. 만약 그랬더라면, "내 생각에는 네 남편이랑 이혼하는 게 좋을 것 같아."와 같은 말을 했을 것이다. 그러면 친구는 어떻게 반응했을까? 그녀는 아마 깜짝 놀라 남편을 변호하고 왜 이 결혼 생활을 유지해야만 하는지에 대한 이유를 줄줄 나열할 것이다.

사람들은 왜 '충고'를 보고 싸구려라고 하는 것일까? 취하기는 쉽지만 쓸모가 없기 때문이다. 그렇다면 우리는 왜 계속해서 '충고'를 하는 것일까?

- 다른 사람에게 도움이 되고 싶기 때문이다.
- 솔직히 말하자면, 우리의 자존감을 높여주기 때문이다.

상대방이 처한 문제 상황을 처음부터 끝까지 듣는 것보다 적당히 듣고 충고하는 것이 훨씬 간편하다.

충고와 관련한 여러 가지 문제는 타이밍을 제대로 잡지 못했을 때 발생한다. 충고는, 화자가 마음을 안정시켜 자신의 뇌보다는 귀에 더 집중할 수 있을 때, 우리의 이야기를 들어줄 수 있을 때 건네는 것이

청 자

나는 이야기를 들어줄 만큼 평온하다.
문제의 당사자는 내가 아닌 상대방이다.

목표 · 상대방 안정시키기
· 상대방 이해하기
· 문제점 명확히 짚어주기

피할 것
· 동의 · 반대 · 충고 · 변호

바람직하다. 우리가 때 이른 조언을 한다면 화자는 불쾌한 마음으로 이를 거부할 것이고, "넌 내 말은 안 듣지."라고 말할 것이다. 그리고 그 말은 사실이다. 우리는 다른 사람의 말에 충분히 경청하지 않는다.

화자가 한껏 짜증이 나있는 상태에서는, 자신조차도 마음의 정리가 안 되었는데도 불구하고 조언을 요구해오는 경우가 있다. 이럴 때 함정에 빠지지 마라. 이는 화자에게 모욕감을 주는 것이다. 마치 화자는 그 문제를 해결하지 못하는 사람인데 반해, 나는 그 문제를 해결할 능력이 있다는 것을 과시하는 것과 같다.

빠른 답변이 좋다?

직장 생활 중에는 경쟁적인 듣기가 필요한 상황이 많다. 기업은 화제를 물어오고 빠른 해결 방안을 강구해내는 사람에게 포상을 지급한다. 첫 번째로 발언하는 사람이 기업 문화에 유리할 수는 있겠지만, 그 사람에게 나온 아이디어가 최고는 아닐 것이다. 만약 서로 더 오랜 시간 들어주고 소통했더라면, 보다 훌륭한 계획이 완성되었을 수도 있다.

기업 의사소통 강사가 집에 돌아와 배우자와 함께 어떤 문제에 대해서 대화를 나눈다고 생각해보자. 아마도 그 배우자는 남편의 거듭되는 쉽고 빠른 조언에 짜증이 나고, 자신이 존중받고 있지 못하다는 기분을 지울 수 없을 것이다.

이것은 전통적인 결혼 생활의 모습이기도 하다. 아내는 자신의 마음을 이해하기보다는 성급히 충고하고 문제를 해결하고자 하는 남편에 대해 불만족스러움을 느낀다. "당신이 자로드에게 좀 더 엄하게 대하면 자로드가 당신 말을 들을 거예요." 남편 또한 자신의 직장 생활 고충을 듣고 이해하기보다는 성급히 충고하는 아내에게 불만족스럽기는 마찬가지다. "당신의 비서를 해고하면 일이 훨씬 더 수월해질 거예요."

만약 이 부부가 각자 직장인과 전업 주부인 자신의 역할을 바꾼다고 해도 이 문제는 해결되지 않을 것이다. 왜냐하면 이는 역할과 성별의 문제가 아니기 때문이다.

다른 사람이 고통스러운 상황을 겪고 있을 때 그것을 함께 헤쳐나가기 위해 아등바등하는 것보다 조언을 하거나 가벼운 충고를 던지는 것이 훨씬 수월할 것이다. 하지만 길게 봐서는, 우리가 우리의 배우자, 아이, 직장 동료, 혹은 고객의 어려움을 그때그때 이해하지 않는다면 결국 모두에게 독이 되어 돌아올 것이다.

질문을 물어온다면, 도리어 질문을 건네라

고대 속담에 따르면, 젊지만 아직 현명하지 않은 지도자는 질문을 받았을 때 대답(조언)하고 싶어서 안달이 난다고 한다. 하지만 나이가 든 현명한 지도자는 질문을 받았을 때 도리어 다시 질문을 한다고 한다(계속 듣는다). 화자가 진짜로 궁금해서 질문한 것이 아닌 줄을 알기 때문이다.

질문자는 자신의 문제를 큰 소리로 말하며 생각을 정리하고 있는 것이다. "제가 이 문제를 어떻게 해결하면 좋을까요?" 현명한 지도자는 아마도 "이렇게 해봐."라고 대답하는 대신에 "음… 어려운 문제네. 네가 할 수 있는 일이 뭔데? 그 중 어느 것이 가장 실천하기 어렵고, 어느 것이 가장 쉬운데?"라고 물어볼 것이다.

현자의 질문은, 문제의 소유권이 화자에게 있으며 화자는 충분히 그 문제를 해결할 능력을 가지고 있음을 믿는다는 것을 의미한다. 반면에 "이렇게 해봐."라고 하는 것은, 조언자가 상대방의 힘겨운 어려움을 극복하도록 도와주기보다는 상대방의 인생을 통제하고 우위에 있다는 것을 보여주는 것이 될 것이다.

만약 조언을 하게 된다면

우리에게는 좋은 생각, 혹은 비슷한 경험이 있을 수 있다. 하지만 그것을 말하기 전에 우리는 적절한 타이밍을 위해 기다려야만 한다. 화자의 이야기를 끝까지 조심스레 들은 후 화자의 마음이 충분히 안정되고 또 우리에게 존중받음을 느꼈을 때, 그때가 우리의 생각을 공유할 타이밍이다.

"이 상황에서 네가 할 수 있는 단 한 가지는…"이라고 말하는 것은 화자를 압박하여 숨 쉴 틈을 주지 않는 거나 마찬가지다. 만약 우리가 어떤 단호한 단어를 사용한다거나 마치 화자보다 더 많은 것을 알고 있다는 듯이 말하면, 화자는 우리의 제안이 좋든 나쁘든 거절하게 될 것이다.

그보다는, 감성적 말하기를 덧붙여 "음, 만약 내가 네 입장이었다면 이렇게 했을 것 같아. 그 방법이 너한테는 어떨까?"라고 말해보아라. 그 다음, 다시 청자 모드로 전환하여라. 결정은 그의 몫이다.

청자 - 변호를 피할 것

청 자

나는 이야기를 들어줄 만큼 평온하다.
문제인 당사자는 내가 아닌 상대방이다.

목표 · 상대방 안정시키기
· 상대방 이해하기
· 문제점 명확히 짚어주기

피할 것
· 동의 · 반대 · 충고 · **변호**

변호, 변명 혹은 방어는 청자가 절대적으로 피해야 하는 것이다. 우리의 일상적인 듣기 방식에서 '변호'를 빼면, 화자가 자신의 감정과 생각을 나눌 수 있게끔 마음의 문을 활짝 연 것이다. 그리고 화자와 우리는 동반 성장할 수 있을 것이다.

연인들은 가끔 이런 질문을 하곤 한다. "우리 관계를 개선시키기 위해 가장 빨리 할 수 있는 게 뭘까요?" 우선, 나는 이 질문이 무슨 의미를 함축하고 있는지를 파악한다. "듣자하니 두 사람이 자주 싸우는 것 같네요. 내가 두 사람의 관계를 원만하게 만드는 데 도움을 줬으면 하는군요?"

그 다음, 나는 대답한다. "자기변호를 그만 하세요."

자기 자신을 변호하지 말라는 말은, 아무 말도 하지 말라거나, 가만히 있으라거나, 하고 싶은 말을 삼키라는 것이 아니다. 자기 자신을 변호하는 대신 상대의 말을 들어주라는 의미이다.

하지만 우리가 살고 있는 사회는, 우리가 스스로를 변호하고 방어할 권리가 있다고 가르친다. 그렇다. 물론 맞는 말이다. 우리가 욕설을 들었을 때나 폭력을 당했다면 말이다. 욕설을 들었거나 폭력을 당한 상황이라면, 이 악질 상황에서 벗어나기 위해 마땅히 절차를 밟아야 할 것이다. 하지만 우리가 논하는 것이 '원활하지 못한 의사소통' 상황이라면, 적어도 나에게만큼은, 그것은 틀린 말이다.

방어는 곧 공격이다

전쟁에서, 공격과 방어는 동일한 것이다. 스스로를 방어하는 것은 곧 우리의 파트너, 배우자, 고용인, 피고용인, 동료, 그리고 아이를 공격하는 것이고, 우리가 맺고 있는 관계에 상처를 주는 것을 의미한다. 우리가 자기변호를 멈출 때, 비로소 관계를 회복할 수 있는 기회가 생긴다.

하지만 자존심이 강한 사람들은 우리에게 손가락을 가리키며 마구 몰아세우곤 한다. 이럴 때면 상대에게 맞서 우리 스스로를 방어하고 싶은 욕구가 샘솟는다. 나는 이때 당신이 1장에서 배웠던 '정상 범주에서 벗어난(deviant)' 행동을 실천하기를 기대한다. 플랫브레인 사람이 내게 분풀이 하는 것을 들어주는 일 말이다.

화자가 당신에게 위협이 되는 화제와 관련하여 곤란을 겪고 있는 상황이라면 들어주기 불편할 수 있다. 하지만, 불편함 또한 청자가 감수해야 할 몫이다. 비난을 들을 수도 있겠고, 당신이 다루고 싶지 않은 문제에 대해 이야기하게 될지도 모르지만, 말로써 당하는 공격은 불쾌할 뿐 해를 입지는 않는다(가차 없이 끈질기게 해대는 것이 아니라면 말이다).

만약 당신이 청자의 입장으로서 어떤 아픔을 감내하고 싶지 않다면, 애초에 화자에게 아픔을 제공하는 사람이 되지 않도록 해라.

당신이 다룰 수 없을 만큼 힘든 화제에 대해 대화를 나누게 되었을 때, 방어적으로 돌변하지 마라. 차라리 이렇게 말해라. "나 지금 이 얘기 못할 것 같아. 내게 너무 고통스러운 일이야. 내가 충분히 쉰 다음, 토요일 아침에 다시 얘기하도록 하자. 나를 변명하지 않고 네 이야기를 잘 들어주고 싶어서 그래. 알았지?" 만약 이 방법이 먹히지 않는다면 당신의 방, 집, 사무실을 나와 전화를 끄고 마음을 추슬러라.

만약 자기변호, 방어 없이 상대가 나를 비방하는 말을 잘 들어줄 수 있다면, 18장에 소개되어 있는 듣기 기법을 활용할 단계가 되었다. 기분이 엉망인 화자와의 대화에 도움이 되는 듣기 기법 말이다.

동의, 반대, 충고, 변호하는 대신 듣는 것은, 화자가 자신의 감정과 생각을 충분히 나누고 펼칠 수 있도록 두 사람 모두를 대화에 집중시킨다. 그러면 두 사람의 관계는 더욱 돈독해질 것이다.

15. 카드를 뒤집어야 할 때

내가 듣기만을 지나치게 강조하니, 몇몇 사람들은 자신도 말하고 싶어서 심기가 불편해진다. "그래서, 내가 언제까지 들어줘야 되는 건데?" 상황에 따라 다르지만, 이렇게 생각해라. 먼저 들어주면 나중에 우리가 말할 순서가 되었을 때, 상대방이 우리를 존중하며 이야기를 경청해줄 것이다.

당신이 언제 카드를 뒤집어야 할지 결정하는 데 도움을 주기 위해 세 가지 상황을 준비해보았다. 카드를 뒤집으면 청자가 말하고, 화자가 들을 차례이다.

간단한 대화 : 원반 던지기

대화의 한 단위(round)를 '원반 던지기' 게임처럼 생각하자. 화자가 청자에게 감정이나 생각을 던지면, 청자가 손을 뻗어 잡고, 가다듬고(이해하고), 다시 침착하게 던져준다. 화자가 "맞아, 내가 하려던 말이 바로 그 말이야."라고 대답하거나 고개를 끄덕여 청자의 피드백에 긍정적인 반응을 보이면 의사소통 '원반 던지기' 게임의 한 회가 마무리 된 것이고, 카드를 뒤집을 때이다.

> 화자-1 : 나 배고파.
> 청자-1 : 점심 먹으러 갈래?
> 화자-1 : 응. 그리고 사무실에서 좀 나가고 싶어.
> 원반 던지기 1회 종료. 카드를 뒤집어라.
> 화자-2 (1회에서의 청자) : 그래 좋아. 중국집 갈래?
> 청자-2 : 너도 나가고 싶었나보네. 중화요리 먹고 싶어?
> 화자-2 : 응. 여기서 세 블럭 거리에 새 뷔페가 생겼더라고. 거기 가보자.

원반 던지기 2회 종료. 카드를 뒤집으면 화자-2는 다시 청자-1이 되고, 그 과정은 무한 반복된다.

이 일련의 과정을 분석해 보자. 화자가 말하면, 청자는 이해하고, 그 다음 화자가 반응한다.

- 말 : "나 좀 피곤해. 회사에서 일이 많았거든. 오늘 무거운 영화를 보기엔 기운이 달린다."
- 이해 : "그럼 대신 가벼운 코미디 영화를 보자. 그리고 저녁도 직접 차려서 먹지 말고."
- 반응 : "당신은 내 마음을 정말 잘 알아줘."

이번 '원반 던지기' 게임 1회를 마무리 짓기 위해 이 과정을 한 번 더 거칠 수도 있다.

- 말 : "외출하는 거 자체가 좀 부담이야. 그냥 집에서 쉬면서 책이나 읽고 싶어."

- 이해 : "그러면 책에 빠져들어서 읽을 수 있게 피자를 좀 사다줄까?"
- 반응 : "응. 그러면 정말 좋겠다. 고마워."

만약 진지한 대화를 하는 중이라면, 카드를 뒤집기 전에 화자가 무슨 말을 했는지 청자가 간단히 요약해주는 것도 도움이 된다. "그러니까 당신 말은, 아이들이 숙제도 다 하지 않은 채 TV만 밤새 보느라 학교에서 피곤해 하는 게 걱정된다는 말이죠? 내가 이해한 바가 맞으면, (화자가 고개를 끄덕이며 반응을 보인다) 그러면 이번에는 내가 이 상황에 대해 어떻게 생각하는지 말해볼게요. 당신이 내 생각에 대한 피드백을 주고 우리 둘 모두가 내 입장을 이해하게 되면, 다시 당신 차례로 넘어가도록 해요. 알았죠?"

다른 사람이 내 이야기를 들어줬으면 좋겠다고 생각한다면, 그들에게 무작정 들어달라고 하는 대신 '듣기 모형'을 제시해주는 것이 효과적이다. 보고, 듣고, 경험하면 훨씬 더 잘 해낼 수 있을 테니 말이다. 하지만 기억해야 할 것이 있다. 공평하게 말 순서를 지키는 과정을 설명하는 일은 물론 도움이 되지만, 상대방에게 이 과정을 가르치기보다는 좋은 방법을 함께 나눈다는 생각으로 설명해 주어야 한다.

복잡한 대화: 더 오랜 시간을 투자하라

쌓아두었던 복잡한 이야기를 나눌 때에는 더 오래 들어주어야 한다. 화자가 자기만의 틀에서 헤어 나오기 위해서, 혹은 자신의 문제를 더욱 명료화하기 위해서는 계속해서 말하는 것이 필요할 때가 있다. 그럴 때는, 청자가 카드를 뒤집기까지 훨씬 더 많은 듣기 기법을 활용하여 화자의 이야기에 귀기울여 주어야 한다. 이 과정은 짧게는 몇 분에서 길게는 반나절까지도 걸릴 수 있다. 그동안 '원반 던지기' 게임을 여러 번 하는 것이다.

이 방법은 화자가 청자에게 화가 나거나 서운한 감정을 가지고 있을 때도 효과적이다.

그렇게 오랜 시간 들어주다가 화자의 마음이 좀 누그러지고, 자신이 이해받았다고 생각할 때쯤이면 카드를 뒤집어도 좋다. 다음은 화자와 청자의 역할을 바꿀 때가 된 시점에 청자인 당신이 자연스럽게 카드를 뒤집을 수 있는 요령이다.

- 화자가 말한 이야기의 본질을 피드백 해주어라.
- 당신이 제대로 이해한 것이 맞는지 확인해라.
- 화자가 이제 청자가 되어 들을 준비가 되었는지 물어보아라. 그렇지 않다고 하면, 이야기를 더 들어주어라. 이 과정을 반복해라.

수다쟁이와의 대화

여기서 '수다쟁이'란, 이미 상처 받고 화가 많이 난 상태의 사람을 말하는 것이 아니다. 이런 사람들은 서서히 자신의 문제점을 명확히 해야 할 필요도, 자신의 마음을 가라앉힐 필요도 없는 사람들이다. 내가 말하는 '수다쟁이'는 그저 쉴 새 없이 계속 말하면서, 한 화제에서 다음 화제로 숨 돌릴 틈도 없이 넘어가는 사람을 의미한다. 이런 사람에게 의사소통 '원반 돌리기' 게임을 가르쳐주는 일은 쉽지 않다.

대화를 본격적으로 시작하기 전에 말 순서 지키기 과정에 대해 조심스럽게 얘기를 꺼내라. "너랑 나랑은 둘 다 심각한 고민거리가 있고, 아마 너도 나도 상대방이 내 이야기를 들어주었으면 할 거야. 너와 내가 공평하게 각자의 순서를 갖자. 네가 먼저 이야기를 시작하면, 내가 듣고 피드백을 줄게. 그리고 네가 나한테 이해받은 것 같은 기분이 들면, 그때부터는 내 차례야. 그리고 내 차례엔, 내가 한 걸 네가 똑같이 하면 돼. 그러면 결과적으로, 너랑 나랑은 서로의 입장을 이해하고 더욱 존중하게 될 거야."

이 방법이 잘 먹히기 위해서는 반드시 두 사람 모두 대화 시작 전에 동의해야 한다. 그리고는 "난 네가 이 상황을 어떻게 보고, 또 무슨 생각을 하는지 정말 이해해 보고 싶어. 그러니까 먼저 얘기해 봐. 내 입장은 제쳐두고 네 이야기를 들어볼게."라고 말해라.

그리고 상대방의 긍정적인 반응을 얻어내어, 즉 상대방의 말을 제대로 이해하여 내가 말할 차례가 되었을 때, 우리가 약속한 규칙에 대해 살짝 다시 상기시켜 주어라. "내가 네 이야기를 듣고 이해할 때까지 듣는 데 시간을 할애하기로 했던 거 기억하지? 이제는 네가 들을 차례야. 지금부터는 내가 말하고 네가 내게 피드백을 줄 수 있겠어?" (상대방이 고개를 끄덕인다.)

만약 상대방이 끼어들어 방해하거나 언쟁을 시작하려고 한다면, 조금 더 강하게 말해라. "잠깐만, 내가 이야기할 차례잖아. 내가 네 이야기를 들어줬고, 이제는 네가 내 이야기를 들어줘야지. 내가 너한테 이해받았다고 느껴지면, 그때 다시 네 차례가 될 거야. 그렇게 해줄 수 있어? 아니면 네가 내 얘기를 들어줄 수 있을 때까지 대화를 미룰까?"

상대방이 공평하게 말 순서를 지키는 것에 대해 익숙해지기 전까지는, 말하는 도중 상대방의 말 때문에 방해받고 싶지 않은 당신의 마음을 강하게 밀어붙이는 수밖에 없다.

어떤 사람들은 억눌린 감정이 지나치게 커서, 다른 사람의 말을 한두 문장 이상 들어줄 수가 없다. 그들의 분노, 그리고 불안, 초조한 감정이 그들을 플랫브레인으로 만들어 곧 바로 다시 말하게 하기 때문이다.

경청하지 못하는 사람과 함께 일 했을 때, 나는 내가 1분 혹은 2분을 말하기 위해서 20분을 들어주어야 한다는 사실을 깨달았다.

만약 그들이 정말로 내 이야기를 잘 들어주지 못하면, 그만 말해라. "좋아, 내가 방금 말한 거를 네가 다시 말할 수 있으면 네 이야기를 하도록 해. 하지만 내가 방금 말한 거를 네가 이해하지 못했다면 나는 네 이야기를 들어주지 않을 거야. 공평하게 하자고 한 거 기억나지? 내 이야기도 들어줬으면 좋겠어. 지금 내 차례잖아."

이 협상이 제대로 이루어지지 않으면, 당신의 이야기는 허공에 흩어져 버리고 말 것이다. 당신은 당신을 무시하는 상대방에게 화가 날 것이고, 이런 일이 벌어지게 한 스스로가 한심하게 느껴질 것이다.

카드를 뒤집는 기술이 숙달될수록, 사람들과 더 오래 돈독한 관계를 유지하는 데 도움이 될 것이다. 카드를 뒤집지 않으면 둘 중 한 사람은 아주 오랫동안 말을 이어갈 것이고, 그러면 상대방은 이야기에 흥미를 잃게 된다. 그리고 두 사람의 관계 또한 점점 소원해질 것이다.

공평하게 말 순서를 지킴으로써 두 사람은 관계를 더욱 굳건히 할 수 있다. 우리가 다른 사람들의 이야기에 귀를 기울이고 더 많은 이야기를 함께 나눌 때, 우리 스스로에 대해서도 더욱 명확해지게 된다. 상대방과 더욱 가까워지고, 신뢰하고, 정신적으로 교감하는 사이가 된다. 친밀한 관계가 된다.

3

듣기 기법

16. 의사소통을 방해하는 몇 가지 요소

앞 장에서 올바른 의사소통을 위해 말하기와 듣기를 번갈아 가는 과정에 대해 배웠다. 이제 다음 주제로 넘어가 구체적인 듣기 기법에 대해 알아보겠는데, 그에 앞서 우선 의사소통 과정에서 우리가 자주 저지르는 6가지 대표적인 실수에 대해 소개하겠다. 그 외에도 몇 개가 더 있지만, 이 6가지가 일상적으로 가장 흔히 나타나며 이것들은 경청하는 것을 방해하여 원만한 의사소통을 가로막는다.

우리 인간은 무의식적으로 자기 방식만을 고집하고 상대를 통제하려는 집요한 성향이 있다. 우의를 점하려는 이러한 욕구는 의사소통 과정에서도 나타난다. 흔히들 경청하고 있다고 착각하지만 대부분 자기도 모르게 실례를 범한다. 우위를 점하려 하기 때문이다.

우리는 감정적 말하기, 감성적 말하기, 이성적 말하기(이하 EHJ로 표시함)를 아우르는 균형 잡힌 문장을 구사하며 명확한 의사소통을 하고 있다고 생각하지만 사실 청자를 조종하여 자신의 뜻을 관철시키고자 하는 실수를 범한다.

생산적 의사소통을 저해하는 요소가 무엇인지 인지한다면 효과적인 듣기나 관계 형성에 도움이 되는 의사소통을 더 수월하게 할 것이다.

1. 의례적 듣기

우리가 화자이든 청자이든 간에, "의례적 듣기"는 겉으로는 다정한 듣기처럼 보이지만 실상은 그렇지 않다. 우리는 조용히 화자의 말에 귀기울이는 것처럼 보여도, 사실 상대가 얼른 '입 다물기'를 기다리고 있는 경우가 많다. 자기가 말할 차례를 기다리는 것이다.

상대방이 말하는 동안 의례적 듣기에 임하는 이들은 자기 차례에 어떤 말을 할지 준비한다. 자기 생각을 정리하고, 문제점을 들추려 하고, 어떻게 반박할지 궁리한다. 의례적 듣기는 차분해 보이지만, 케이오 (KO) 펀치를 날리기 전 한걸음 물러서는 권투와 같다. 긴장을 풀고 편안한 마음으로 경청하고 새로운 생각을 경험하고자 하는 여유로움이 없다.

본인의 의례적 듣기를 알아챘을 경우, 즉 듣기 중 자기 주장을 준비하고 있다면, 그런 노력은 그만두고 화자가 하고자 하는 말을 이해하는데 집중하라. 화자의 말을 있는 그대로 부드럽게 받아들일 필요가 있다.

화자를 존중하는 자세로 대해야 그를 친구로 만들 수 있는 것이다.

2. 페리 메이슨

"페리 메이슨"이란 간접 화행을 의미한다. 이 책에서 간접 화행을 페리 메이슨이라고 쓴 이유는 장기간 방영된 대하드라마에서 변호사 역할을 맡은 주인공을 기리기 위해 그의 이름을 따서 붙인 것이다. 예를 들면 드라마상에서 "1986년 5월 18일 화요일 새벽 2시에 당신은 어디 있었죠?"라는 페리의 질문은 단순한 질문이라기보다는 가해자를 압박하는 추궁이다.

문법적으로 볼 때, "페리 메이슨"은 정보를 요청하는 질문 같지만 그렇지 않다. "페리 메이슨"은 서술문을, 더 정확히 표현하자면, 비난조의 서술문을 물음표를 붙여 의문문으로 위장하는 것이다.

약한 페리 메이슨의 예로 "너 미용실은 가니?"라는 질문을 들 수 있다. 이 질문의 저의를 평서문으로 풀어 쓰자면 "너 좀 지저분해 보여. 머리 좀 잘라야겠다."이다.

이 부분을 수정하느라 여념이 없을 때 안사람이 내가 약속을 깜박한 것을 상기시켜 주었다. 옷을 입으려 헐레벌떡 방으로 서둘러 가면서 아내에게 "아침식사는 어떡하지?"라고 물었다. 그 속뜻은 "나 지각인데 밥 먹고 싶어"이었고, 그 저변에 함축된 요구는 밥을 해달라는 것이었다.

아내는 내 말 속의 간접 화행을 알아차리고 다시 말해 주기를 원했다. "그래서요?" 딱 걸린 거다. 나는 내 본심을 요구사항이 명확하게 드러나는 서술문으로 바꾸어 다시 말했다: "나 지각이야! 베이컨 두 개랑 계란 하나만 구워줬으면 해. 괜찮지?" "괜찮지, 그럼."이라고 아내는 흔쾌히 말했다. 두 번째 시도는 솔직하고 직설적이었다. 이것이 바로 EHJ가 균형을 이룬 훌륭한 의사소통이다.

페리 메이슨 식의 질문을 하면 돌아오는 대답도 시원찮다. 대답이란 질문에 응하여 나오는 반응인데, 페리 메이슨은 질문이 아니기 때문이다.

다음의 예문은 잘못을 지적하고 비난하려는 의도를 내포한 감정이 가득 실린 페리 메이슨 식의 질문이다. 질문자는 결코 흡족한 대답을 구할 수 없다는 점에 주목하라.

- 아내가 남편에게, "당신 저 금발머리 여자 쳐다봤지?" "아닌데." "쳐다봤잖아. 내가 다 봤어!"
- 또는 남편이 아내에게, "당신 정말 이 원피스 꼭 샀어야 했어?" "응. 당신 회사 할로윈 파티 때문에." "옷장도 이미 넘쳐나고 있구만. 게다가 격식 차릴 필요 없는 파티에 왜 이렇게 비싼 걸 샀어."

- 또는 부모가 아이에게, "숙제 있니?" "네, 조금요." "그럼 당장 텔레비전 끄고 저녁식사 전에 끝내."

이러니 아이들이 부모의 페리 메이슨 식 질문에 기어들어가는 목소리로 중얼거리든가 대답을 회피하려는 거다. 질문의 목적은 뻔하다. 주로 명령이나 잔소리의 전조이다.

위에 페리 메이슨 화법의 화자들이 더 직설적이었다면, EHJ기법을 이용하여 다음과 같이 말했을 거다:

- 아내: "당신이 나보다 앨리스한테 더 관심을 두는 것처럼 보여서 속상했어."
- 남편: "당신이 새 옷을 구입하면 나는 불안해져. 우리 재정상태가 정말 걱정돼."
- 부모: "선생님이 숙제를 너무 많이 내줘서 네가 시간이 부족한 것 같구나. 엄마(아빠)가 도와줄까?"

어떤 이들은 페리 메이슨 식 화법을 예술적 경지로 구사하며 속사포처럼 질문을 쏟아내기도 한다. 이것은 상대방의 정신을 쏙 빼 놓는 것이다. "밥 어디서 먹었어? 누구랑 먹었어? 왜 그렇게 오래 걸렸어? 밥 먹고 나서는 뭐했어? 누구 만났어? 집에는 몇 시에 들어갔어? 그리고 저녁식사 준비는 왜 안 했는데?" 그리고 이들은 수법이 들키면 "그냥 물어본 거야"라며 자신을 변호한다.

거짓말이다! 이들은 사람을 괴롭히는 것이다. 이런 식의 간접 화행은 상대방의 이야기를 들어주는 것도 내 이야기를 하는 것도 아닌 무자비한 공격일 뿐이다.

자신이 페리 메이슨식 화법을 사용하고 있음을 알아챘을 경우 단념하라. 하고 싶은 말이 무엇인지 스스로에게 물어봄으로써 질문의 목적을 확실히 알고, 그 다음 자신의 의사를 분명하게 표현하라. 동시에 듣기에 임할 때는 상대방의 말을 이해하려는 자세를 취해야 하며 우위를 점하려는 노력은 치워버려라.

3. "왜?"

"왜?"는 검사들이나 하는 질문으로 숨겨진 의도는 대상을 힐난하며 문제 삼으려는 것이다.

- 어떤 사람이, "왜 그랬어?"라고 묻는다면 "왜냐면 네가 …했기 때문에"라는 방어적 반응을 보이는 건 당연하다.
- 또는 남편이 아내에게, "여보, 왜 이거 말고 다른 고지서 요금을 낸 거야?"라는 질문은 "당신 잘못 냈어."라는 뜻을 비친다.
- 또는 아내가 남편에게, "여보, 왜 경첩을 문 오른쪽에 붙였어?"라는 말은 빤하게도 남편이 경첩을 문 왼쪽에 붙였어야 함을 의미하며 상대에게 이러한 반응을 유발할 것이다: "마음에 안 들면 직접 하시든가." "우리 아버지께서는 안 그러셨어." 이에 남편은 "그럼 아버지 불러서 시켜. 난 텔레비전이나 볼 테니."라고 쏘아붙일 거다.
- 또 다른 경우로는 남편이 아내에게 "저녁에 왜 집에 없었어?"라고 묻고 아내는 "일하느라"라고 대답하는 것이다. 그럼 그는 이렇게 말할 것이다: "그래 당신한텐 중요한 건 일밖에 없지."

본인이 "왜?"라는 질문을 하며 논쟁을 벌이기 좋아하는 부류라면 어떻게 해야 할까?

첫째, 그런 질문을 더 이상 하지 마라. 본인이 궁금한 것, 걱정되는 것, 짜증나는 것, 혹은 화나는 것이 무엇인지 골똘히 생각해보라. 호의적 호기심이라도 "왜?"라는 의문사만 달랑 붙여 질문한다면 공격이 된다는 점을 알아두어야 한다. "왜"와 더불어 자신의 감정을 나타내는 표현을 첨가하여 질문하라: "나는 왜 …했는지 정말 궁금해," 또는 "네가 왜 그랬는지 참 궁금한 걸?"

두 번째, 상대방의 말이 거슬리거나 짜증난다면 표현하라: "나는 네 행동이 불편하고/행동에 화나고 왜 그런 식으로 했는지 이유를 알고 싶어."

개인적이면서 안전한 질문을 만들기 위해서는 E(감정)와 H(인간관계적 요소) 두 가지 요소가 모두 충족되어야 한다. E와/또는 H를 생략하고 "왜"라는 의문사만 단독으로 사용한 질문은 비판적으로 들리며 대개 방어적인 반응을 불러일으킬 것이다[1].

4. 부정의문문[…하지 않을래?]

청자는 흔히 "……하지 않을래?"라는 질문을 하며 화자가 새로운 관점과 기회를 경험하도록 유도하곤 한다. "않다" 또는 "아니하다" 동사가 쓰이는 부정의문문은 대개 부정적인 반응을 끌어낸다. 이러한 질문은 듣는 이로 하여금 새로운 사고방식을 경험하도록 장려하는 데 전혀 도움이 되지 않는다.

"…해보지 않을래?"와 같은 부정의문문은 오히려 역효과를 낳는다. 청자로 하여금 "응, 안할래."라는 단언을 유도해내어 '그 제안을 시도해

---

[1] EHJ에 대해 더 자세히 알고 싶으면 11장을 참고할 것.

보지 않겠다.'라는 의지를 굳힐 뿐이다. 역설적이게도 부정의문문은 화자의 바람과는 반대로 청자로 하여금 부정적인 답변을 하도록 종용하는 셈이다.

일상적인 예로, 많은 가정에서 취침 시간이 되면 부정의문문을 쓰는 것을 볼 수 있다. 부모는 아이가 잠들기 바라며 묻는다.: "이제 그만 자지 않을래?" 부모 딴에는 아이가 이제 그만 침대에 누워 꿈나라로 가길 바라는 마음에서 나름 다정하게 취침을 권유하는 것일지 몰라도, 이런 식의 부정의문문은 아이로 하여금 잠들기 싫은 장황한 핑계를 대도록 유도할 뿐이다.

"지금 왜 안 자니?"와 같은 질문에 아이는 "아직 피곤하지 않기 때문에 지금 자기 싫어요."라든지 "지금 시청하고 있는 텔레비전 프로도 마저 봐야 하고, 전자게임도 해야 하고, (이 모두가 실패했을 경우) 내일까지 할 숙제가 있어요." 등의 갖가지 구실을 만들어 낸다.

부정의문문은 올바른 질문 형태가 아니다. 문장 끝에 물음표가 붙긴 하나 숨은 뜻을 내포하고 있는 서술문과 다를 바가 없다: "학교생활에 지장 없도록 충분한 휴식을 취해야지." 또는 "엄마 피곤해. 잠들기 전에 혼자만의 조용하고 평온한 시간을 갖고 싶어."

청소년에게 "왜 시간 날 때 숙제 안 했니?"라고 묻는다면 열이면 열 이 질문이 정보를 구하는 게 아니란 것쯤은 다 눈치 챌 것이다. "다른 해야 할 일들이 있어요."라고 적당히 둘러대는 것은 페리 메이슨 같은 부모에게 먹히지 않는다. 부모는 질문을 한 게 아니기 때문이다. 이어지는 말은 "지금쯤 숙제 하고도 남았겠다."라는 꾸지람이다.

부모의 질문에는 다음과 같은 뜻이 함의되어 있다고 볼 수 있다: "네가 어젯밤에 했어야 할 숙제를 안 해서 난 화가 났다. 여태 시간 낭비나 하고 숙제하기 싫어서 뭉그적대는 바람에 엄마(아빠) 저녁 계획도 다 그르쳤잖니."

본인이 부정의문문을 사용하며 불편한 갈등을 일삼는 사람이라면 어떻게 해야 할까?

자신이 말하고자 하는 게 정확히 무엇인지 파악하고 요구사항을 직접적으로 말하라: "지금 침대에 누워 잠자리에 들라는 것이지 취침에 대한 네 생각을 물은 게 아니다. 내일 학교 가려면 충분한 휴식이 필요하고, 또 잘 자야 내일 좋은 하루를 보내지." 심지어 이렇게 말할 수도 있다: "엄마 정말 피곤하구나. 혼자만의 조용한 시간을 갖고 쉬고 싶구나. 내일 아침부터 또 얼굴 붉히는 일 없이 기상하고 너 데려다 줘야지."

5. "이해해"의 함정

누군가가 "나 암이래. 너무 무서워."라고 말했다고 치자. 이에 대한 공감적 반응으로 "이해해."라고 말한다면 상대는 오히려 불쾌해 하며 방어적으로 나올 수 있다: "뭐라고? 네가 내 감정을 어떻게 알아? 지금 내가 겪는 고통이 얼마나 힘든지 모를 거야. 나조차도 지금 이 상황이 이해가 안 가는데." 그런데 대부분은 그냥 계속 말하기를 거부할 것이다.

"이해해."가 의사소통을 망치는 이유는 다음과 같다:

• 듣지 않고, 말하기 때문이다. 상대가 처한 문제가 아닌 자신의 이해심에 대해 말하고 있다. 차분히 경청하고 이렇게 말하는 게 더 도움이 된다: "어머…… 암이래? 정말 무섭겠구나." 또는 상대에 대한 본인의 염려와 관심을 꼭 표현하고 싶다면 이렇게 말하라: "네가 암이라니 나도 정말 걱정되고 무서워. 언제 알게 된 거야?" 그리고는 입을 꼭 다물고 상대의 말에 귀기울여라.

• 이해한다고 하지만 사실 이해하지 못하기 때문이다. 본인이 암에

걸리지 않는 이상 그런 말을 하는 것은 주제넘은 것이다. 설령 자신이 암 환자라고 해도, 모든 이의 경험이 똑같은 것이 아니므로 자신의 얘기를 바로 하기보다는 우선 상대방의 말을 경청할 필요가 있다.

• 섣불리 "이해해."라고 말하는 것은 무의식중에 상대방을 밀어내는 것이다. 어떤 반응을 보일지 모른다거나, 주제가 불편하다거나, 별로 이야기하고 싶지 않다는 인식을 화자에게 심어줄 수 있다. 그렇게 되면 그 암 환자는 거절당했다는 느낌을 받고 불편해지고, 더 이상 말하기를 멈춘다. "이해해."가 왜 상대를 밀쳐내는 건지 의아하다면 민감한 감정 교류 중 누군가 그 말을 했을 때에 상대의 반응을 관찰해 보라.

본인이 "이해해."라는 말을 자주 하는 사람이라면 어떻게 해야 할까? 이렇게 대신 말해보라: "잠깐만. 나 이해가 안 돼. 이게 무슨 일이래. 다시 말해줄래?"

"이해해."를 말하기 전에 섣불리 이해한다고 하는 것은 의사소통을 차단할 수 있음을 명심하라. 말하고 싶어도 꾹 참길 바란다. 좋은 친구가 되고 싶다면 다시는 그 말을 뱉지 마라.

"이해해."라는 말 대신 우선 끝까지 경청하고 이런 식으로 말해 보라: "너 정말 놀라고, 무섭고, 속상하고, 혼란스럽고, 충격이 크겠구나… 나였으면 벌써 만신창이가 되었을 거야. 너 괜찮니?"

6. "응, 그런데…"

"응, 그런데…"라는 표현은 십중팔구 "그렇지 않다"는 부정에 초점을 둔 말하기 기법이다.

"응, 그런데…"는 청자가 듣기의 본분을 잊고 자기가 할 말을 시작하기 위해 시동을 거는 것이다. 이 표현은 상대의 말을 경청하고 의견에 찬성하는 것처럼 들리지만 사실은 논쟁의 시작 신호이다. 핵심은 "응"이 아니라 "그런데" 다음에 온다는 것쯤은 다 알고 있을 테다.

문장에서 "그러나" 내지 "그런데"와 같은 역접 접속사를 쓰면 우리는 그 뒤에 오는 내용에만 집중하게 된다. 예를 들어, "난 당신을 사랑해. 그런데 늦게 오면 늦게 온다고 연락이 없으면 나 정말 열 받아." 또는 "당신 노력 인정하고 고맙지만, …… (=당신 노력 인정하고 고마워. 그런데……)"와 같은 표현방식은 상대를 설득시키지 못한다.

화자의 말에 귀기울이고 집중하기란 참 어려운 일이다. 특히 의견이 다를 때 말이다. 듣고 있다가 자기도 모르게 "응, 그런데…."를 말한 후 자신의 사고방식과 관점을 화자에게 강요한다.

위로가 될지 모르겠지만, 나는 만성적으로 "응, 그런데…"를 남발하는 편이다. 나도 모르게 무의식적으로 그 말이 나오는데, 그것을 깨닫는 순간 했던 말을 멈추고 다시 경청하는 자세를 취한다. 그저 묵묵히 잘 들어줄 사람이 필요한 이들에게 "응, 그런데"라며 시비 거는 자신을 발견했다면, 어떻게 해야 할까?

중간에 끼어든 것에 대해 사과하고 화자가 이야기를 끝낼 때까지 경청하라. 본인의 차례가 왔을 때 말하면 된다.

"응, 그런데…"가 도움이 되는 경우

"응, 그런데"는 대개 경청하는 자세를 흐트러뜨리지만, 효과적인 말하기 기법이 될 수 있다. 적극성 훈련 전문가들은 "응, 그런데" 표현을 무례하고 강압적인 상대에 맞서 자기 주장을 고수하는 수단으로 활용하라고 조언한다.

예를 들어, 강매하는 자동차 판매 사원에게 이렇게 말할 수 있다: "네, [상대의 말을 정확히 듣고 이해했다는 점을 보여주기 위해 판매업자가 한 말을 반복한다] 물론 이 자동차를 타고 거리를 주행하면 멋있겠지요. 그런데 [판매업자가 반박할 수 있는 말은 하지 말고 자신의 느낌만 이야기하라] 저희 예산을 초과하네요. 우리는 3000달러 이하로 구매하고 싶어요."

판매업자가 이에 대해 반박하고 설득하려 든다면 "응, 그런데" 표현을 반복하면 된다: "네, [그가 한 말을 반복하라]. 그런데 [자신의 느낌과 생각을 조목조목 말하라]." 이 표현을 상대방이 지칠 때까지 되풀이하라. 그러면 내 입장을 굽히지 않고도 상대에게 그의 말을 경청하고 충분히 이해했음을 보여줄 수 있다. 막무가내로 밀어붙이는 강압적인 사람들에게 효과가 좋다.

이 표현은 고집이 강한 아이와 마찰이 빚어졌을 때 부모의 뜻을 굽히지 않으면서 자녀와 부모 모두에게 도움을 줄 수도 있다: "그래(응), 그 오토바이 정말 갖고 싶겠지. 이 동네에서 새 오토바이 없는 애는 너뿐이니까. 네 낡아빠진 오토바이 타고 다니는 거 창피하겠지. 그런데 네 대학 등록금 때문에 돈을 모아야 해." "응, 그런데" 기법의 반복적이고 일관된 사용은 자녀들에게 부모가 그들의 입장을 존중한다는 점을 보여주는 동시에 한층 더 수월하게 부모의 책임을 다할 수 있도록 도와준다.

상대방이 원활한 의사소통을 가로막는 실수를 범한다면?

의사소통 과정에서 청자가 앞에서 설명한 실수를 저지르면, 화자의 말하기는 방해 받는다. 그런데 청자는 자신이 무슨 잘못을 했는지 자각하지 못할 것이다. 자신이 잘 들어주며 도움을 준다고 착각한다. 상대방이 원활한 의사소통을 가로막는 실수를 범한다면 어떻게 해야 할까?

- 상대가 내 말을 듣지 않고 있다면 말하기에서 듣기로 전환하여 상대가 하고자 하는 말의 의도를 정확히 파악하라. 상대의 말하기가 끝난 후 내 차례 때 다시 말을 이어가면 된다.
- 또는, 청자에게 내가 말할 차례임을 상기시켜 주어라. 잠시 동안 자기 의견은 접어두고 내 말에 집중할 것을 요청하면 된다. 본인의 말하기가 끝나면, 상대방의 의견에 귀기울일 것임을 분명하게 내비치면 된다.

우리는 자기도 모르게 의사소통 과정에서 실수를 자주 범한다. 이 6가지 의사소통의 방해요소를 숙지해 둔다면 쉽게 실수를 알아차릴 수 있을 것이다. 본인의 의사를 직접적으로 표현하고 상대가 하는 말의 속뜻을 파악하라. 빈번한 실수는 친해지려는 사람도 밀어낸다.

올바른 의사소통을 가로막는 요인에 유의한다면 불필요한 논쟁을 피하고 인간관계를 더욱 돈독히 할 수 있을 것이다.

17. 새로운 기법의 시도

"그래서 네 기분은 어떤데?" 내지 "그러니까 네 말은…"이란 반응은 이제 막 경청하는 법을 배우기 시작한 사람들이 형식적으로 건네는 첫마디이다. 청자로서 적절한 반응이긴 하지만 반복해서 계속 되묻는 것은 화자를 상당히 짜증나게 만든다.

상대방의 말을 경청하고 있음을 보여주려고 한 것뿐인데, 상대는 왜 언짢아하며 기분이 상할까? 세 가지 이유가 있다.

1. 같은 반응을 되풀이 하는 것은 상대에게 거슬린다. 바이올린의 현이 한두 개 끊어졌을 때 나는 소리를 상상해보라. 연주곡은 마치 손톱으로 칠판을 긁는 것과 같은 소리를 낼 것이다. 생각만 해도 소름 끼친다.

   바이올린이 아름다운 선율을 내기 위해서 네 개의 현이 필요하듯, 올바른 피드백을 제공하기 위해서는 상황에 따른 다양한 반응이 필요하다.

2. 배운 지 얼마 안 된 새 기법은 가식적으로 들린다. 새로운 듣기 기법은 익숙해지기 전까지 어설플 수밖에 없다. 처음에는 입에 익지 않고 어색한 게 당연하다. 연습을 많이 하고 익숙해지면 마음

속에서 우러나는 반응인 것처럼 자연스러워질 것이다.
3. 친구와 가족 그리고 직장동료는 나의 변화에 당혹스러워 할 수 있다. 변화는 당혹감과 더불어 사람을 불안하고 불편하게 만든다. 자기 말에 좀 경청해달라고 부탁하길래 경청해주는 것뿐인데 이런 나의 모습을 낯설어 하는 것이다. 상대의 불편함은 저항이나 비난의 형태로 표현될 수 있는데, 당신의 경청하려는 시도가 이런 부정적인 반응을 낳아도 크게 놀랄 필요 없다.

인내심을 갖고 포기하지 말라. 새로운 시도는 성과를 얻는 데까지 시간이 좀 걸리는 법이다. 상대가 부정적인 반응을 보인다고 해서 이런 식으로 자신을 변호하지 않길 바란다: "뭐야, 나보고 항상 네 말에 귀기울여 달라며. 네가 원하는 대로 경청해줬더니 반응이 왜 그래? 네 마음을 읽으라는 거니 뭐니?" 이런 식의 자기변호는 결국 상대에게 당신은 절대 바뀌지 않는다는 확신을 줄 뿐이다.

상대가 부정적인 반응을 보일 때 어떻게 해야 할까? TLC(화자-청자 카드)를 활용하라. 말하기 전 우선 상대의 말을 충분히 들어주어라. 상대가 어색해하고 밀쳐내는 것을 받아들이고 다른 듣기 기법을 시도해보라. 이를테면 이렇게 말할 수 있다: "내가 전과 달리 이런 반응을 보이는 게 이상한 거 나도 알아. 원래대로 널 공격하거나 나 자신을 변호하지 않으니까 네가 어색해할만 해."

새 습관을 들이는 것은 결코 만만하지 않다는 것을 명심하길 바란다.

다음 장에서는 단순한 경청을 넘어 다양성과 깊이를 더한 듣기 기법이 소개될 것이다. 통달하기 어렵겠지만, 당신과 주변사람들의 관계를 더욱 두텁게 하고 삶을 풍성하게 하기 위해 알아두어야 할 기법이다.

내가 경험한 바로는, 효과적인 듣기와 존중하고 경청하는 자세가 인간 관계를 더욱 돈독하게 만든다.

18. 기본적인 듣기 기법

효과적인 듣기만큼 인간관계를 더욱 두텁고 공고히 해주는 것은 없다고 봐도 무방하다. 앞으로 소개할 듣기 기법은 기본적으로 청자를 위한 것이나, 예문을 통해 말하기 실력도 향상시킬 수 있다. 예문에서 화자는 주로 혼란스러워하며 모호하고 서투른 의사 표현을 한다. 청자가 자신의 본분에 충실하고 훌륭한 듣는 귀가 되어줌으로써 플랫브레인 화자가 본인의 생각을 분명하게 정리하고 속내를 털어놓을 수 있도록 도움을 준다. 예시에서 드러나는 듣기 기법을 말할 때에도 적용할 수 있다. 자기 자신에게 귀를 기울여 생각과 감정을 말로 표현하기 전에 정리할 수 있도록 도움을 줄 것이다.

예시를 통해 경청하는 법뿐만 아니라 명료한 의사표현 방법에 대해서도 배울 수 있길 바란다. 예시에 등장하는 대화 참가자는 대부분 플랫브레인 문제를 갖고 있다. 그럼에도 불구하고 이 장에서 소개되는 듣기 기법은 친구들과 함께 점심을 먹을 때, 친척이 방문했을 때, 업무와 관련된 문제를 해결해야 할 때 등의 비갈등 상황에서도 활용할 수 있다. (심지어 효과가 더 좋다.)

앞으로 소개될 기법 중 다수는 이미 우리에게 친숙하며 한번쯤 들어봤을 만한 일반 상식에 속한다. 일부는 살짝 손봤으며, 일부는 필자가 창조해 낸 것이다. 이 기법은 남용되지만 않는다면 매우 유용하다.

우선 마음에 드는 기법 한두 개를 골라서 일주일 동안 연습해보라. 장을 볼 때, 자녀와 대화할 때, 회사 동료와 얘기할 때, 텔레마케터와 통화할 때 등 여러 종류의 대화에서 시도해보길 바란다. 어려운 상황에서도 연습해보라.

그 다음, 자신에게 강한 인상을 남긴 또 다른 기법을 하나 선택해서 다음 일주일 동안 연습해보라. 전 주에 연습한 기법들과 번갈아 가면서 시도해 보라. 이렇게 일주일마다 새로운 기법을 하나씩 연습하면 된다. 자신만의 방법으로 내면화 될 때까지 연습하고 또 연습하라. 그러면 청자로서의 반응들이 어색하거나 가식적으로 보이지 않고 몸에 배어 자연스러워질 것이다.

문장부호(…?)의 의도

훌륭한 듣기란 온화하고 수용적 자세로 상대의 말을 경청하는 것이다. 절대 나무라거나 공격적으로 나오면 안 된다. 캐치볼을 하듯이 상대방의 말을 있는 그대로 받아서 주인에게 온전하게 돌려주는 것이다. 청자는 반감을 드러내거나 찬성 또는 반대해서도 안 된다.

아래의 예시에 나는 "…?"의 문장부호를 반복해서 쓰는데, 그 의도는 수용적인 어조를 부각하기 위함이다. "…?"의 사용을 통해 청자의 반응이 강한 의견 피력이나 공격적인 질문이 되어서는 안 된다는 점을 상기시키고자 했다.

줄임표(…)는 여지를 주는 것이고, 물음표(?)는 말끝을 올려 질문하듯 말을 건네는 것이다. 이 둘을 결합하여 청자가 열린 질문으로 귀를 기울인다는 점을 강조하고자 했다. 문장부호 "…?"의 부드럽고 수용적인 말투는 화자로 하여금 비판이나 책망에 대한 두려움을 떨쳐버리고 거리 낌없이 자신의 생각과 감정을 공유하도록 유도한다.

받아들여라

> 말과 몸짓 그리고 어조를 통해 상대의 감정과 생각을 존중한다는 것을 보여주어라. 하고 싶은 말이 있어도 꾹 참는 인내심을 갖고 다정하고 수용적인 자세로 몇 마디의 말을 건네면 된다.

"그래서 네가 짜증이 많이 났구나…?" 내지 "음, 그래서 기분이 울적하구나…?" 등의 표현방식은 묻지도 따지지도 않고 상대의 감정과 생각을 있는 그대로 받아들이는 것이다.

아이가 무릎을 다쳐 우는 상황에서 어른들은 그게 울만큼 정말 그렇게 아픈지 의문을 품으며 빨리 울음을 멈추길 기다린다. 이것은 전혀 도움이 안 된다. "그렇게 아프지도 않잖아!"라고 구박하면 아이와 말다툼이 시작될 것이며, 아이는 "그렇게 아프다"라는 사실을 입증하기 위해 더 큰소리로 울어댈 것이다. 대신 이렇게 해보라.: 아이가 훌쩍거리며 "아파"라고 말한다면 부드럽게 수용하는 말투로 "아이코, 무릎이야."라든지 고개를 끄덕이고서 "아파…?"라고 말해보라. 그러면 아이는 "응!"이라 대답하고 다시 씩씩하게 나가서 놀 것이다.

때때로 우리가 정말로 필요로 하는 것은 우리의 상처와 아픔을 누군가가 온전히 이해해주고 받아들이는 것이다. 나 혼자 아파하고 괴로워하는 것이 아니라 이해해주는 누군가가 있다면 큰 위안이 된다.

배우자가 "정말 지쳤어. 내일 회사 가기 싫다."라고 말했다면 어떻게 해야 할까? 지불해야 할 고지서가 얼마나 많이 쌓였는지, 이 불경기에 직장이 있는 게 얼마나 감사해야 할 일인지, 또는 나도 너만큼이나 일하기 싫다고 언급하는 것은 아무짝에도 도움이 안 된다.

배우자가 원하는 것은 그저 인정과 수용이다. "참 힘든 하루였지…? 일 관두고 바다 놀러 가고 싶지…?"라고 말한 뒤 입을 꾹 다물고 배우자의 한탄을 충분히 들어주어라. 이렇게 화자의 감정을 온전히 받아들이면 화자가 느끼는 좌절감이 어느 정도 수그러들 것이다. 화자는 자신이 존중받고 이해받고 있음을 느끼고, 자기 혼자만 괴로워하는 고독한 존재가 아니란 것을 깨달을 것이다.

수용적 듣기는 상대가 자기 자신을 있는 그대로 인정할 수 있게 도와주고 청자의 든든한 지지를 받고 있다고 느끼게 해준다. 인정과 지지가 바로 훌륭한 듣기의 토대이다.

정확히 반복하라

상대가 한 말의 마지막 단락, 마지막 문장, 또는 마지막 단어를 반복하라. 상대가 쓴 단어, 표현, 그리고 어감을 똑같이 따라 하라.

여기서 핵심은 정확한 반복이다. 이것은 생각보다 어렵다. 피드백을 제공할 때 청자는 상대가 한 말의 내용을 곧잘 왜곡하곤 한다. 상대방 말의 의미를 온전하게 받아드리지 못하고, 자신의 사고방식을 투영시켜 자기식대로 해석하기 때문이다. 이는 상대에게 "네 말은 틀렸고, 내 말이 맞아."라는 느낌을 줄 수 있다. 말뿐만 아니라 어감과 몸짓으로도 상대의 의도를 왜곡할 수 있다.

아내가 불만을 토로한다.: "당신은 나보다 일이 더 중요하지. 내가

1순위가 아니라 당신 상사가 항상 우선이지." 남편은 아내가 한 말을 비꽈서 자신을 변호한다.: "그러니까 당신 말은 내가 우리 가족 먹여 살리려고 열심히 일하고 우리 밥줄인 상사의 말을 잘 듣는다는 거겠지." (이 기법은 논쟁에서 자기 입장을 변호할 때 활용하면 좋다.)

사람들은 자신이 편향된 피드백(biased feedback)을 제공한다는 사실을 전혀 모르는 경우가 많다. 그래서 그런 부분을 지적당하면 놀라곤 한다. 나는 듣기 훈련 워크숍에서 참가자들에게 상대의 말을 정확히 되풀이하는 연습을 많이 시킨다. 남이 내 말을 왜곡하는 것은 너무도 잘 집어내면서, 정작 자신이 그러는 것은 쉽게 알아차리지 못하기 때문에 이 연습은 필요하다.

화자는 청자의 "말 비틀기(skewering habit)" 습관으로 인해 적잖이 당황한다. 화자의 관점을 왜곡하지 않고 그가 한 말을 정확히 반복하면, 화자는 청자를 믿고 편안하게 느끼게 되며 불필요한 언쟁 또한 피할 수 있다. 이 기법은 객관성과 집중력, 그리고 많은 연습을 요한다.

위의 예시에서 남편은 아내의 말을 정확히 반복하여 이렇게 말하면 좋다.: "그러니까 당신은 나한테 일이 더 중요하고, 당신이 1순위가 아니라 내 상사가 항상 우선이라고 느낀다는 거지…?" 이렇게 화자가 했던 말을 정확히 되풀이 하는 것은 화자의 말이 청자의 관점과 해석을 거쳐 왜곡되는 것을 미연에 차단하여 화자의 입장을 존중하고 이해한다는 것을 보여준다.

친구가 이렇게 말했다고 치자.: "그 여자 나랑 이혼하면서 나한테서 모든 걸 **빼앗아** 갔어. 나를 얼마나 우습게 본 줄 알아? 그 생각만 하면 울분이 치밀어 걔를 확 죽여 버리고 싶다니까!" 이에 대한 적절한 반응으로 우리는 화자의 말을 정확히 반복하여 다음과 같이 말할 수 있다.: "그 여자 너랑 이혼하면서 모든 걸 **빼앗아** 갔구나. 너를 얼마나 우습게 봤으면… 그 생각만 하면 울분이 치밀어 걔를 확 죽여 버리고 싶은 마음이 드는 거구나…?" 또는 "그 여자가 너를 정말 우습게 봤구나… 그 생각만 하면 울분이 치밀어 걔를 확 죽여 버리고 싶은 마음이 드는 거구나…?" 또는 "울분이 치밀어 걔를 확 죽여 버리고 싶은 마음이 드는 거구나…?" 또는 간단하게 "걔를 확 죽여 버리고 싶은 마음이 드는 거구나…?"

그러면 친구는 말을 이어갈 것이다. "물론 죽이기야 하겠냐만은… 너무 분해. 그런 식으로 나를 무시하는 건 더 이상 못 참아." 청자는 그의 말을 다시 반복하면 된다.: "그런 식으로 무시하는 건 더 이상 참을 수 없다 이거지…?" 또는 그냥 간단하게 "음.. 더 이상 참을 수 없다 이거지…?" 친구는 어느 정도 진정이 되고 속내를 다 털어놓을 것이다. 이것이 바로 듣기의 목적이다.

만약 청자가 "에이 왜 그래. 그래도 사람을 죽이면 쓰나."라는 식의 반응을 보였다면 친구가 평정심을 되찾는 데 아무런 도움이 안 됐을 거다. 친구는 오히려 더 흥분하며 자신이 얼마나 억울한지 설득하려 할 것이고 전처가 정말로 "죽어도 싸다"는 점을 증명하려 애썼을 것이다. 아무튼 대화는 핵심에서 벗어나 곁길로 새게 된다.

우리가 불안하고 초조한 마음에 하는 만류나 훈계는 상대의 감정과 상처 그리고 분노를 대수롭지 않게 치부하는 행위이다. 이러한 피드백은 상대의 화를 조금도 가라앉히지 못할뿐더러 더 현명한 해결책을 찾는 데 아무런 도움이 되지도 않는다.

상대가 분노에 북받쳐 한 격앙된 말을 우리는 고스란히 받아들이지 못하고 섣불리 달래거나 이성을 되찾도록 다그친다. 이는 우리가 분노와 노여움의 감정을 불편해 하기 때문이다. 청자가 분노를 기피하고 거부하면 상대는 화를 풀 수가 없다.

상대방의 말을 정확하게 되풀이 하는 것은 상대가 감정을 추스르고 무엇 때문에 속상하고 화났는지 명확화 할 수 있도록 도와준다.

어찌할 바를 모를 때

대화 중 상대방이 너무 격앙되면 말이 장황하고 일관성이 없어지는데, 이 때 청자는 어떤 반응을 보여야 할지 막막하고 난감하다. 도무지 무슨 말을 하고 있는지 이해가 안 가기 때문이다. 이런 상황은 나를 초초하게 만든다. 나는 말 중간에 끼어들어 조언을 하거나 상대가 당면한 문제를 기피하고픈 충동이 든다. 이 때 도움이 되는 것이 바로 상대방의 말을 정확히 반복하는 거다. 계속 반복하고 반복하면 된다.

놀랍게도 갈팡질팡하던 화자는 이내 진정하는 모습을 보인다. 화자는 마음을 추스르고, 이성을 되찾고, 가능한 해결책을 모색하기 시작한다. 그리고 나에게 고마움을 표한다. 따라서 대화가 방향을 못 잡고 어수선할 때, 그 어떤 듣기 기법도 소용이 없을 때, 그저 상대의 말을 똑같이 반복하면 된다. 반복하다 보면 대화가 점차 구체화되고 명료해질 것이다.

상대가 한 말을 정확히 되풀이하는 것은 내가 가장 좋아하는 듣기 기법이다. 막막하고 난처한 대화 상황에서 나를 많이 구원해줬기 때문이다. 이 기법은 상대의 말에 전적으로 힘을 실어주어 권위를 세워주는 것이다. 간단하면서 매우 효과적인 기법이다.

감정을 환언하라

> 상대의 기분이나 감정을 나의 표현 방식으로 바꾸어 말하라.

환언은 듣기의 주요 방법으로 이미 잘 알려져 있다. 아쉬운 점은 종래의 환언법은 감정과 생각을 구별하지 않는다는 것이다. 나는 명확성을 위해 환언을 "감정 환언(para-feeling)"과 "생각 환언(para-thinking)"으로 구분하고자 한다. 우리의 말 속에는 감정과 생각이—그것이 겉으로 표현되든 함축되든—함께 섞여있기 때문이다.

감정 환언이란 상대의 기분이나 감정을 다른 말로 바꾸어 표현하는 듣기 기법이다. 상대의 말을 그저 정확히 반복하는 것과는 달리 환언은 상대가 자신의 감정을 다른 시각에서 바라볼 수 있게 해준다.

감정 환언은 상대의 말을 왜곡하는 것이 아니라 다른 표현 방식으로 치환하는 것으로 상대에게 반감을 주지 않는다. 청자로부터 자신의 감정을 그 어떤 비판도 없이 온전한 상태로 전해 듣게 되면, 화자는 자신의 감정이 존중받고 이해받고 있음을 느낀다.

감정 표현은 압력솥이 증기를 배출하는 것에 비유할 수 있다. 조리 중 증기압이 너무 많이 차면 솥이 외부로 폭발(explode)하여 감자가 사방으로 다 튀거나 내부적으로 폭파(implode)하여 감자가 다 부스러져 곤죽이 될 수 있다. 마찬가지로, 감정을 표현하지 않으면 속이 곪아 터지거나 남에게 엄한 화풀이를 하게 되는 것이다. 감정을 표현하는 사람들 중 위궤양에 걸리는 이는 거의 없다.

화자가 감정을 직접적으로 표현하지 않더라도, 억양이나 몸짓을 통해 유추할 수 있다. 화자가 드러내지 않은 마음속의 감정까지도 잘 포착하여 환언하라. 예를 들어 아내가 안도의 한숨을 내쉬며 "아 오늘 당신 일찍 귀가해서 정말 다행이야."라고 말했다면 적절한 반응으로 "내가 일찍 와서 정말 좋은가 보군…?" 또는 "듬직한 남편 보니까 안심이 가지…?"라고 아내의 말을 감정에 초점에 맞춰 바꿔 말할 수 있다.

우리가 직접 감정을 표현하든 남이 대신 표현해 주든 감정은 어떤 식으로든 표출되기만 하면 된다. 청자가 상대방의 감정을 읽어주고 표현해 주는 것만으로도 많은 도움과 위안이 된다. 누군가가 자신의 기분과 감정을 인정해주고 알아준다면 공감대가 형성되며, 격앙이나 흥분 상태는 가라앉고 이성을 회복한다.

감정을 환언할 때 시적이거나 극적인 표현을 사용하면 좋다. 누군가가 "이 똥차는 걸핏하면 고장이 나는 거야!"라고 말했을 때, 시적인 반응으로 "정말 이럴 때 열 받아 머리를 열면 열릴 것 같지…?"라고 말할 수 있고, 극적인 반응으로 "진짜 그럴 때는 열불 나서 차를 확 폐차시키고 싶지 않아…?"라고 말할 수 있다.

누구의 감정인가?

상대가 어떤 감정을 느끼든, 그것을 비판하지 않도록 주의하라. 쉽고 간편하게 "그런 감정을 느끼는구나."라며 상대의 기분과 감정을 인정하면 된다. 그 감정은 내 것이 아니라 상대의 것임을 꼭 명심하라. 즉, 상대가 자신의 감정에 대해서 누구보다도 잘 아는 전문가라는 뜻이다. 감정에 대해 왈가왈부하지 말라: "너 화가 좀 지나친 것 같아." 이런 식의 반응은 청자로서 경청해야 하는 본분을 저버리고 상대를 이기려는 것이다. 절대로 상대의 감정을 탓하거나 나무라지 말라: "이게 그렇게 화날 상황인가?" 또한, 조언도 자제하는 게 좋다: "화낸다고 상황이 나아지는 것도 아니니 이제 그만 잊어."

우리들은 분노, 증오, 또는 욕정과 같은 특정 감정들을 금기시하도록 배웠다. 그래서 이러한 감정을 느낄 때 스스로에게 솔직하지 못하고 자신의 감정을 부인하게 된다. 화난 사람에게 "너 정말 화났구나…?"라고 말하면 상대는 발끈하며 톡 쏘아붙인다. "아니! 나 화 안 났거든!" 이런 경험은 비일비재할 것이다. 감정 환언이 효과를 보지 못한 경우이다. 이럴 때는 말을 바꿔보라: "음, 화난 건 아니고 짜증이 난 거야? 아니면 속상해서…?"

상대방이 자신의 감정이 특정 감정으로 명명되는 것을 저항한다면, 상대가 받아들이는 감정 단어를 찾을 때까지 다른 표현을 시도해 보면 된다.

감정 환언은 본인과 타인 모두에게 활용할 수 있다. 자신의 감정을 다른 말로 바꾸어 표현하는 것은 자기가 느끼는 감정이 무엇인지 구체화 하고 명확히 하는 데 도움이 된다. 자신의 감정을 분명히 알고 인정할 때, 삶은 더 풍성해진다.

🎧 생각을 환언하라

> 상대의 생각을 나의 표현 방식으로 바꾸어 말하라. 생각이라 함은 발상, 견해, 관찰, 그리고 지각을 의미한다.

"생각 환언"은 바로 앞에 소개된 "감정 환언"과 매우 유사하다. 다만, 한 가지 차이점은 상대의 감정이 아니라 생각에 초점을 맞춰 환언한다는 점이다. 상대의 생각을 다른 말로 바꾸어 표현하는 것은 상대에게 자신의 생각을 객관적으로 바라볼 수 있는 기회를 준다. 청자가 자신의 생각을 어떻게 이해하고 해석했는지 알면, 자신이 의미하는 바를 더욱 구체화하고 명료화할 수 있다.

예를 들어 화자가 이런 말을 했다고 치자: "판매원이란 직업이 나한테 맞을지 모르겠어. 그 영업 강의 수강하는 거 일단 보류하려고 해." 합리적인 판단이 아니라고 생각한 청자는 이렇게 말할지도 모른다.: "이봐, 그 수업을 들어야지. 영업이 네 적성에 맞는지 안 맞는지 알 거 아니야."

이런 반응은 언쟁을 낳을 수 있으며 상대의 반감만 산다.: "글쎄 시간이 없는데도. 내 재정 상태 뻔히 알잖아. 지금 당장 돈을 벌어야 한다고."

청자는 평가하거나 조언할 게 아니라 상대의 생각을 환언하면 된다.: "그러니까 생계가 해결되기 전에 영업 수업을 듣는 건 무리라는 거야…?"

그러면 화자는 이렇게 답할 것이다. "그렇지. 물론 그 강의는 판매원이 내 적성에 맞는지 알아내기 위해 필요하긴 하지만." 이런 식으로 상대의 생각을 표현을 달리하여 바꾸어 말하면, 상대가 자신의 생각에 어떤 허점이 있는지 빨리 끄집어내고 자신의 생각을 더 명확하게 할 수 있도록 도움을 준다.

생각의 명료화는 하나의 과정이다

생각을 명료화하는 과정에는 몇 가지 단계가 있다. 머릿속에서 형성된 생각을 우리는 이리저리 따져보고, 수정하고, 지속적으로 다듬고 정교화한다. 생각은 하면 할수록 더 명료해진다.

스스로의 생각을 소리 내어 말해 보는 것은 그것을 구체화하는 데 많은 도움이 된다. 자신의 생각을 귀로 직접 듣는 것과 마음속에 품고만 있는 것은 다르다. 그 생각의 근원이 자기 자신이라 할지라도 말이다.

생각 환언은 마법과도 같다. 누군가가 나의 흐릿하고 유치하고 비현실적인 생각을 다른 표현으로 바꾸어 말해준다면 객관적인 시각에서 자신의 생각을 평가하는 데 큰 도움이 된다. 내 생각이 제3자의 환언을 거치면, 명료성, 객관성, 그리고 타당성을 검토해 볼 수 있고, 훌륭한 생각은 이로써 더 완벽해질 수 있다.

생각 환언법은 타인은 물론 자신에게도 활용할 수 있으며, 생각을 구체화하고 명료화하는 데 도움을 줄 것이다. 그리고 명확성은 새로운 발상과 가능성으로 이끌고 갈 것이다.

🦻 감정과 생각 사이를 규칙적으로 오가라

상대가 감정과 생각 중 어느 한쪽에 너무 오랫동안 몰입하지 않도록 하라. 즉, 배(stomach)와 머리(head) 둘 중 한쪽으로 치우치지 않게 하라.

감정은 상황에 대한 개인의 반응으로 행동의 동기가 된다. 생각은 상황에 대한 인지와 분별로 행동의 판단 근거가 된다.

감정은 생각으로 이어지고, 생각은 다시 감정으로 이어진다. 감정과 생각은 동반자로서 청자는 두 가지를 모두 읽어낼 수 있어야 한다. 둘 중 하나라도 간과하면 상대의 말을 반만 이해하게 된다. 훌륭한 듣기의 원칙 중 하나는 바로 감정과 생각의 상호작용을 명확하게 아는 것이다.

대화 상대로 하여금 배(stomach)와 머리(head)를 왔다갔다 하도록 인도하는 것은 상대가 성숙한 결정을 할 수 있도록 돕는다. 감정과 생각은 연결되어 있어서 올바른 판단을 내리기 위해서 두 가지 모두 살펴봐야 하기 때문이다.

우울하다고 자신이 우울하다는 감정에만 매달리면 더 우울해진다. 배우자가 밉다고 불평만 늘어놓고 부정적인 생각만 하면 울화가 치밀어 오를 뿐이다. 감정이나 생각을 오래 붙들고 있을수록, 감정은 더 심화되고 생각은 더 흐릿해지기만 한다. 이렇게 되면 현명한 판단을 내릴 수 없다.

감정과 생각 사이를 오가면서 이 두 가지가 어떻게 상호작용하는지 볼 수 있다. 이는 감정을 진정시키고, 생각을 더욱 명확하게 해주고, 본인이 처한 상황에 대한 통찰력을 지닐 수 있도록 도와준다. 예를 들면 다음과 같다.

화자: "그 인간 나한테 재떨이를 던졌다니까요. 매번 그런 식이에요. 무식한 인간."

청자: "그러니까 당신한테 재떨이를 던졌다고요? 무서웠겠어요…" (생각에서 감정으로)

화자: "처음에는 무서웠는데, 나중에는 화가 나더라고요."

청자: "무섭고 화가 났군요. 그래서 어떻게 했나요…?" (감정에서 생각으로)

화자: "고함쳤어요. 그리고 그의 골프채를 부숴 버렸어요."

청자: "골프채를 부쉈다… 기분이 어땠나요?" (생각에서 감정으로)

화자: "어찌나 고소하던지, 기분이 한결 나아졌어요."

청자: "속이 후련해졌군요. 그 다음은 어떻게 됐어요?" (감정에서 생각으로)

화자: "화를 가라앉히려고 집 밖으로 나와서 동네 한 바퀴 돌았어요."

청자: "좀 걸으니 기분이 나아졌나요?" (생각에서 감정으로)

화자: "별로요. 그 골프채 가격을 생각하니 속이 좀 따갑더라고요. 내가 사 준 건데…"

청자: "비싼 골프채 가격이 생각나서 찜찜했군요. 골프채가 계속 마음에 걸리던가요…?" (감정에서 생각으로)

화자: "아니요. 사실 골프채가 중요한 게 아니라 제 결혼생활이 중요한 거죠."

청자: "그러니까 골프채 망가뜨린 건 아무렇지 않은데, 결혼생활이 걱정되는군요…?" (생각에서 감정으로)

화자: "네. 부부관계가 더 악화되기 전에 모든 걸 되돌리고 싶어요."
청자: "관계를 회복하고 결혼생활이 원만했으면 하는군요… 그래서
　　　방법은 찾아봤나요…?" (감정에서 생각/행동으로)

화자: "네. 부부 상담을 받아보려고요."

　청자는 화자가 감정과 생각 사이를 규칙적으로 오가게끔 유도하여 자신의 감정이 사고와 행동, 그리고 상황에 어떤 영향을 미치는지 볼 수 있도록 도왔다(역으로 사고와 행동 그리고 상황이 감정에 어떤 영향을 미치는지도). 그 결과, 화자는 진정되었고, 생각을 더 명료하게 할 수 있었으며, 해결책을 향해 나아갈 수 있었다.

　초초하고 불안하고 뭘 어떻게 해야 할지 모르는 상황에서 이 방법은 유용하다. 자신에게 직접 활용해보라. 감정과 생각을 번갈아 집중하면 감정은 수그러지고 생각은 명료해진다. 감정이란 상황에 대한 개인의 본능적 반응을 의미하고, 생각이란 그 상황에 대한 인지와 분별을 뜻한다.

　요약하자면, 감정과 생각의 교대는 격앙된 감정을 가라앉히고 이성적이고 선명한 생각을 할 수 있게 해준다. 이는 통찰력을 길러주고 현명한 판단과 행동으로 이어진다.

🦻 양손을 사용하여라

> 양손을 번갈아 사용하여 화자의 뒤섞인 감정을 이해한다는 것을 보여주어라.

　많은 사람들은 한 번에 여러 감정이나 동기를 느끼는 것은 좋지 않으

며, 하나의 생각에만 집중하는 것이 바람직하다고 믿는다. "이것 아니면 저것"의 논리를 적용하여 모두 가지는 것은 옳지 않다고 생각하는 것이다. 따라서 사람들은 애정과 증오의 감정을 동시에 느끼면 자신에게 문제가 있다고 생각하고 혼란스러워 한다. 이런 혼란은 현명한 결정을 내리는 데 있어 걸림돌이 된다.

청자는 손동작을 이용해 화자로 하여금 자신의 복합 감정을 편안하게 받아들일 수 있도록 도울 수 있다. 양손을 번갈아 펼치면서 화자의 모든 감정을 이해하고 인정한다는 것을 보여주는 것이다.

예를 들어: "(오른손을 펼쳐 들어 올리면서) 한편으로는 그녀를 사랑하면서 (왼손을 펼쳐 들어 올리면서) 다른 한편으로는 고백하기 무섭다고…?" 또는, "(오른손) 사랑을 느끼면서도 (왼손) 한편 화도 난다고…?"

또 다른 예: "한편으로는 고급 보트를 사고 싶지만 다른 한편으로는 돈을 모아야 한다고…? 또 자동차를 구매하고 싶으면서도 한편으로는 집 대출금을 갚아야 한다고…? 여러 가지 생각으로 마음이 복잡하겠구나…" 이런 식으로 한 손에서 다른 손으로 왔다갔다 하는 손동작을 이용해 상대가 느끼는 여러 감정을 다 다룰 수 있다.

손이라는 신체를 이용하여 상대방에게 한번에 여러 감정을 동시에 느끼는 것이 이상한 게 아니라는 안심을 줄 수 있다. 이 듣기 기법은 복합 감정이 지극히 정상이라는 인식을 심어주어 상대가 중요한 결정을 내릴 때 도움을 준다.

𝕐 감정을 점수로 표현하라

> 화자에게 감정이 느껴지는 강도에 따라 1부터 10까지 점수를 매기게 하라. 이렇게 하면 화자는 자신의 감정 상태를 정확히 파악하고 서로 비교할 수 있다.

1부터 10까지의 척도를 이용하여 화자가 느끼는 감정이 얼마나 강한지 파악할 수 있다. 화자에게 이렇게 요청하라: "1부터 10까지의 척도로 당신의 감정에 점수를 매겨보세요."

약혼녀와 결혼하고 집을 살 것인지 밤낮으로 고민하는 청년의 경우 이렇게 답할 수 있다: "결혼에 대한 두려움이 커요. 이건 10점이에요. 그런데 여자 친구를 무척 사랑해요. 이건 100점이죠. [어떤 감정들은 주어진 척도로 순위를 매길 수 없다. 10을 훨씬 넘어선다. 이는 청자에게 확실한 참고가 된다.] 집을 구매하는 것에 대한 특별한 감정은 없어요. 미미한 정도죠. 자가 소유에 대한 조금의 불안감이 4점 정도 돼요. 동시에 기대감이 7점 정도 되고요. 그냥 제가 괴로운 이유는 그녀를 사랑하지만 제가 아직 준비가 덜 돼서 실수하는 건 아닐까 하는 두려움 때문이에요."

이런 식으로 청자는 화자가 느끼는 감정의 정도를 번호로 치환하여 표현하게 함으로써 화자가 자신의 감정 상태를 정확히 인지하고 묘사할 수 있게 도와준다. 이로써 합리적 의사 결정은 훨씬 수월해진다.

특례: 남자의 감정

남자가 여자에 비해 감정에 둔하다는 것은 일반 상식이 되어버렸다. 즉, 남자는 자신의 감정을 잘 인지하지 못하고, 알아도 표현이 서툴다는 것이다. 그렇다면 점수 매기기는 남자에게 효과가 있을까?

대체로 효과가 있다. 대부분의 남자는 숫자를 좋아한다. 그들은 자신의 감정에 점수를 매기는 일을 능숙하게 잘 해낸다. 따라서 짜증이 난 남자의 정확한 감정 상태가 궁금하다면 이렇게 질문하라: "그렇게까지 짜증난 건 아닌 것 같고… 얼마나 짜증나고 신경 쓰이는지 1에서 10사이의 숫자로 표현해 줄래?" 남자는 망설임 없이 대답할 것이다. "4" 또는 "6"이라고.

대부분의 남자는 자신이 느끼는 감정이 무엇인지 알지만 표현이 서툴다. "감정"이라는 단어만 들어도 피곤해하고 지레 겁을 먹는다. 그런데 감정을 번호로 표현하는 것에는 큰 거리낌을 느끼지 않는다. 이 접근방식을 시험하기 위한 한 방법으로, 식사 메뉴를 정해야 하는 상황에서 기호에 따라 음식에 점수를 매겨 볼 수 있다. 음식은 호불호가 갈리기 때문에 마이너스 10에서 플러스 10까지의 척도를 적용해야 한다.

남자가 "난 정말 아무거나 먹어도 상관없어. 네가 정해."라고 말했다면, 이렇게 되물어라: "마이너스 10에서 플러스 10까지의 점수를 적용했을 때, 피자, 치킨, 그리고 스테이크에 대한 네 선호도를 숫자로 표현하자면?" 그러면 그는 이렇게 대답할 것이다: "음, 난 진짜로 상관없는데 굳이 숫자에 비유하자면, 피자는 마이너스 5점, 치킨은 플러스 1점, 스테이크는 플러스 5점 정도 돼."

"진짜 상관없어." 내지 "크게 상관없어."라는 말은 주로 "6" 이하를 의미하며 결코 상관없는 게 아니다. 의사 결정에 상당한 영향을 끼칠 만큼 중요한 경우가 많다.

상관있으면서 상관없다고 생각하면 현명한 판단을 내릴 수 없다.

위의 예시에서 남자는 뭘 먹어도 상관없다고 말했지만, 상대가 피자를 먹자고 제안했다면 바로 거절했을 것이다: "에이~ 피자는 별로. 아까 먹었단 말이야." 그는 정말 아무거나 먹어도 괜찮다고 생각했지만 따지고 보니 그렇지 않았던 것이다. 피자는 마이너스 5점이기 때문이다.

나의 의사소통 훈련 워크숍에 참여하는 여성들은 흔히 이 기법에 대해 의구심을 품는다. 따라서 우리는 꼭 시험해 본다. 나는 남성 참여자에게 여러 가지 음식을 쭉 나열한 뒤 지금 이 순간 가장 먹고 싶은 걸 순서대로 말해보라고 시킨다.

내 질문에 즉각 답하지 못했던 남자는 단 한 명도 없었다.

번호 매기기 기법은 다방면으로 활용할 수 있다. 이를테면 남편에게 휴가를 어떻게 보내고 싶은지 순위를 매기게 할 수 있다. 아내에게 "난 정말 어딜 가든 상관없어. 너무 비싸지만 않는다면 말이야."라고 말한 남편이 마치 기다렸다는 듯이 캠핑, 크루즈 여행, 낚시 여행, 멕시코, 상트페테르부르크, 또는 괌 등 여행지를 선호도에 따라 점수로 표현할 것이다.

낮은 강도의 감정

나와 아내가 감정을 점수로 표현하는 기법을 적극적으로 활용하면서 그녀가 9점이라고 표현한 기대감의 정도가 나에게는 4점 정도의 기대감과 맞먹는다는 것을 깨닫게 되었다. 아내가 "짜증이 살짝 난다"라고 말할 때 짜증의 정도는 3점인 반면 나는 1.5점 정도밖에 안 된다. 또한 어떤 친구는 10점을 훨씬 웃도는 수준으로 흥분하며, 화가 날 때는 항상 5점 이상으로 격앙된다는 점을 발견했다.

동일한 감정이라도 그 정도가 사람마다 다르다는 점을 반드시 감안해야 한다. 상대방이 느끼는 감정의 수준이 다른 사람들과 비교했을 때 더 강한지 약한지 파악할 필요가 있다.

내가 불편함, 화, 갈망, 또는 두려움 등의 감정을 느낄 때 아내에게 숫자로 치환하여 2점 정도 된다고 전하면, 아내는 "낮네?"라며 맞받아친다. 그리고 자신은 4에서 5정도라고 말한다. 이 간편한 기법은 우리가 자기 자신과 서로를 더 잘 이해할 수 있도록 도와준다.

감정을 번호로 치환하여 표현하는 이 편리한 기법은 의사결정을 더 수월하게 해준다. 많은 부부와 연인들이 이 방법이 중요한 결정을 내리는 데 많은 도움을 줬으며, 내게서 배운 듣기 기법 중 가장 유익했다고 나에게 수년 후 찾아와 감사의 마음을 전하곤 한다. 일상생활 전반에 걸쳐 잘 활용하고 있다고 입을 모아 얘기한다.

자신과 타인의 속마음에 귀기울이고 이해하는 데 있어서 감정을 번호로 표현하는 것은 매우 유용하다. 점수 매기기는 명확한 감정을 바탕으로 판단을 내릴 수 있게 하며, 나아가 주변인들과의 친근감과 유대감을 더 강화시켜 준다.

🦻 탐정 놀이를 하라

> 정보 수집을 위해 다양한 질문을 하라. 당신과 화자의 이해를 높이기 위해 정보를 분류하고, 엮고, 정리하라. 연관성과 인과 관계에 집중하며 잃어버린 퍼즐 조각을 짜 맞추어라.

소설가 수 그래프튼(Sue Grafton)이 집필한 추리 소설 시리즈의 주인공인 킨지 밀혼이 주로 써먹는 범죄 수사 방식을 참고해 보자. 그녀는 사설 탐정인데, 수집한 정보의 세부 사항까지 인덱스 카드에 기록하여 핀을 꽂아 커다란 게시판에 붙여놓는다. 이렇게 하면 사건을 한 눈에 볼 수 있어 분류와 정리가 용이하고, 연관성을 추론하고 사라진 퍼즐 조각을 쉽게 알아챌 수 있어 다음 단서를 찾아내는 데 도움이 된다.

모든 상황에는 과거, 현재, 그리고 미래가 있다. 중요한 인물, 사건,

그리고 원인을 밝혀내기 위해서는 상황을 완전히 간파하고 있어야 한다. 잃어버린 퍼즐 조각을 맞추기 위해 상대에게 무엇이 이 상황을 초래했으며, 현재 상황이 어떻게 흘러가고 있으며, 이것이 앞으로 몰고 올 파문이나 결과에 대해 질문하라. 전체적인 그림이 그려지면서 당신과 화자는 문제상황을 더 잘 이해하고 해결책을 모색할 수 있을 것이다.

청자는 화자를 대할 때 화자가 스스로 생각하고, 관찰하고, 의문을 품고, 조사하고, 자신의 힘으로 문제 상황을 해결했다는 느낌이 들도록 해야 한다. 이것은 화자에게 어떤 상황도 극복할 수 있다는 자신감을 준다. 자신감은 화자가 미래에 더 적극적이고 창의적으로 위기를 돌파할 수 있게 해준다.

인생 계획

내 아내는 우리 가족의 인생 설계자이다. 그녀의 주도 아래 우리는 플립차트(flip chart)에 앞으로의 삶을 종종 그려보고 계획하곤 한다. 현재의 삶과 당면 문제를 차트 위에 적어서 우리 가족의 인생이 한눈에 들어오도록 한다. 그리고 그 정보를 범주화하고 분류한다.

이렇게 하면 우리가 지금 생각하고, 행하고, 필요로 하며, 고민하고 해결해야 하는 것이 무엇인지 쉽게 파악할 수 있다. 그 다음, 우리가 여태 살아온 나날들을 점검해보고 앞으로 살아갈 나날들에 대해 계획을 짜본다.

우리는 서로 번갈아 가며 말하고 경청한다. 이렇게 아내와 나는 함께 휴가, 집 리모델링, 이직, 그리고 은퇴에 대해 의논하고 장래를 계획했으며, 심지어 가사분담 같은 세세한 부분까지도 규칙을 정하였다.

우리는 계획대로 잘 실천하고 있는지 점검하기 위해 연말 검토를 한다. 작년 같은 경우는 3일에 하루 꼴로 여행을 다녔더라. 그러니 집안 꼴이 엉망이었고 일에서 뒤처지는 게 당연했다. 따라서 올해는 여행을 줄이고 가정과 일에 집중하기로 했다.

질문은 신중하게

경고: 질문은 위험할 수 있다. 특히 질문자가 여자보다 남자의 경우 더 그러하다. 질문은 자칫하면 화자로부터 주도권을 탈취해 대화에서 우위를 점하려는 행위로 이어질 수 있기 때문이다.

청자는 비판이나 평가를 질문으로 위장할 수 있고 (페리 메이슨/ 간접 화행), 질문한답시고 상대의 말을 중간에 잘라먹고 끼어들거나, 상대를 밀어붙이고 압박할 수 있다: "도대체 뭘 했기에, 그런 문제가 발생한 거야?" 또는 "그래서 계속 기분이 안 좋아? 툴툴 털어버리고 잊을 때도 됐잖아?" 또는 "왜 그랬어?". 청자는 이런 질문을 지양하고, 인내심을 갖고 상대가 말을 마칠 때까지 귀기울이고 집중하는 모습을 보여야 한다.

상대가 다른 주제로 넘어갈 준비가 될 때까지 청자는 경청하고 묵묵히 기다려줘야 한다.

악의적 질문은 날카로운 공격이 되어 상대에게 큰 타격과 정신적 혼란을 줄 수 있다.

유익한 질문이란 상냥함과 참을성이 수반된 질문을 의미한다. 모범적 청자는 화자의 속마음까지 이해하려고 노력하며 자신의 견해를 피력하거나 강요하지 않는다.

상대의 말에 집중하여 문제 해결의 단서를 찾아라.: "모순되는 것들을 여러 개 말했는데… 이 모든 것의 의미가 뭐라고 생각하니…?" 그리고 참을성 있게 기다려라. 화자도 생각할 시간이 필요하다. 화자의 말을 경청하고 드러나지 않은 내용까지 유추하고 파악할 수 있어야 한다.

우리는 궁금한 것이 있으면 생각이 온통 그거에 쏠려 경청하지 않고 상대의 말이 끝나기가 무섭게 질문을 던진다. 상대의 말에 귀기울이지 않고 관심이 엉뚱한 곳에 있으므로 상대가 제공하는 단서를 놓쳐버리기 일쑤다.: "아니 그래서 돈은 왜 그렇게 많이 쓴 거야?" "왜"라는 의문사가 들어간 질문치고 정말로 정보를 구하기 위한 것은 거의 없다. 대부분 대상을 비난하며 문제 삼으려는 의도가 깔려 있다.

감성적 말하기(Heart talk)를 통해 질문을 부드럽게 다듬어라.: "네가 무엇 때문에 화가 났는지 정말 궁금한데, 그 이유를 말해주겠니…?" 또는 "난 …에 대해 더 알고 싶은데, 알려 주겠니…?" 또는 "이 문제가 너에게 매우 중요해 보이는데, 너에게 어떤 영향을 미쳤는지 말해주겠니…?"

이와 같이 탐정 놀이를 하듯이 상대의 상황과 기분을 고려한 적절한 질문을 한다. 적절한 질문은 추궁하고 비난하는 듯한 어조를 방지하고, 상대가 제공하는 중요한 정보와 단서를 포착하게 해 준다.

조심스러운 질문법은 청자와 화자가 필요한 정보와 단서를 찾을 수 있도록 해주며, 결과적으로 의사결정을 하는 데 도움을 준다. 게다가 청자는 화자의 경험을 통해 교훈을 얻을 수 있으며, 화자는 자신의 삶의 분명한 목적과 방향을 설정할 수 있을 것이다.

추측하라

화자의 말을 듣고 그의 상황이나 형편을 추측해보라. 자신의 추측을 짧게 말하고 들어맞는지 화자의 반응을 확인하라.

추측은 청자와 화자 모두에게 현실을 직시할 수 있는 기회를 제공한다. 추측하는 것은 청자가 화자의 말에 귀기울이고 있고, 흥미를 느끼며, 함께 생각하고 있음을 보여준다.

이렇게 한번 말해보라: "내 예감에 네가 지금 처한 상황을 알 것만 같아. 맞는지 안 맞는지 잘 들어봐…. 어때? 내 짐작이 맞아…?" 또는, "네가 한 말을 종합하자면 이직을 생각하고 있는 것 같은데… 어때? 내 직감이 적중했어?"

문장부호 "…?"의 의미는 앞에서 밝혔다시피 대화의 주도권을 쥐고 있는 사람은 화자라는 점을 분명히 하기 위함이다. 대화의 주도권을 가져가는 것을 방지하기 위해 청자는 자신의 짐작과 추측을 간단명료하게 전달하는 데 그쳐야 한다. 그러면 청자의 생각이 대화 주제가 되어 화자의 말을 잘라먹는 일은 없을 것이다.

추측이 들어맞는가 안 맞는가는 중요한 게 아니다. 물론 청자의 예상이나 추측이 적중한다면 화자에게 자신이 당면한 문제 상황을 제3자의 눈으로 객관적으로 볼 수 있는 기회가 주어질 것이다. 그러나 부분적으로 들어맞거나 완전 빗나간 추측도 도움이 된다. 청자가 잘못 이해한 부분이나 놓친 부분을 화자가 바로잡고 짚어주기 때문이다.

청자의 추측에 대하여 화자는 이렇게 반응할 것이다: "음, 마지막 거는 완전 적중했는데, 첫 번째 짐작은 조금 빗나갔어. 근데 한번 생각해 볼 가치가 있는 것 같아." 또는, "아니, 그런 건 아니야. 근데 네 말을 들어보니 내 문제가 뭔지 알 것 같아. 고마워." 또는, "듣고 보니 네 짐작이 일리가 있네. 이직은 생각해 보지 않았는데, 좋은 해결책이 될 수 있겠어. 한번 고민해 봐야지."

추측은 유익한 듣기 기법이다. 화자가 자신의 생각을 검토하고 명확하게 다듬을 수 있는 기회를 주고 자신의 제한된 시야를 벗어나 발상의 전환을 가져올 수 있기 때문이다.

◌⃛ 상대방의 말을 중단시켜라

> 화자가 열네 가지의 주제를 다 다룰 때까지 기다려주는 예의는 필요 없다. 정중하게 화자의 말을 중단시키고, 이해가 잘 안가거나 애매모호한 부분에 대한 설명을 요청하라. 대화가 진행되는 중간 중간 짤막한 피드백을 해도 좋다.

우리는 상대방의 말을 중간에 잘라먹고 끼어드는 것은 무례하다고 배워 왔다. 그래서 상대의 얘기를 끝까지 들어주다 보면 앞에 한 말을 잊어버리게 되고 어떤 피드백을 해야 할지 몰라 당황해 하곤 한다.

듣기 기법으로써 말 중단시키기는 상대가 대화 앞부분에 한 말을 잊어버리는 것을 예방하고, 청자로서 귀기울이며 집중하고 있다는 것을 상대방에게 보여줄 수 있다. 화자는 말을 하면서 자신의 생각과 감정을 쏟아붓는데, 청자가 길을 잃거나 앞에 한 말을 잊어버리면 적절한 피드백을 제공할 수 없다.

화자의 말을 듣기만 하고 마냥 기다리는 게 능사가 아니다. 화자는 청자가 경청하고 있는지 긴가민가하게 되고, 초초해 하게 되고, 혼자서만 대화에 참여하는 것 같은 기분이 들어 조급한 마음에 횡설수설할 것이다. 이렇게 되면 화자는 이성과 합리적 문제해결능력이 저하되고, 감정에 치우쳐 책임전가와 비난만 하게 된다.

듣기란 상대의 말을 한 귀로 듣고 한 귀로 흘리면서 겉으로는 끝까지 "들어주는 척"하는 표면적 예의와 모양새를 갖추는 것이 아니다. 듣기란 상대방의 생각과 감정에 공감하며 이해하고 수용하는 자세로 상대의 말을 귀담아듣는 것이다. 화자의 말을 잠시 중단시키는 것의 의미는 듣기를 완전히 중지하거나 말하기를 시작하거나 대화의 주도권을 차지하거나 평가나 비판을 해도 된다는 뜻이 결코 아니다.

정중하게 끼어들어라: "잠시만. 좀 전에 네가 말한 세 번째 요점,

자세히 설명해 주겠니…?" 또는, "다퉜다는 거에 대해서 잘 못 들었어. 그래서 네 기분이 어땠다고…?" 또는, "아까 차에 대해서 한 말 잘 이해가 안 가서… 무슨 의미야…?"

이해가 안 가면 화자의 말을 잠시 중단시켜라. 감정과 생각 사이를 규칙적으로 오가라. 추측하라. 질문하라. 상대의 감정과 생각을 환언하라. 상대의 말을 정확히 반복하라. 그저 듣기만 하면 화자의 문제 해결에 도움이 되는 중요한 단서를 놓치게 된다. 또한, 화자는 당신이 듣는 둥 마는 둥하며 자신의 얘기에 별로 관심이 없다고 생각할지도 모른다. 듣기는 많은 노력과 참여를 요한다.

말 중단시키기 기법은 듣기-말하기 과정이 마치 한발 다가가면 한발 물러서는 춤과 같음을 상기시켜 준다. 상대의 말을 중단시키는 것은 말하기-듣기 과정에 두 사람이 참여한다는 것을 의미한다. 화자가 자신의 생각을 청자에 대한 배려 없이 모호하게 표현하는 것을 방지하고 청자의 피드백을 통해 자신의 생각을 명료화 할 수 있는 기회를 준다. 나아가 현명한 의사결정을 내릴 수 있도록 돕는다.

자신의 감정을 밝혀라

경청하는 동안 강한 감정이 복받쳐 오르면, 그것을 화자와 공유하라. 단, 자신의 감정 얘기는 짧고 간단하게 하고, 화자의 주제로 곧장 돌아가 집중하라.

자신의 이야기가 인간적 반응을 이끌어낸다는 점, 즉 청자가 감정적으로 참여한다는 점은 화자에게 용기와 자신감을 북돋아 준다. 이런 점에서 대화 중 갑자기 복받쳐 오르는 강한 감정적 반응을 화자와 공유하는 것은 좋은 듣기 기법이다. 감정 공유가 행여 대화의 주도권을 빼앗게 되는 위험을 차단하기 위해 청자는 자신의 감정을 간단명료하게 표현하고 곧바로 대화 주제로 돌아가 화자에게 집중해야 한다. 이를테면 이렇게 말할 수 있다: "나는 네가 그런 말을 할 때 흥분돼/짜증나/두려워 등. 아무튼 계속해서 말해봐."

여기서 핵심은 자신의 감정을 표현한 후 곧장 화자의 주제로 돌아가 집중하는 것이다.

여러 사람과 대화하다 보면, 어떤 이들은 가끔 나를 플랫브레인하게 만드는 말을 하여 집중을 흐트러지게 하고 경청하기 힘들게 만든다. 이럴 때 나는 침을 한번 꿀떡 삼키고 격앙된 감정을 어느 정도 가라앉히고 이렇게 말한다.: "이크, 제가 잠시 방심했네요. 깜짝 놀랐어요. 아무튼 하던 말씀 계속 하세요." 이런 피드백은 상대에게 내가 대화에 감정적으로 참여하고 있음을 전달해 준다. 또한 내 감정을 진정시켜 주어 상대의 말을 다시 경청할 수 있게 도와준다. 즉, 나는 상대에게 다시 집중할 수 있고, 상대는 내가 대화에 참여하고 있음을 알 수 있다.

"학교생활은 어때?" "괜찮아요."

방과 후 자녀를 차에 태우고 집으로 가면서 부모는 "학교생활은 어때?"라고 물으며 대화를 시작한다. 이에 "괜찮아요."라는 한마디의 성의 없는 대답을 들은 경험이 부모라면 다들 한번씩 있을 거다.

부모는 어떻게든 대화를 이어가려고 노력한다.: "오늘 뭐 재미있는 일 없었어?" "응." "오늘도 많이 배웠어?" "별로." "아니 학비가 얼만데 배운 게 하나 없다고?" "응." "돈 낭비, 시간 낭비가 따로 없네. 넌 학교가 장난이니?" "응." 자녀는 한마디에 그치는 방어적 대답으로 일관하며 대화를 거부하고, 부모는 천불이 난다.

방과 후 자녀와의 대화를 개선할 수 있는 방법에 무엇이 있을까? 몇 년 전 나는 중학생인 막내딸을 학교에서 데려오면서 위와 똑같은 상황을 겪었다. 불편한 침묵 속에 나는 내 자신에게 되물었다. 소통 훈련 강의에서 내가 강조하는 점이 무엇인지 되짚어 보았다.

그때 떠올랐다. 사람들은 감정을 공유하는 것에 있어서 매우 조심스럽기 때문에 자신이 먼저 마음을 열고 다가가 감정을 나눠야 한다는 이치가 그제서야 생각났던 것이다.

감정 공유는 일종의 모험이다. 상대가 신뢰할 수 있는 사람인지 정확히 알 수 없기 때문이다. 나는 그룹강의에서 참여자들이 서로 감정을 공유할 것을 요구하기에 앞서 내 감정을 우선 말한다. 내가 먼저 마음을 터놓고 안전한 사람이라는 것을 보여줘야 비로소 참여자들도 비슷한 수준으로 감정을 공유한다.

다음날 딸을 차로 데려오면서 나는 내 감정을 먼저 드러내며 대화의 물꼬를 텄다: "학교까지 운전하면서 아빠는 중학교 1학년 사회 수업에서 뭘 배웠나 생각해 봤어. 한번은 사회과 선생님이 중국에서 작은 인력거를 가져와서 보여줬는데, '중국 사람들은 키가 참 작구나'라는 생각이 들었어. 중국에 대해서 배운 거라곤 그 기억밖에 없어. 되돌아보면 그 수업은 별 도움이 안됐던 것 같아. 네 사회 수업은 아빠 때보단 낫지…?"

평소 같으면 한마디의 무성의한 대답을 했을 딸아이가 자기는 사회 수업에서 무엇을 배우고 있으며, 자신에게 사회 공부가 어떤 의미를 갖는지에 대해 30분 동안 말하는 것이었다. 우리는 집으로 오는 길에 양질의 대화를 나눌 수 있었다.

무슨 일이 일어났던 걸까? 나는 딸에게 그녀의 감정에 대해 질문하기 전에 내 경험과 감정을 먼저 밝히면서 대화를 시작했다. 이 듣기 기법은 그녀에게 내가 마음을 터놓을 수 있는 신뢰할 수 있는 사람이라는 안심을 줬다. 우선, 학창시절에 학교 수업에 실망했던 나의 경험을 말하고 딸아이의 경험에 대해 질문하였다. 내 생각과 감정을 먼저 공유하고 딸아이도 그렇게 하도록 유도했던 것이다. 그녀는 마치 기다렸다는 듯이, 기꺼이 대답하였다. 그것도 아주 길고 장황하게 말이다. 내가 먼저 나의 감정을 밝힘으로써 딸에게 자신의 경험에 대해 말할 수 있는 기회를 주고 부모가 그것을 존중하고 가치 있게 여긴다는 사실을 보여줄 수 있었다. 이를 통해 아이와의 유대감이 한층 강화되었고, 아빠로서 아이 키우는 보람을 느낄 수 있었다.

이 기법을 활용할 때, 자신의 감정에 대한 언급은 최대한 간결하게 하도록 한다. 청자는 자신의 감정을 공유함으로써 화자의 이야기에 귀기울이며 감정적으로 참여한다는 것을 보여줄 수 있다. 더 나아가 화자가 스스로를 성찰하게끔 유도하여 자아 발견을 이룰 수 있도록 돕는다. 당신은 주변인의 관계가 더욱 두터워지는 것을 보면서 이 기법의 효과에 감동하고 놀랄 것이다.

해독

> "내가 이해하기론 …인데, 이게 당신이 의미했던 바인가요…?"라고 질문하여 확인하면서 메시지를 해독하라.

우리 문화는 말을 "암호화"하도록 가르쳤다. 말할 때는 실제로 의미하는 바와 다르게 표현하고, 들을 때는 화자의 의도와 상관없이 예상하거나 기대한 대로 해석하도록 말이다. 결과적으로 우리는 의미하는 바를 정확하게 표현하지 못할 뿐만 아니라, 들은 대로 해석하지도 못하는 것이다. 이러한 이중 여과장치는, 우리가 상대의 속마음까지 꿰뚫어 보는 법을 배우지 않는 이상, 원활한 의사소통을 어렵게 만든다.

"의도-표현-예측-이해 증후군"으로 인해 우리가 주고받은 말이 어떤 과정을 거쳐 왜곡되고 곡해되는지 살펴보자. 부부 간의 대화를 예를 보여주겠다.:

화자인 남편이 아내에게 "하고자 하는 말"(의도)은 다음과 같다: "여보, 나랑 애들을 위해 헌신해줘서 정말 고

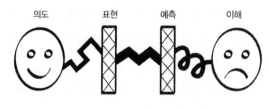

마워. 사랑해. 그런 의미에서 당신이 원하는 걸 해주고 싶어. 오늘은 좀 쉬고, 함께 외식하고 당신이 보고 싶어 했던 영화 보러 가자." 그러나 현실은 어떠한가? 남편이 "실제로 하는 말"(표현)은 다음과 같다: "아이 봐 줄 사람 구해봐. 당신이 보고 싶다고 귀에 딱지 앉도록 말한 그 영화 보러 가자."

청자인 아내는 이번 주 내내 바빠서 얼굴도 제대로 못 본 사람이 영화 보러 가자는 말을 하니 잠자리를 원하기 때문일 것이라 생각한다. 아내는 남편의 말을 자신이 예측한 대로 해석한다. 그녀가 들은(해석한) 남편의 말은 다음과 같다: "외식하고 영화 보여줘야지 밤에 거절 안할 거 아니야." 따라서 아내는 "꿈도 꾸지마. 그런 걸로 나를 매수하시겠다? 이번 주 내내 아이들이랑 나한테 얼굴 한번 제대로 비춰줬어?"라며 화를 낸다.

남편은 어리둥절해 하며 묻는다. "왜 그렇게 화가 난 거야? 당신을 사랑하는 마음에서 같이 영화 보러 가자는 건데." "웃기지마. 밤일 때문에 작업 거는 거잖아."

남편이 자신이 하고자 한 말을 암호화하지 않고 의미를 분명하게 전달했다면 이런 오해는 발생하지 않았을 것이다: "여보, 최근에 일한다고 정신이 없어서 신경 많이 못써줬는데, 이런 날 이해해주고 힘들다는

말 한마디 안하고 아이들도 잘 돌봐줘서 정말 고마워. 그런 의미에서 오늘 둘 만의 데이트를 하자. 아이들 봐 줄 사람 구할 테니까 우리 둘이 외식하고 영화 보자. 당신도 좀 쉬어야지."

하고자 하는 말을 직설적으로 표현하기 위해서는 자신이 진심으로 전달하고 싶은 말이 정확히 무엇인지 시간을 갖고 곰곰이 생각해봐야 한다.

아내의 경우 남편의 말을 해독하고 그에게 자신의 해석이 맞는지 물어봤더라면 서로 감정이 상하는 일은 없었을 것이다: "내 귀에는 당신 말이 '아내가 보고 싶다고 보채던 영화를 보면, 오늘 밤 로맨틱한 잠자리를 가질 수 있을 거다'라고 들리는데, 이게 당신의 의도로 맞나요…?"

그러면 남편은 자신의 뜻을 더 분명하게 밝혔을 거다: "아 당신이 그렇게 오해했을 수도 있겠어. 미안해. 나는 그런 뜻이 아니야. 이번 주에 내가 가정에 소홀했잖아. 당신이 가사와 육아를 전부 도맡았고. 당신에 대한 감사한 마음을 표현하고 싶었을 뿐이야. 오늘만큼은 엄마의 역할에서 잠시 벗어나 쉬게 해주고 싶었어. 당신 집에서 밥 해 먹는 것보다 외식하는 거 좋아하잖아. 외식하는 김에 당신이 보고 싶다던 영화도 보면 좋겠다 생각한 거야."

아내는 남편의 생각과 감정을 환언하여 대답한다.: "그러니까 나한테 고마운 마음을 전하고자 둘만의 데이트를 제안한 거라고…?" 이에 남편은 "응"이라고 답한다.

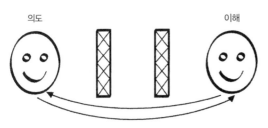

의도

이해

상대의 말이 공격적이거나 아니꼽게 들릴 때, 상대의 말을 해독하려고 노력하라. 상대가 진짜로 하고자 했던 말이 무엇인지, 다시 말해, 실제로 의미하는 바가 무엇인지 알아내기 위해

질문하라: "내가 이해하기론 …인데, 이게 당신이 의미했던 바인가요…?"/ "내 귀에는 …라고 들리는데, 이게 당신의 의도가 맞나요…?"

청자와 화자는 협력을 통해 의사소통 과정에서 "표현"과 "예측"을 건너뛰고, "의미/의도"에서 곧바로 "이해/해석"으로 도달할 수 있다. 따라서 우리는 들은 것(해석한 것)과 의미한 것에만 집중하면 되는 것이다. 이렇게 하면 서로 불필요한 언쟁을 피할 수 있고, 관계가 더욱 두터워질 것이다.

우리는 서로의 말을 정확히 기억하지 못한다

누구라도 다음과 같은 답답한 대화를 나눈 적이 있을 것이다:

샘: "너 그렇게 말 안 했잖아."
에밀리: "아니야. 그렇게 말했거든?"
샘: "이봐, 내 귀로 들은 걸 난 똑똑히 기억한다고 내 청력과 기억력에 문제라도 있다는 거야?"
에밀리: "참, 그 말을 한 사람은 바로 나라고. 내가 무슨 말을 했는지 내가 더 잘 알지 네가 더 잘 알까? 당연히 나지."

다시는 이런 의미 없는 언쟁에 시간과 감정을 낭비하지 않길 바란다. 여기서 진짜 문제점은 무엇일까? 바로 아무도 서로가 한 말을 정확하게 기억하지 못한다는 점이다. 에밀리가 기억하는 것은 자신이 한 말의 의미와 의도이지, 실제로 그것을 말로써 어떻게 표현했는지는 정확히 기억하지 못한다. 마찬가지로, 샘이 기억하는 것은 자신의 예상과 기대가 반영된 주관적 해석이지, 실제로 상대가 한 말(표현)을 기억하지 못한다. 즉, 우리가 기억하는 것은 상대의 말을 자신의 의도 또는 예측으로 변형한 것이다. 따라서 우리는 결코 서로가 무슨 말을 했는지 확실히 알 수 없다.

사실 상대방이 실제로 무슨 말을 했는가는 중요하지 않다. 무엇을 듣던 사람들은 자신의 의도와 해석을 바탕으로 생각하고 행동하기 때문이다.

이제부터 우리는 "표현"과 "예측"의 과정을 생략하고 "의도"와 "이해"에만 집중하도록 하자. 암호화된 말을 해독하기 위해서 다음의 질문을 꼭 익혀두길 바란다.: "내가 이해하기론 …인데, 이게 당신이 의미했던 바인가요…?" 또는, "내 귀에는 …라고 들리는데, 이게 당신의 의도가 맞나요…?"

시간을 갖고 상대방이 한 말의 의미와 의도를 해독하려고 노력하고, 내가 한 말을 상대방이 어떻게 해석하고 이해했는지 살펴볼 필요가 있다. 서로를 이해하려고 노력할 때 관계는 회복되고 개선되는 것이다.

감정의 강도를 맞추어라

감정의 강도를 1부터 10까지의 점수로 표현할 때, 청자는 화자의 감정 상태를 배려하여 자신의 감정을 화자를 기준으로 2점 정도에 맞추어라. 여기서 중점은 감정이 아니라 강도이다. 특정 감정을 모방하라는 것이 아니라, 강도를 비슷하게 유지하라는 것이다. 즉, 화자가 분노한다고 해서 청자도 함께 분노하라는 뜻이 아니다.

흔히 여자들은 자기는 화가 나고 속상한데 남편이라는 작자는 속도 모르고 지나치게 차분하고 논리적으로 나오는 게 너무 얄밉다고 불평을 하곤 한다. 이런 남편의 태도는 아내의 화를 더 돋우기만 한다. 많은 남자들이 하는 착각 중 하나가 바로 아내가 격앙됐을 때 차분하고 이성적으로 대하면 진정될 것이라고 생각하는 것이다.

"논리적"인 남편의 "차분함"은 아내에게 무관심, 무신경, 무감각으로 느껴진다. 여자는 공감해주는 이 한 명 없이 자신의 감정을 혼자서 감당하고 해결해야 한다. 여자에게 이는 마치 벼랑 끝에서 가느다란 나뭇가지 하나를 부여잡고 떨어지지 않으려 안간힘을 쏟는 것과 같다. 스스로의 감정에 압도당하고 절망과 분노를 느끼게 된다.

감정의 강도를 점수로 표현했을 때, 7점 정도로 격앙된 여자가 있다고 치자. 이 여자는 남편이 0에서 1 사이의 메마른 감정으로 일관하자 화가 치밀어 오르고 7점이었던 감정이 10을 훨씬 넘어서 15까지 격앙된다. 남편이 적절한 듣기 기법을 활용하여 자신의 감정을 아내에게 맞춰 조절한다면 (아내를 기준으로 자신의 감정을 2점 정도의 강도로 끌어올린다면), 아내는 남편이 경청하고 자신의 감정을 존중하고 있음을 느끼고 문제 상황을 타개할 희망을 찾을 것이다. 격앙됐던 아내의 감정은 이내 진정이 되어 몇 점 떨어질 것이다.

여자의 감정 상태를 어떻게 배려하고 반영하라는 건지 도무지 갈피가 안 잡히는 남자들을 위해 구체적인 예를 들어 설명하겠다. 보고 있던 신문이나 책을 내려놓고, 컴퓨터나 텔레비전을 *끄고*, 아내를 향해 몸을 돌리고, 눈을 맞추며, 목소리에 억양을 넣거나 톤을 살짝 높이고, 조금 극적인 표현을 사용하며, 오로지 아내(연인)의 고민과 관점에 온 집중을 기울여라. 조용한 방으로 옮기거나, 외식하러 나가거나, 산책을 하거나, 아이들을 피해 잠시 외출하여 대화를 나누는 것도 좋은 방법이다.

물론 남자도 아내에게 자신의 감정은 안중에도 없다는 기분이 들 때가 있다. 이럴 때 아내는 위에 묘사된 듣기 기법을 이행하면 된다. 우리가 필요로 하는 것은 말을 들어줄 사람이 아니라 감정을 들어줄 사람이라는 사실을 명심해야 한다. 따라서 듣기에 임할 때는 상대의 감정을 배려하고 공감하며 감정적으로 참여하는 자세를 보여야 한다.

이 책의 핵심은 우리가 서로의 입장을 헤아리고 존중하며 속마음까지 귀담아 들을 수 있어야 한다는 것이다. 상대의 감정 상태를 고려하여 자신이 느끼는 감정의 강도를 상대에 맞추는 것이야말로 그것을 실천하는 첫걸음이다.

🦻 모르면 모른다고 인정하라

> 상대의 말이 이해가 안 되거나, 무슨 상황인지 갈피를 못 잡거나, 어떤 피드백을 해야 할지 모르겠다면 솔직하게 말하라. 그리고 다른 듣기 기법을 활용하면서 대화를 계속 진전시키면 된다.

모른다고 인정하는 것은 어렵다. 그래서 많은 사람들은 몰라도 아는 척 하는 경우가 많다. 그러나 화자의 말을 경청하고 진심으로 도움을 주고 싶다면 청자는 모르면 모른다는 것을 인정해야 한다.

무지는 영속적인 것이 아니라 일시적이라는 것을 기억하면 자신의 무지를 쉽게 인정할 수 있다. "아직" 모르는 것은 알 때까지 두번이고 세번이고 물으면 된다. 어리석은 것과 모르는 것과는 다르다. 어리석은 사람은 배워도 알지 못하며 쉽게 고칠 수 없다. (이 책의 독자는 후자는 아닐 것이다. 그렇다면 여기까지 읽지도 못했을 테니까 말이다.)

무지의 인정은 훌륭한 듣기 기법이다. 화자에게 추가 설명과 명료화의 기회를 주기 때문이다. 심지어 화가 나있는 화자라도 자신의 상황을 청자에게 이해시키려 열심히 설명할 것이다. 이렇게 말하라: "네 말이 잘 이해가 안 가. 설명해줄래…?" 또는, "다시 말해줘, 이해가 잘 안 가서 말이야…" 또는, "…까지는 알아들었는데 그 다음부터는 무슨 상황인지 잘 모르겠어."

모르면 모른다고 인정해야 대화의 흐름을 빨리 되찾을 수 있고 도움이 되는 피드백을 상대에게 제공할 수 있다. 또한 상대방은 전혀 귀찮아하지 않고 "모든 걸" 기꺼이 설명해 줄 것이다.

말을 아껴라

다음을 삼가라: 상대방이 말하는 도중 끼어들기, 상대를 대신해 문제 해결하기, 이러쿵저러쿵 조언하기, 욱하여 스스로를 변호하기, 자신이 더 흥분하여 안 그래도 심란한 상대의 마음 들쑤시기. 이렇게 하고 싶은 충동이 들면 혀를 꽉 깨물고, 입을 막고, 연필을 힘껏 움켜쥐고, 목을 가다듬고, 하다못해 담배를 피워라. 한마디로, 말을 아껴라.

청자의 주 역할은 경청하는 것이지 화자를 대신하여 문제를 해결하는 것이 아니다. 청자는 화자가 자신의 생각과 감정을 정리하고 명료화하고 문제 상황을 스스로 타개할 수 있도록 도우미 역할을 할 뿐이다.

개인적으로 존경하는 한 경영 컨설턴트가 말을 아끼는 것이 효과적인 듣기 기법이라고 설명한 적이 있다. 청자는 화자의 말하기 차례를 존중하고, 화자는 말하면서 자신이 당면한 상황에 대해 스스로 생각해 볼 기회를 갖기 때문이다.

말을 아낀다는 것은 말을 일체 안 하는 것이 아니라 상대의 발언권을 존중해 주는 것이다. 턱을 괴거나 어루만지며 이렇게 말하라: "흠…?" 또는, "그 문제 때문에 너무 힘들다고…?" 또는, "아이고 참. 그래서 어쩔 생각이야…?" 또는, "아휴, 어쩌다가…?"

입을 꾹 다물고 화자의 얘기에 집중하라. 입이 근질근질하면 연필을 잘근잘근 씹어도 좋다. 의자에 기대어 앉거나, 방을 한번 가로지르거나, 목을 가다듬거나, 연필을 꽉 쥐고 있어라. 이 모든 행동은 청자가 아닌 화자에게 문제 해결의 책임이 있다는 것을 상기시켜 준다. 말하는 것 말고는 뭐든지 해도 좋다. 혀에 난 이 자국은 당신이 훌륭한 청자라는 증거가 될 것이다.

자녀와의 대화에서 말 아끼기

학교를 마치고 귀가한 자녀가 식탁에 앉아 간식을 먹으며 학교생활에서 겪는 어려움이나 문제에 대해서 먼저 말을 꺼낼 때가 있다. 부모는 뒤돌아서 자녀를 바라보고 "엄마랑 같이 해결책을 의논해 볼래?"라고 말하는 실수를 범하고 만다. 자녀는 열에 아홉 뒷걸음치고 도망가기 마련이다: "아, 아니야. 아무것도 아니야. 나 혼자 해결할 수 있어."

이럴 때 부모는 자녀를 쳐다보지 말고 오히려 무관심한 척 하라. 끓는 주전자와 레인지 위의 달아오른 프라이팬을 계속 응시하며 "음, 그래서 힘들다고…?"라는 한마디만 던지고 입을 꾹 다물어라. 대부분의 자녀는 계속 말을 이어갈 것이다. 부모가 부담스럽지 않게 들어주면 편안한 마음으로 얘기할 수 있다. 잠시 후, 부모가 말할 차례가 왔을 때, 자녀가 먼저 조언을 구할지도 모른다.

물론, 다른 듣기 기법은 전혀 활용하지 않은 채 시종일관 말만 아낀다면, 그건 좋은 듣기 기법이라고 할 수 없다. 무엇보다 중요한 건 화자의 말에 대한 청자의 성의 있는 피드백이기 때문이다.

말 아끼기 기법은 청자가 화자의 상황에 대해 왈가왈부하는 것을 방지한다. 말을 최대한 아끼며 최소한의 피드백만 하는 것은 상대방으로 하여금 자신의 문제를 스스로 해결하도록 이끌어 준다.

🦻 보조를 맞추어라

많은 이들이 보조 맞추기를 어려워한다. 우리는 대부분 자신의 계획대로 일을 착착 진행하고 싶어 하기 때문이다. 따라서 우리는 자신의 속도에 맞추어 상대방이 어서 결론에 도달하기를 바란다.

화자가 문제를 탐구하고 자아를 발견하는 데까지 소요되는 시간을 존중해 주어라. 청자는 화자가 새로운 발견과 깨달음을 얻을 수 있도록 기꺼이 기다려 주고 도와줘야 한다. 화자를 압박하고 자신의 속도에 맞추어 말하도록 다그쳐서는 안 된다.

출산 과정에 비유하자면 청자는 산파이고 화자는 산모이다. 출산은 산모와 아기의 내적 시계, 즉, 생체 시계에 의해 좌우된다. 마찬가지로, 화자가 자신의 문제 상황을 살펴보고 해결책을 모색하는 과정은 시간이 많이 소요되고 인내와 주의가 필요하다. 화자에게 생각과 감정을 빨리 내뱉으라고 압박할 수 없는 것이다.

화자의 속도가 빠르지 않는 이상, 청자가 여유를 갖고 천천히 가는 것은 매우 중요하다. 상대의 얘기가 진전이 없다고 지루해 하면 집중이 흐트러지고, 집중이 흐트러지면 경청하지 못하기에 상대에게 아무런 도움을 줄 수 없다. 도저히 집중이 안 되고 못 기다리겠다 싶으면, 상대에게 조심스럽게 주제에 대해 함께 의논할 것을 제안해 봐도 좋다.

상대와 보조를 맞추며 듣기에 임하면, 자신이 진지하게 경청하고 있음을 전달할 수 있다. 생각할 시간을 충분히 주면 상대는 자신의 상황에 대해 더 깊은 이해를 할 수 있고 새로운 관점이나 해결 방안을 떠올릴 것이다.

마음의 여유를 가져라

화자의 뜻밖의 발상이나 통찰력을 받아들일 수 있도록 열린 사고와 태도를 가져라.

우리는 상대가 말하는 동안에 그의 말이 옳고 그른지 따져보고 어떤 조치를 취해야 하는지 판단하는 경향이 있다. 심지어 어떤 때는 대화가 시작하기도 전에 마음속에 정답을 정해놓고 듣기에 임한다. 이러한 예단과 편견은 상대가 처한 상황을 온전하게 이해하는 것을 가로막고 문제 해결에 걸림돌로 작용한다.

여유를 가진다는 것은 자신의 사고방식을 벗어나 새로운 가능성을 받아들일 수 있도록 마음을 개방하는 것을 의미한다. 이것은 단순히 기법이 아니다. 이것은 태도의 변화를 요한다. 태도와 사고를 개방하여 마음에 여유를 두면, 자신과 다른 사고방식을 인정할 줄 알고 뜻이 다른 이들의 의견도 존중할 줄 알게 된다.

마음속에 정답을 미리 정해놓고 편견을 가지고 상대의 말을 듣는 것은 위험하다. 진정한 의미의 듣기란 상대의 머릿속에 들어가 한마음이 되는 것이다. 이를 위해 우리는 자신의 편협한 생각과 고집을 버리고, 이를 새로운 사고방식으로 대체하는 법을 배워야 한다.

여유를 가진다는 것은 화자의 모든 생각을 받아들이고 존중할 줄 아는 열린 사고를 갖는 것을 의미한다. 화자에게 이렇게 말해보라: "우리 관점이 너무 달라서 이해하는 데 좀 힘이 들어. 일단 내 관점은 제쳐 놓아야겠어. 그래야 네 입장을 더 잘 이해할 수 있을 테니까 말이야. 이 문제에 대한 네 속마음을 듣고 싶어." 또는, "잠시만 숨 좀 돌릴게. 우선 내 관점은 옆으로 치워놔야겠어. 그래야 네 입장을 더 잘 이해할 수 있을 테니까 말이야. 무엇을 생각하고 있는지, 어떤 부분을 고려했는지, 그리고 어떤 노력을 했는지 말해 줄래…?"

상대의 관점을 이해하기 위해 자신의 관점을 잠시 치워두는 것은 마치 자신의 사고방식을 금고에 일시적으로 보관하는 것과 같다. 자신의 사고를 비워야 여유로운 마음을 가질 수 있고, 상대의 입장을 더 잘 헤아릴 수 있게 된다.

마음의 여유를 두는 것, 즉 사고와 태도를 개방하는 것은 훌륭한 듣기의 기본으로써 청자와 화자 모두의 내적 성숙을 돕는다.

상대가 던진 조약돌이 물결을 일으키게 하라

화자가 이전의 대화에서 심각한 주제나 걱정거리에 대해 얘기했다면, 그것에 대해 얼마 동안 고민해보고 추후에 그 주제를 다시 언급하라. 그리고 화자의 심경에 귀를 기울여라.

흔히 아내가 골치 아픈 주제에 대해 말하면, 남편은 어서 얘기가 끝나길 바라며 추후 그 주제에 대해 어떠한 언급도 하지 않는다. 마치 그 대화가 아예 없었던 것처럼 말이다.(반대로, 아내가 남편에게 그러기도 한다.)

마음이 아픈 주제에 대해 어렵게 말을 꺼냈는데 상대가 대수롭지 않게 여긴다면, 그것은 마치 연못에 조약돌을 힘껏 던졌는데 물결이 조금도 일지 않는 것과 같다. 따라서 중요한 주제가 무시되고 다시는 언급되지 않는다면 이는 던진 조약돌이 물결을 만들지 못하고 그대로 가라앉는 것과 같다. 청자와 화자의 마음속에는 해소되지 않은 조약돌이 계속 남아있게 된다.

청자는 이전의 대화에서 해소되지 못한 화자의 문제를 추후에 다시 언급하고 화자의 심경에 귀기울임으로써 조약돌 주변으로 물결이 일렁이게 만들 수 있다. 이는 청자가 화자의 고민거리를 진지한 자세로 경청하고 그것에 대해 깊이 고민했음을 분명하게 보여준다.

과묵한 남편은 나름대로 아내를 배려하는 뜻에서 그녀를 괴롭게 하는 주제에 대한 언급을 절대 하지 않는다. 또는, 자기 자신이 그 주제가 불편하거나 아내의 감정을 감당하기 부담스러워서 영원히 그 주제가 묻혀버리길 바라는 것일 수도 있다. 이유야 어떻든, 남편의 침묵과 외면으로 인해 아내는 혼자서 자신의 문제를 감당해야 한다. 시간이 흐르고 이런 일이 반복되면서 연못은 가라앉은 조약돌로 넘쳐날 것이다.

화가 난 배우자의 말에 귀기울이기란 무척 어렵다. 배우자가 바가지 긁는 소리를 할까 봐 문제가 된 상황에 대한 언급을 다시는 하지 않고 그 상황이 잊히기를 바란다. 또한 많은 이들은 부모의 잔소리를 싫어하며 야단맞을 수 있는 불편한 주제에 휘말리는 것을 꺼려한다. 그러나 회피하는 게 능사가 아니다. 결국 가장 소중한 사람을 잃게 되거나 사이가 소원해지는 결과를 초래하기 때문이다.

어떻게 하면 상대가 던진 조약돌이 물결을 일으키게 할 수 있을까? 구체적인 예를 보여주겠다.: 아내는 남편의 행동 때문에 화가 났다고 말한다. 이 책을 읽은 남편은 다행히 방어적인 태도를 보이지 않는다. 그는 일촉즉발의 분위기인 써드(thud)를 감지하고 바로 경청하는 자세로 전환한다. 아내는 안정된 분위기에서 그녀의 불만을 토로할 수 있었다.

며칠 동안 남편은 아내와의 대화를 돌이켜 보면서 아내의 화를 돋운 자신의 잘못에 대해 곰곰이 생각해 본다. 나중에 남편은 아내에게 먼저 그날의 얘기를 꺼낸다.: "목요일에 당신이랑 한 대화에 대해 생각해 봤는데, …이런 이유로 당신이 속상했던 것 같아." 아내가 힘겹게 내던진 조약돌이 드디어 물결을 일으킨 것이다.

남편이 건넨 이 한마디는 지난번 어영부영 끝나버린 대화의 물꼬를 다시 텄으며, 그의 훌륭한 듣는 귀는 아내의 감정을 개운하게 해소해 주었다. 그리고 아내는 남편이 자신을 소중하게 생각한다는 것을 느낄 수 있었다. 이렇듯, 상대의 생각과 감정을 이해하고 지지하는 것은 매우 중요하다.

남편은 청자가 아닌 화자가 되어 아내에게 이렇게 말할 수도 있다: "당신이 화난 이유에 대해 생각해 봤어. 앞으로는 …해서 당신이 바라는 남편이 되도록 노력할게." 시간을 가지고 상대의 문제나 고민거리에 대해 생각해 보고, 그 주제에 대해서 먼저 다시 말을 꺼냄으로써 상대가 나에게 얼마나 소중한 사람인지 전달할 수 있다. 상대는 놀라고 감동할 것이다.

소중한 이들의 호감을 사고 사랑을 받는 방법은 의외로 간단하다.

물결 만들기 기법은 부부나 연인이 함께 아이디어, 목표, 활동, 해결책, 그리고 계획에 대해 논의할 때 특히나 많은 도움이 된다. 한 번에 모든 결정을 내리기보다는, 마지막 대화가 다음 대화로 이어지는 계속되는 논의를 통해 모두가 흡족한 결정을 내릴 수 있다. 여기서 중요한 것은 천천히 시간을 두고 대화를 이어나가야 한다는 점이다.

따라서 앞으로 배우자, 친구, 또는 직장 동료가 불편한 주제에 대해 말하여도 외면하지 말라. 상대가 꺼낸 말이 물결을 일으키지 못한 채 연못 바닥에 가라앉게 해서는 안 된다.

상대가 던진 조약돌이 물결을 일으키게 하는 것은 상대의 얘기를 진지하게 경청해야 하는 청자로서 마땅히 해야 할 일이다. 이는 인간관계를 더욱 두텁게 만들어 준다.

ᗡ፡ 부정적인 생각을 긍정적인 생각으로 유도하라

> 화자가 문제 상황을 타개하기 위한 방안으로 부정적이거나 극단적인 선택을
> 할 때가 종종 있다. 청자로서 우선 경청하고 받아들여라. 그리고 화자에게 그러한
> 선택이 어떤 도움을 줄 수 있는지 질문하라.

사실 유도질문만으로는 좋은 듣기 기법이 아니다. 청자가 화자에게 자신의 관점과 견해를 간접적으로 강요하면서 대화의 주도권을 빼앗기 때문이다.

그러나 사람들은 우울하고, 화나고, 원망스러운 마음이 들고, 또는 자존감이 많이 떨어졌을 때 부정적이고 극단적인 선택을 하는 경향이 있다. 예컨대, 일을 때려치우거나, 협박을 하거나, 술을 마신다거나, 이혼을 할 생각을 한다. 우선 화자가 처한 상황을 이해하고 그의 심경에 공감해 주어라. 그리고 유도질문을 통해 화자가 이성적으로 현실을 직시할 수 있게끔 하라.

유도질문은 다음과 같이 할 수 있다: "그게 과연 도움이 될까…?" 또는, "그게 너와 사람들에게 어떤 도움을 줄까…?" 또는, "그 상황을 타개할 최선의 선택은 무엇이라고 생각해…?" 또는, "상황을 호전시키기 위한 방법에는 어떤 것들이 있을까…?" 또는, "그게 상황을 나아지게 할까? 어떻게…?" 또는, "이번 경험을 통해 배우거나 느낀 바가 뭐야? 다음에 똑같은 상황을 겪게 됐을 때 어떤 도움을 줄 거라고 생각해…?"

이렇게 청자는 유도질문을 통해 화자가 긍정적인 선택을 하도록 이끌 수 있다. 화자가 건설적이고 체계적인 해결책을 모색하도록 유도하는 것이다. 사람들은 힘든 일이 닥쳤을 때 무력감을 느끼고 손쓸 방법이 없다고 좌절하는데, 이때 청자의 유도질문은 큰 도움이 된다. 한 가지 주의할 점은 자신의 관점과 해결책을 상대에게 강요해서는 안 된다는

것이다. 발언권과 최종 결정권은 상대(화자)에게 있다는 것을 명심해야한다.

만약 화자가 방어적인 자세를 취하고 거부감을 보인다면 유도질문을 즉시 중단하라. 화자가 긍정적이고 합리적인 선택을 할 수 있는 상태로 진정될 때까지 다른 듣기 기법을 활용하라. 이것이 효과가 나타나고 화자가 건설적이고 합리적인 해결책을 찾았다면, 이렇게 말하라: "드디어 해결방안을 찾았구나. 도움이 될 것 같은데, 넌 어떻게 생각해…?"

부모의 책임

공감적, 무비판적 듣기는 청자가 마땅히 지켜야 할 자세라고 강조해 왔으나, 모든 상황에서 그런 것은 아니다. 어른은 청소년이 나쁜 길로 빠지지 않도록 인도할 책임이 있다. 우선 아이의 말을 끝까지 들어 주어라. 아이는 곧 차분해지고 부모가 자신을 존중한다는 생각이 들면서 생각을 분명하게 전달할 것이다.

자녀가 부도덕하고 파괴적인 방향으로 결정을 내렸을 때, 부모는 유도신문을 통해 아이가 비파괴적이고 합리적인 선택을 하도록 이끌거나 가족의 가치관에 어긋나는 비행을 저지르지 않도록 설득할 수 있다: "너무 억울하고 열 받아서 교장 선생님 차를 열쇠로 확 긁고 싶다고? 그게 과연 네 대학 진학에 도움이 될까…?"

듣기-말하기 순서를 교대하여 부모가 말하고 아이가 들어야 하는 차례가 왔을 때 어떻게 하면 우리 아이들이 부모의 말을 귓등으로 듣지 않고 경청하게 만들 수 있을까?

아이들도 순서교대와 형평성에 대해 이해를 한다. 하지만 다시 상기시켜 줄 필요가 있다: "네 생각을 이해해. 네 말은 …해서 …한다는 거지?

맞니? 이제는 네가 엄마(아빠) 말을 듣고 엄마 생각을 이해해 줄 차례야. 그래야 공평하겠지?"

당신이 여태 모범적인 듣기를 보여주고 자녀가 그 장점을 경험했다면, 자녀가 당신의 말을 경청할 가능성은 높다. 21장 청자 게임(식사 중)에 소개된 게임을 시도해 보고 듣기-말하기 순서 교대가 집안의 규칙으로 자리 잡힌다면 그 가능성은 더 커진다.

평소에 듣기-말하기 순서 교대를 연습하면 대화는 훨씬 수월해질 것이다. 부모는 자녀의 결정과 그것이 가져올 결과에 대한 자신의 생각을 편하게 나누게 될 것이다. 청소년을 포함한 대부분의 사람들은 강압적이고 독단적인 명령조의 말하기보다는 평가나 비판을 자제한 조심스러운 제안을 긍정적으로 고려하는 쪽으로 개선될 것이다.

부모는 상당히 오랜 시간 동안, 그것도 여러 차례 듣기에 임해야 한다. 중간 중간 말할 기회가 오지만 아주 짧게 끝나고 다시 청자의 역할로 돌아가야 한다. 이렇게 몇 번의 좌절 끝에 자녀는 드디어 부모의 말을 경청할 준비가 되는 것이다.

때때로 부모는 강경하고 단호하게 나가야 할 필요도 있다: "그런 불합리하고 파괴적인 행동은 절대 용납할 수 없어. 내가 결정을 내리고 넌 내 결정에 따라야 해. 마음에 안 들어도 어쩔 수 없어. 이게 부모로서 내 책임이고 너를 위한 결정이니까. 자녀로서의 네 책임은 내 결정에 따르는 거고!" 자녀와의 관계에 문제가 있다면 훈육 관련 전문서적을 참고하라.

유도질문은 화자가 긍정적 사고를 할 수 있는 이성을 되찾고 진정될 때까지 많은 다른 듣기 기법과 혼용해야 한다는 점을 기억하라.

상대의 원망, 좌절감, 그리고 분노를 이해하려고 노력하는 공감적 듣기를 행하라. 우선은 집중하여 경청하고, 그 다음 유도질문을 통해 상대가 부정적이고 극단적인 생각을 벗어나 건설적이고 합리적인 선택을 할 수 있도록 이끌어라.

🦻 미래를 탐색하라

듣기 과정의 후반부에 접어들면, 화자가 앞으로 어떤 결정을 내릴 것이며 어떤 행동을 취할 것인지에 대해 물어보아라.

이야기를 한참 잘 들어주다 보면, 어느새 화자의 마음도 가라앉아 있을 것이다. 그러면 미래에 일어날 일에 대해 대화를 시도해 보아라. "당신이 어떤 상황에 처한 건지 설명을 몹시 잘 해주셨어요. 그래서, 앞으로 어떻게 하실 생각인가요?" 혹은 "당신이 말씀하신 여러 가지 대안들 중 어떤 것이 가장 나아 보이나요?" 정도로 물꼬를 트는 것이 좋겠다.

혹은 "결과고 뭐고 아무 것도 상관없다면, 어떤 방법을 취해보고 싶으신가요?" 혹은 "어떤 결과가 나왔으면 좋겠나요?" 혹은 "어떤 방법이 가장 이득이고 어떤 방법이 가장 손해인 것 같나요?"도 적당하다.

혹은 "이 스트레스에서 벗어나기 위해 오늘 하려고 계획해 둔 일이 있으신가요?" 혹은 "이 스트레스에서 조금이라도 벗어나기 위해 할 수 있는 일이 있을까요?" 혹은 "무엇을 하면 이 상황을 좀 잊어버리고 즐기실 수 있을까요?"도 좋다.

혹은 "계속해서 대화를 나눴으면 좋겠군요. 제게 시간을 좀 내주시겠습니까?" 혹은 "저와 함께 시간 보내면서 좀 더 이야기 나눠보는 것은 어때요?"도 좋다.

혹은 "혹시 다른 약속이 있으십니까?"라고 물어도 괜찮다.

이렇게 물었을 때 화자가 방어적인 태세를 취한다면 아직 이 단계로 넘어갈 상태가 아니라는 것이니, 다시 앞서 언급한 '듣기 기법'을 실천하도록 해라. 화자가 위의 질문을 받아들일 수 있는 마음의 상태가 될 때까지 기다렸다가, 최종 단계인 '미래 탐색'을 실천해야 한다.

'미래 탐색' 질문을 할 때면, 화자에게 용기를 심어주는 것을 잊지 마라. 화자가 아주 현명한 사람이며, 얼마든지 스스로 훌륭한 결정을 내리고, 또 그 결정을 실천해낼 수 있는 사람이라는 것을 언급해 주어야 한다. 이것보다 더 도움이 되는 방법이 있겠는가?

19. 특수한 상황에서의 듣기 기법

　청자로서 맞닥뜨리게 되는 다양하고 일반적인 상황이 있다. 그런 상황에 대처할 수 있는 나름의 방법을 아는 것은 나에게 많은 도움이 되었다. 내가 빈번히 직면한 상황과 그 때 도움이 되는 특수한 듣기 기법들을 정리해 보았다.

　화자는 이 장에서 다룰 특수한 상황을 초래하는 당사자이며, 당신이 그런 화자일 수도 있다. 만약 그렇다면, 대처법을 알아두는 게 많은 도움이 될 것이다. 또한 당신의 말에 귀기울여줄 좋은 청자를 찾아서 문제를 논의해 보는 것도 좋은 방법이다.

　각 소제목 아래의 첫 번째 글머리 기호는 문제 상황에 대한 설명이고, 두 번째 글머리 기호는 적절한 듣기 기법을 제안한 것이다.

탐정 놀이를 하라

■ 나이 든 화자가 반복적이고 뻔하며 지루한 이야기를 늘어놓기 시작하는데 가족, 간병인, 친구, 방문객 등 모두 듣고 싶어 하지 않는 상황.
■ 이야기를 다 듣고 난 후 화자의 경험이 어떤 가르침을 주었는지, 화자에게 어떤 의미를 갖는지, 그리고 화자의 인생에 어떤 영향을 미쳤는지 질문하라.

나이 든 사람들은 똑같은 이야기를 몇 번이나 반복하는 경향이 있다. (가끔 젊은 사람도 그러하다.) 가족, 친구, 그리고 간병인은 지루함을 참지 못하고 슬며시 자리를 뜬다. 그리고 간혹 어린 아이가 따분한 감정을 곧이곧대로 표현하는 바람에 당황스러운 경우도 있다.

역설적이게도, 화자 자신도 자신의 옛 이야기를 지루해 한다. 표현은 진부하고 목소리는 심심하다. 억눌린 감정을 해소하기 위해 강박적으로 이야기를 하는 듯하다.

하지만 변하는 건 없다. 노인은 계속해서 같은 이야기를 반복하고, 우리는 듣기를 회피하기 바쁘다. 모두에게 손해인 상황이다.

지난 몇 년 간 나는 이들의 이야기가 과거의 경험담으로 그치기에는 뭔가 더 남아있는, 미완인 상태로 마무리 지어진 이야기들이 아닐까 생각하게 되었다. 이야기는 그 의의를 찾아야만 비로소 완성된다. 내 경험으로 미루어 보건대, 의미와 가치를 깨달아야만 과거의 이야기는 과거에 묻고 앞으로 나아갈 수 있다.

이 재미없는 이야기꾼들을 도울 수 있는 방법은 없을까?

화자가 고리타분한 왕년의 이야기를 늘어놓기 시작하면 우선 경청한 후 충분한 피드백을 제공하여 화자의 이야기를 주의 깊게 들었음을 보여주어라. 그리고 다음과 같이 질문하라: "그 경험을 통해 배운 바가 있나요…?" 또는 "그 경험은 당신에게 어떤 의미를 갖는가요…?" 또는

"그 경험을 통해 어떤 인생의 원칙을 발견한 것 같은데, 그게 무엇인가요…?" 또는, "그 경험이 당신의 인생에 어떤 영향을 미쳤나요…?" 또는 "그 경험을 통한 배움을 당신의 남은 인생에 어떻게 실천했나요…?"

질문의 순서는 다음과 같다.

"무슨 일이 있었나요…?"

"깨달은 바(배운 바)가 무엇인가요?"/ "어떤 의미를 갖는가요?"

"당신의 인생에 어떤 영향을 미쳤나요?"

"그 배움은 당신의 삶을 어떻게 바꿨나요?"

이러한 질문은 화자로 하여금 자신의 이야기 이면의 가치를 탐색하게끔 유도한다. 화자는 신이 나는 동시에 안도할 것이며 흥분할 것이다. 누군가 자신의 이야기에 집중하고 귀기울여준다면 똑같은 이야기를 몇 번이고 반복할 필요성을 더 이상 못 느낄 것이다.

또한 청자는 상대의 인생을 더 깊게 들여다 볼 수 있으며 무엇이 오늘의 그를 만들었는지 알 수 있다.

한 독자에 의하면 이 듣기 기법은 아이들에게도 유익하게 활용할 수 있다. 아이들이 자신의 경험에서 무엇을 배웠는지 깨닫게 도와준다. 물론 우리 자신에게도 써먹을 수 있다. 본인에게 위의 질문을 던져보라. 그러면 자기 자신에 대해 좀 더 많은 것들을 발견할 수 있을 것이다.

위의 질문을 던짐으로써 타인은 물론 자신의 삶을 더 환하게 비출 수 있다. 심지어 재미없는 모임이나 파티의 분위기를 띄울 수도 있을 것이다.

⟨귀⟩ '문제'인가 '곤경'인가?

- 화자가 딱히 이렇다 할 명확한 해결책이 없는 곤경에 처해 딜레마에 빠진 상황.
- '문제'와 '곤경'의 차이점에 대해 설명하라. 그 다음 화자가 처한 상황이 둘 중 어느 쪽에 해당하는지 질문함으로써 상황의 본질을 이해하는 데 도움을 줘라.

'문제'와 '곤경'은 엄연히 다른 상황이다. 문제는 정답이 정해져 있다. 예를 들어, 2 더하기 2는 4다. 곤경은 여러 가지 선택지가 있다. 각 선택에는 긍정적인 결과와 부정적인 결과가 따른다.

흔히 우리가 의사 결정을 어려워하는 이유는 정답, 즉 완벽한 해답을 바라기 때문이다. 완벽한 해답이란 없다. 우리는 간단한 문제를 푸는 것이 아니라 곤경에서 헤어나기 위해 결정이나 판단을 내려야 한다. 따라서 곤란한 상황에 처했을 때 하나의 완벽한 해결책을 바란다면 결코 그 상황을 타개할 수 없다. '정답'이 없다는 점을 인지하면, 곤경을 '한번에' 해결해야 한다는 강박에서 벗어날 수 있다.

화자가 딜레마에 빠졌다면 문제와 곤경의 차이점에 대해 설명해 주어라. 곧이어, 화자가 처한 상황이 둘 중 어느 쪽에 해당하는지 질문하라. 화자는 자신이 '문제'를 풀어야 하는 것이 아니라 '곤경'에 처했다는 점을 깨닫게 될 것이다. 여러 가지 해결책 중 득이 가장 크고 실이 가장 적은 방안을 화자가 선택하도록 이끌어라. 즉, 부작용이 최소이며 가장 바람직한 결과를 낳을 수 있는 선택지를 고르도록 도와주면 된다.

다음과 같이 질문하라: "이 상황에서 당신이 할 수 있는 건 무엇인가요…?" 청자의 질문에 대해 화자가 몇 가지의 해결 방안을 제시했다면 곧이어 다음의 질문을 하라: "어떤 선택이 가장 바람직한 결과를 낳고,

또 어떤 선택이 가장 부정적인 결과를 낳을 것 같나요…?" 화자의 대답을 들은 후 "당신 마음에 가장 와 닿는 방안은 무엇인가요…?" 또는 "특별히 선호하는 방안이 있나요…?" 또는 "그 방안들을 모두 시도해보는 건 어떤가요…?"라고 질문하라.

본인이 처한 상황이 단순한 문제인지 복잡한 곤경인지 상황의 본질을 정확히 파악한다면 훨씬 더 합리적인 판단을 도출할 수 있다.

𝄃 두려움이라는 장애물

> ■ 결과에 대한 두려움 때문에 화자가 의사 결정을 내리지 못하는 상황.
> ■ 화자가 상상하는 최악의 상황에 대해서 질문하고, 인정하고, 그런 상황이 실제로 일어났을 경우 어떻게 대처할 것인지 질문하라. 이 질문 패턴을 필요한 만큼 반복하라.

돌파구가 없는 불리한 상황에서 사람들은 말을 얼버무려 대화를 빨리 끝내려 하고, 겁먹고, 얼굴이 굳어지며, 애써 불안하고 불편한 생각을 회피하려 한다. 가능한 결과를 예측해보는 것을 애써 피하고 최악의 상황에 대한 우려를 애써 외면한다. 우리 모두 이러한 경험이 있다.

두려움으로 인해 결정을 내리지 못하는 상황을 대화 전문가들은 "최악의 시나리오 극복하기"가 필요한 상황이라고 말한다.

한 예로, 순탄치 않은 결혼 생활로 마음 고생하는 여성의 고민을 들어준 적이 있는데 그녀는 괴로워하기만 하고 정작 결정을 내리지 못했다. 입을 다물고 표정이 굳은 채로 결정을 내려야 하는 단계를 계속 회피했다. 떨리는 눈동자와 불안한 몸짓이 그녀의 두려움을 보여주었다. "하지만 제가 이 말을 남편에게 했다간… 그는… 그는… 아, 생각하기도 싫어요." 그녀는 말했다. 남편이 이혼을 요구할 수도 있는 가능성을 애써 외면하는 것 같았다. 나는 우선 감정 환언법을 사용했다: "남편과 허심탄회하게 얘기하고 싶지만 그의 반응이 두려운 거죠…?"

"상상하기도 싫어요." 여자는 답했다. "상상하는 것조차 싫다…?" 나는 그녀의 말을 정확히 반복했다. 여자의 감정과 생각을 있는 그대로 받아드리고 그녀가 조금 차분해질 때까지 기다린 후 최악의 시나리오에 대한 질문을 하기 시작했다. "그러니까 남편에게 그 말을 했다간 화만 돋울 것이라는 거죠? 남편이 화가 났을 경우 일어날 수 있는 최악의 상황에 대해서는 생각해 보셨나요…?"

"음, 절 떠나겠죠. 이혼하자고 하겠죠. 전 그게 너무 두려워요." "그러니까 남편이 떠날까 봐, 즉 이혼하자고 할까 봐 두려운 거죠…?" 나는 여자의 말을 정확히 되풀이하였다.

"네, (이혼) 절대 못해요." "그러니까 이혼이 당신에게 일어날 수 있는 최악의 상황이고, 그게 가장 두렵다는 말씀이죠…?" 그녀의 생각과 감정을 환언했다.

"맞아요." 여자는 답했다. 나는 그녀의 두려움을 인정하고, 만약 정말 이혼하는 상황으로 치닫게 된다면 어떻게 할 것인지 물었다. "이혼이라는 최악의 상황이 발생했다고 쳐요. 남편이 당신을 떠나기로 마음 먹었어요. 그렇다면 어떻게 하실 셈인가요…?"

"저는 그대로 무너지고 말 거에요." "남편이 떠나면 당신의 마음은 무너질 거다…? 정상 생활로 복귀하기까지 그런 무기력감이라든지 슬픔이 얼마나 지속될 것 같나요…?"

"당장 출근하는 건 무리겠죠. 그렇지만 2, 3주면 괜찮아지겠죠." "그러니까 당장 직장생활하는 데 지장을 주겠지만 2, 3주면 다시 일터로 복귀할 수 있을 거라는 거죠…?"

"네. 안 그러면 밥줄 끊기잖아요." "그렇죠. 생계를 위해 일은 계속

해야죠... 그러고 나서 어떻게 할 계획이신가요…?"

"이혼 전문 변호사를 선임해야겠죠." "변호사 선임 이후에는요…?"

"아이들과 이 집에서 계속 살 수 있는지, 아니면 새 아파트로 이사해야 하는지부터 알아볼 거에요." "아이들과 살 곳부터 알아보시겠다는 거죠…? 그 다음에는요…?"

이런 패턴으로 대화를 이어나가면 된다. 화자가 두려움에 생각이 막힐 때마다 나는 화자의 두려움을 받아드리고 인정했다. 절대 가볍게 여기거나 비하하지 않았다. 이런 식으로 두려운 상황들을 하나씩 극복할 수 있었고, 최악의 상황이 실제로 일어났을 경우 어떻게 대처할 것인지에 대해서도 생각해볼 수 있었다.

"최악의 시나리오 극복하기"에서 중요한 점은 그 다음의 상황과 대처에 대해서 질문하는 것이다. 최악의 상황이 지나간 후 어떤 다른 불리한 상황이 뒤따르는지 질문함으로써 최악의 시나리오에 대한 두려움을 등지고 앞으로 나아갈 수 있다.

"그 다음에는 어떻게 할 건가요…?"라는 질문을 받은 화자는 두려움에 갇히지 않고 빠져나갈 수 있다. 현재의 어려움과 최악의 상황이 지나가고 나면 또 다른 인생이 기다리고 있다는 점을 시사한다.

두려움을 극복할 수 있도록 이끌어줌으로써 상대에게 희망을 줄 수 있다. 이 듣기 기법은 앞 장에 나온 유도질문법과 유사하다. 우리들은 최악의 상황이 발생할지라도 더 나은 결정과 선택을 통해 어려움을 극복할 수 있고, 삶은 어찌됐건 계속된다는 점을 깨달을 수 있다.

🦻 눈물

■ 화자가 말하는 도중 눈물을 보이기 시작하는 상황.
■ 화자가 눈물을 흘린다고 해서 대화를 중단하지 않도록 한다. 그리고 눈물의
  의미가 무엇인지 알아보도록 한다.

사람들 눈에 눈물이 글썽거리거나 울기 시작할 경우 우리는 당황하면서 어떻게 해서든 그 순간을 모면하려고 한다. 중요한 문제이지만 이 문제에 대해 이야기하는 것이 고통스러울 수 있기 때문에 이야기하기를 멈추게 된다.

우리가 어찌할 바를 모른 채 아무 말도 하지 않는다면, 감정적으로 불안해하는 화자를 홀로 내버려 두는 것이 된다. 불안감을 조장하는 써드(Thud) 감정은 우리로 하여금 화자를 눈물 흘리게 하는 문제로부터 거리를 두라는 신호를 보내지만 우리는 그래서는 안 된다. 상대방의 눈물로 우리는 불안감을 느낄 수도 있지만 문제는 상대에게 매우 중요하기 때문에 이야기를 들어줄 누군가가 필요하다.

눈물을 흘리고 있는 누군가를 위로할 때 우리가 자주 범하는 실수 중 하나가 상대에게 질문을 함으로써 상대가 비방적 대답을 하도록 유도한다는 점이다. "뭐가 잘못되었나요?"나 "무슨 문제가 있나요?"와 같은 질문은 다음과 같은 비난을 불러일으킬 수 있다. "당신이 나를 실망시킨 것이 잘못된 문제겠죠." "당신이 전화하는 것을 잊었잖아요." "내가 당신을 필요로 하는 순간에는 당신은 전혀 내게 관심을 두고 있지 않아요."

우리가 상대에게 비난과 비방의 기회를 제공한 경우 거의 대부분 상대로부터 비난과 비방을 받는다. 하지만 일부 사람들은 비난 대신 답답해하며 "아무 것도 아니에요."라고 대답한다. 상대를 비난하고 싶지

않기 때문이다.

때로는 죄책감을 느낀 청자는 자신의 잘못을 불러일으킬 수 있는 질문을 한다. "내가 잘못한 게 무엇일까요?" 화자는 질문에 대답을 하면 제3차 세계 대전의 도화선에 불을 붙이는 일인 줄 알면서도 답을 하게 되고 결국 논쟁은 시작된다.

눈물을 흘리고 있는 사람들은 "내가 무엇을 잘못한 거죠?"라는 질문이 말 순서교대를 위한 화자의 완곡한 표현임을 인식하지 못한다. 그렇기 때문에 화자에서 청자로의 전환도, "그러니까 네 생각에는 너의 어떤 행동 때문에 내가 눈물을 흘린다는 거지?" 내 말이 맞아?"라고 말하는 적절한 응답도 하지 못한다. (이 정도까지 읽었다면, 여러분이 이 다음에 벌어질 일을 이미 예상했으리라 생각한다.)

눈물은 지극히 개인적이며 감동적인 상황에서 행복이나 슬픔, 불만, 분노, 실망, 흥분이나 긴장 등의 감정과 관련된다. 사람들은 어떤 대상에 열정적 감정을 느낄 때 눈물을 보인다. 누군가가 자신의 이야기를 들어주고 자신이 이해받았다는 느낌을 받을 때 사람들은 눈물을 보인다. 슬프게도 이들에게는 이런 경험이 매우 드물게 일어나기 때문이다. 그럴 때 이들에게 들어주는 행위는 큰 의미가 있다. 그리고 마음 깊은 곳에서부터 친근감과 유대감을 느끼게 된다.

누군가 눈물을 글썽이기 시작한다면 나는 다음처럼 말한다. "지금 눈가가 촉촉해지신 것 같은데요. 혹시 무슨 일이 있는 건가요?" "이 대화가 당신께는 아프고 힘드신 거 같아요." "무언가 마음이 편치 않으신 것 같은데, 혹시 어떤 것이 신경 쓰이시나요?" "눈물을 보이시니까 제가 걱정이 됩니다." "울고 싶으시면 우셔도 돼요. 제 생각에는 이 이야기가 당신께 매우 중요한 것 같은데, 이야기를 계속할까요?" 혹은 "감동 받으셨나 봐요?" "이게 당신께는 굉장히 중요한 것 같은데…" 이렇게 말한 후 상대의 반응에 따라 다양한 방법으로 듣기 과정을 계속 진행한다.

하지만 어떤 사람들은 고통스러운 상황이나 화제를 피하기 위해 눈물을 이용하기도 한다. 사람들이 눈물을 보이면 당황하여 더 이상 이야기하려고 하지 않는다는 것을 이들은 경험을 통해 배운 것이다.

누군가 상황을 모면하기 위해 눈물을 이용하는 것처럼 보이는 경우, 나는 다음처럼 말하며 듣기 과정을 진행한다. "지금 좀 불편하신가 봐요. 지금 이야기 나누는 게 곤란하셔서 눈물을 보이시는 건가요?" "무엇이 당신을 괴롭게 만드나요?" "지금 눈물을 보이시는 데 지금 말씀을 계속하실 수 있나요? 아니면 내일 아침에 조금 진정되고 난 후 다시 이야기하도록 할까요?" 상대가 계속 눈물을 보이고 심각한 상황인 경우, "이 얘기는 전혀 하고 싶지 않으신 것 같네요. 아니면 눈물에는 다른 이유가 있나요? 마음속에 담아두지 마시고 이야기하는 건 어떠신지…."

상대의 감정을 이해하며 질문을 통해 그들의 의중을 묻는 것은 상대가 이야기의 진행 여부를 스스로 결정할 수 있도록 돕는다. 청자의 역할을 할 때 상대가 울기 때문에 대화를 멈추지 않도록 한다. 청자일 때 먼저 대화를 그만두는 것은 상대방의 의사와 상관없이 상대의 문제에 대한 이야기 진행 여부를 여러분이 결정하게 되는 것이다. 그리고 상대가 이야기하려는 순간을 통제하게 되는 것이다.

청자의 역할은 이야기의 주도권을 화자에게 전적으로 양도하는 것으로, 눈물을 통해 중요한 화제를 꺼낸 화자가 충분히 이야기할 수 있게 배려하고 눈물이 그들의 치유과정의 일부가 될 수 있게 한다.

죽음 이후에 겪는 일

■ 유족 방문을 꺼려하는 상황.
■ 중요한 점은 여러분이 이미 유족을 방문하고 있다는 것이고, 이후 몇 달간 혹은 몇 년 동안은 지속적으로 그들과 그 이야기를 하게 된다는 점이다.

모든 자세한 사항을 알기 전까지 사람들은 유족 방문을 꺼려한다. 자세한 사항을 제대로 모르면 무슨 말을 어떻게 해야 하는지 모르기 때문이다. 상황을 자세히 알지 못하고 바보처럼 대처할지도 모른다는 걱정으로 슬픔을 겪고 있는 유족에게 불편함을 끼치고 자기 자신도 불편함을 느끼기 때문에 그런 것이지만, 우리는 이를 그대로 용인해서는 안 된다2).

실제로 우리가 무슨 일이 일어났는지 모르는 상황이라면, 친구들이 정황을 설명해줄 수 있다. 무슨 일이 있었는지 자세한 알지 못하기 때문에 우리는 이런 저런 질문을 할 수 있다. 이것은 지극히 자연스러운 행동이다. 상황에 대해 물어보는 것은 상실의 슬픔을 겪고 있는 사람이 자신의 감정을 나누고 자신의 상태를 이해하게 되는 시작점이 된다. 상실의 감정에 대해 대화를 많이 나눌수록 슬픔을 극복하는 데에도 도움이 된다.

어떤 사람들은 유족 방문을 망설인다. 이는 괜한 참견은 아닌지, 그 상황을 대처하는 데 익숙하지 못하기 때문에 잘 처신할 수 있을지, 유족들과 함께 하는 것이 오히려 유족들에게 상실의 감정을 더 크게 느끼도록 자극하는 것은 아닌지 등에 대한 걱정 때문이다. 사람들은 유족들에게 필요한 것이 절친한 친구나 음식이나 꽃 같은 위로의 선물

---

2) 무슨 이야기를 해야 할지 잘 모를 때에는 <18장 기본적인 듣기 기법>을 참고하도록 한다.

을 챙겨주는 어떤 특별한 도움이라고 생각한다. 주변에 다른 누군가의 존재만으로도 상실의 슬픔을 겪고 있는 사람에게 얼마나 큰 힘이 되는지 우리는 미처 알지 못한다. 슬픈 일이다. 우리는 많은 것을 잃는다. 누군가는 위로하지 못하기 때문에, 다른 누군가는 위로 받지 못하기 때문에 그렇다.

누군가를 잃었을 때 사람들은 타인의 존재를 더욱 필요로 한다. 누구도 상실의 슬픔을 혼자서는 이겨내기 힘들다.

고통스러운 순간에 주위에 자신을 위하고 챙겨주는 존재가 있다는 사실을 아는 것만으로도 상실의 슬픔에 잠긴 사람들에게는 매우 큰 버팀목이 된다. 그러므로 그런 일이 발생했을 때에는 되도록 빨리 상대를 찾아가 이렇게 말해 보자. "집안에 큰 일이 생겼다고 들었습니다. 정말인가요?" 혹은 "무슨 일이 있었던 건가요?"라고 물은 후 자신의 이야기는 묻어두고, 상대가 이야기 할 수 있도록 경청하자. 이런 행동은 상대에게도 큰 도움이 될 뿐만 아니라 여러분 자신도 그 상황에 어떻게 대처해야 하는지 알도록 해 준다.

그리고 여러분이 해줄 수 있는 일이 무엇인지 상대방에게 질문하는 일은 시간 낭비이다. 상대는 지금 충격에 휩싸여 있다. 완전히 혼란스러운 상태이며, 플랫브레인 상태이다. 보통의 경우 이런 상태에서는 자기 자신도 무슨 일을 해야 하는지 전혀 알지 못한다. 주변을 둘러보고, 할 수 있는 일을 찾아 무엇이든 해주도록 한다. 무엇보다 중요한 것은 상대방이 이야기를 하도록 배려하고 들어 주는 일이다.

6.5주의 법칙

성문화된 법칙은 아니지만, 문화적 관습에 따르면 상실을 경험한 사람들은 대략 6주 반이라는 시간 동안은 상실의 경험에 대해 이야기한다. 이 시간 동안 죽음에 대해 이야기 하는 것을 괜찮다고 생각한다. 하지만 그 이후에는 지인들에게 그런 이야기를 하는 것은 부담을 주는 것이라고 생각한다. 지인들 역시 그런 이야기를 하는 것이 오히려 아픈 상처를 건드린다고 생각하기 때문에 되도록 그 이야기를 꺼내지 않는다.

사람들은 적어도 18개월 동안 상실의 과정을 경험한다. 자신의 삶에 매우 중요한 사람을 잃은 경우에는 상실감이 평생 지속되기도 한다. 하지만 6.5주의 법칙에 따라 일정 시간 이후에는 대부분 슬픔 속에 홀로 남겨진다. 하지만 이런 일이 일어나지 않도록 주의해야 한다. 친구가 홀로 이런 슬픔 속에 남겨져 있다는 것은 정말 슬픈 일이다.

슬픔과 상실의 고통 속에 홀로 남겨져 있지 않는다면 사람들은 더 빨리 슬픔을 극복할 수 있다.

상실의 슬픔에 대해 정말로 이야기하고 싶지 않은 경우

나는 상대에게 "혹시 그 일에 대하여 이야기하고 싶으신가요?"라고 물어보지 않는다. 왜냐하면 대부분은 이런 질문에 "아니요."라고 대답하기 때문이다. 사람들은 자신의 고통으로 상대방에게 부담주길 원치 않는다. 여러분도 상대에게 그런 질문을 하지 않길 바란다. 상대가 필요하기 때문에 내가 예의상 이야기를 들어주고 있다는 느낌을 상대가 받지 않도록 주의해야 한다.

때로는 사람들은 자신들이 경험한 상실과 죽음에 대해 정말로 이야기하고 싶어 하지 않는다. 또한 상처 받은 상황이나 암처럼 큰 질병을 진단 받은 경험 등에 대해서도 말하고 싶어 하지 않는다. 그런 경우 상대는 화제를 바꾸거나 다른 행동을 통해 여러분에게 이야기하기 싫다는 신호를 보낼 것이다. 회피 전략은 사람들이 자주 사용하는 전략 중의 하나이다. 가족이나 직장에 대해 묻거나 스포츠 경기 등에 대해 물어보며 화제를 바꾼다. 빠르게 화제를 바꾸기 때문에 오히려 여러분이 이런 상황에서 놀랄 수도 있다.

나는 보통은 상실에 대해 물어본 후, 상대의 고통을 인지하고, 상대의 행동과 반응을 통해 상대가 이야기하길 원하는지 원하지 않는지를 알아본다. 이를 통해 지금 이 주제에 대해 이야기하는 것이 적절한지 아닌지를 판단한다. 어떤 경우에는 몇 개월이나, 때로는 몇 년 후에야 비로서 상대에게 "배우자 분의 빈 자리가 크실 텐데, 어떻게 지내시나요?"라고 물어봄으로써 상대의 의중을 파악한다.

질문하고 난 후에는 다시 경청한다. 그리고 상대가 이야기할 준비가 되었는지 아니면 화제를 바꾸는지 살펴본다.

죽음에 대한 종교적 화제

죽음은 종교적인 것이나 영적인 것들을 이야기하게 한다. 사람들이 유족 방문을 주저하는 이유 중 하나도 사람들이 이런 것들에 대해 적절하게 잘 이야기 할 수 있어야 한다는 생각 때문이다. 이런 주제에 대해 사람들은 올바른 대답이 이미 정해져 있다고 생각한다. 그리고 그것을 이야기 해야만 유족들이 자신들과 이야기할 것이라고 생각한다. 하지만, 상실을 겪고 있는 사람들은 감정적 과부화 상태로 플랫브레인이다. 이들은 우리가 무엇을 말하든 아무 것도 듣지 못한다. 그들에게 필요한 것은 청자이지, 화자가 아니다.

유족들은 자신들의 신념과 생각을 정리할 필요가 있는데, 이때 그들의 생각을 정리하도록 돕는 가장 좋은 방법은 반영적 듣기이다.

소중한 사람을 잃는 경우 사람들은 자신이 믿어왔던 것들에 대하여 혼란스러워 하는 경우 많다. 그런 경우, 우선 우리는 상대의 이야기를 들어줘야 한다. 그리고 상대에게 그 죽음과 상실에 대하여 어떻게 생각하고 느끼는지 물어봐야 한다. 그것이 상대에게 어떤 의미였는지, 자신의 신념에 비추어볼 때 드는 생각과 함께, 혹시 버림받은 느낌 때문에 신(하나님)을 탓하는지, 어디서 이 상황을 극복할 힘을 얻고 있는지 등에 대한 이야기를 해야 한다.

이런 상황에서는 상대가 분노하고 있을 거라 나는 생각한다. 보통 상실의 고통은 분노를 키운다. 그러므로 상실 때문에 잃게 된 것에 대해 상대에게 구체적으로 물어봐야 한다. 그리고 무엇 때문에 분노하게 되는지, 혹은 누구 때문에 화가 나고 있는지 물어봐 주어야 한다.

사람들은 자신의 분노를 제대로 인지하지 못한다. 하지만 분명한 것은 그들이 분노를 느끼고 있고, 어떤 방식으로든 그 분노를 표출하고 있다는 것이다. 예를 들면, 이들은 제때 장례식 장소에 오지 않았다고 화내며 상대를 탓할 수도 있고, 해야 하는 일을 하지 못했다며 스스로를 탓하며 화내고 있을 수도 있다. 혹은 질병의 원인을 제대로 발견하지 못해 치료에 실패했다며 의사를 탓할 수도 있고, 흡연 때문이라며 이미 세상을 떠난 고인을 원망하며 분노를 표출할 수도 있다. 혹은 모든 일의 원인은 이런 일을 발생하도록 만든 신에게 있다며 신을 탓하며 분노를 쏟아낼 수도 있다[3].

분노는 이성적 행동이 아닌, 고통의 감정에서 발생하는 것이다. 분노의 화살이 어디를 향하든, 우리는 우선적으로 상대의 분노를 인정한다. 아마도 상대의 분노가 특정 누군가에게 쏟아지고 있다면, 우리는 그에 반하여 분노의 타겟이 된 사람을 변론하고 싶을 것이다. 하지만 그러지

---

3) 분노 대처에 필요한 상세한 정보를 위해서는 <19장 특수한 상황에서의 듣기 기법>을 참고하도록 한다.

말아야 한다. 심지어 신을 향한 분노라도 어떠한 방어나 변론을 하지 말아야 한다. 그리고 신에게는 변론이 필요하지 않다. 나의 개인적인 생각으로는 신 역시 변론 받기를 원치 않을 것이다. 그런 변론은 신이 사랑하고 있는 사람에게 공격이 되기 때문이다.

상실의 슬픔을 겪고 있는 사람들은 이해받길 원하고, 누군가 자신의 이야기를 들어주길 바란다. 상대의 고통을 덜어주기 위해 내 자신이 말하기보다는 상대의 반응을 수용해 주어야 한다. 그러면 상대는 자신이 혼자가 아님을 감지하고, 치유되기 시작한다.

주변에 상실의 슬픔을 겪는 사람이 있다면, 여러분이 그 사람 곁에서 힘이 되어주길 바란다. 그런 행동은 상대가 자신이 혼자가 아님을 알게 해준다. 상대와 소통하는 것은 다른 그 어떤 것보다 중요하고, 사랑과 영적인 힘을 느끼게 하는 힘이다.

해야만 하는 것들

■ 화자의 경우 "~해야만 한다, ~할 필요가 있다, 유일한 방법이다, 항상 ~그러하다, 절대로 ~안 된다" 등의 단호하고 부담감을 줄 수 있는 표현을 자주 사용하는 상황.
■ 부드러운 감정·마음의 대화를 위해 듣기 피드백을 사용한다면 상대에게 부담을 주는 표현을 줄여주고, 자신이 말하는 이면의 내용을 이해하게 해준다.

"~해야만 한다. 반드시 ~그러하다, ~할 필요가 있다." 등의 표현은 사실 우리의 가치를 그 안에 담아 표현하는 것이다. 그것은 이면에 숨겨진 우리의 강한 감정이다. 내가 "저녁에 영화를 보러 가야 하니까 설거지를 반드시 지금 끝내야만 해."라고 말한 경우, 설거지에 대한 의지보다는 외출하고 싶다는 의지를 보인 것이다. "~해야만 해"라고 표현한 부분이 우리가 가지고 있는 이면의 욕구를 흐리는 가림막 역할을 한다. 그런 언어적 표현은 자신이 원하는 것과 해야만 하는 것 사이에서 내면적 갈등을 불러일으킨다. 그리고 이런 류의 갈등 속에서 대개 내면에 존재하는 우리의 유아적 욕구가 부모로서의 의무보다 우위를 차지한다.

이런 의무는 어디에서 오는 것일까? 아마도 자신 스스로에게서나 우리의 부모님으로부터, 아니면 죄책감에서 비롯된 것은 아닐까? 설거지가 해야만 하지만, 설거지가 하기는 싫은 경우, 어떻게 해야 할까?

여러분이 내 이야기에 귀기울이고 있다면 내가 지금 설거지하기가 싫다는 점을 인지했을 것이다. 그렇다면 이렇게 물어볼 수 있다. "설거지 하는 게 당신에게 중요한 거죠? 설거지가 되어 있어야 외출할 때 마음이 편한 거죠?" 혹은 "설거지를 지금 해야 내일 아침에 부담이 없기 때문이죠? 혹은 "먼저 일하고, 그런 후 즐겨야 한다는 신념은 당신의 부모님에게서 비롯된 것인가요? 아니면 당신 스스로의 생각인가요? 아니면 부모님과 당신 모두 그렇게 생각하시는 건가요?"

나의 경우에는 설거지를 하긴 싫고, 설거지가 되어 있는 상태로 밖에 나가 놀고도 싶은 경우이다. 나의 내면 속 유아적 욕구와 부모로서의 역할 사이의 갈등이라기보다는 이것은 분명히 두 가지 욕구 중 선택해야 하는 선택의 문제이다. 그러므로 위의 질문에 이렇게 답할 것이다. "설거지가 되어 있으면 좋겠지만, 설거지 문제 때문에 외출까지 못할 상황은 아닌 것 같아요. 차라리 아침에 설거지를 하는 편이 좋겠어요." 혹은 "이건 부모님 때문에 그런 것은 아닌 것 같고요. 저의 경우 해야 할 일이 되어 있어야 더 마음이 편하기 때문에 밖에 나가서도 충분히 즐겁게 쉴 수가 있어요."

"항상, 유일한, 절대로 불가한" 등의 표현은 모두 같은 말이다. 이런 표현은 절대적 권위에서부터 내려오는 필수불가결한 의무를 표현하는 것 같지만, 사실은 우리의 걱정을 반영하는 관점과 생각을 표현한 것이다. 내가 "그 문제에 대한 해결책은 이게 유일한 방법이야"이라고 말한 경우를 생각해 보자. 실제 이 표현에서 내가 의미하는 것은 '이 방법으로 나는 문제를 인식하고 있고(H: 마음의 문제), 나는 너도 이 문제를 이렇게 봐주길 바라고(E: 감정의 문제) 있는데, 네가 그렇게 생각하지 않으면 내 체면이 말이 아닐 것 같다는 생각 때문에 나는 지금 불안하게 느껴져(E: 감정의 문제)'이다.

무엇을 강력하게 원하는 욕구가 나를 강박적 의무감을 갖도록 만드는 것이 아니다. 내 방식대로 원하는 것을 얻고자 할 때 나의 불안감이 욕구에 더해지면서 강박적 의무감을 갖게 되는 것이다. 내가 원하는 것을 특정 방식으로 추구하지 않는 경우에는 상대방의 제안에 우리는 열려 있다. 하지만, 내가 추구하는 "유일한 방법"으로 나의 욕구를 성취하고자 할 경우, 불안감은 커지며, 상대방의 제안을 받아들이지 못한다. 불안감은 우리의 욕구를 강박적 결정사항으로 변모시킨다.

의사소통을 할 때, 마음(H)과 감정(E)을 제하고 말하면, 강압적 언어 표현을 사용하게 되어 협력과 상호 소통적 의사 결정을 방해한다. 예를 들어, 화자가 "살을 빼려면, 식단에서 지방이 함유된 음식은 모두 빼버리는 방법밖에 없어."라는 말을 들은 경우, 마음의 소통(H)을 가미하여 다음과 같이 응답한다. "네 경험상 지방류의 음식을 먹지 않는 것이 살 빼는 데 제일 효과적이었나 봐."

그러면 상대는 당신이 시도한 마음의 대화 덕분에 다음처럼 답할지 모른다. "응. 나한테 그 방법이 제일 효과적이었어." 그러면 당신은 "네게 가장 효과적인 방법이 지방류의 음식을 먹지 않는 것이었다는 거지?"라고 응답한다.

여기에 감정의 대화(E)를 가미하여, "그러니까 네게 가장 효과적이었던 방법이라 굉장히 확신하는 거지?"라고 물으면, 상대는 "음…응. 지방류의 음식을 제하고 먹는 다이어트에 대해 말할 때 내가 좀 흥분하는 것 같아. 그리고 동시에 확신하기도 해(E). 왜냐하면 이 방법으로 나는 처음으로 다이어트에 성공했거든(H)."

고단백질과 저탄수화물류의 식단이 중요하다고 믿는 사람은 위의 이야기에 다음과 같이 반박할 수 있다. "저지방식은 고탄수화물식을 하게 만들어. 이런 류의 식사는 음식을 먹고 싶은 충동을 높이고, 우리 체내에 지방을 더 많이 저장해 놓도록 만들어. 그러니까 다이어트할 때는 고단백, 저탄수화물식으로 고기를 많이 먹고, 탄수화물류는 적게 먹는 것이 최선책이야."

그러면 우리는 마음의 대화(H)를 통해 경청하는 태도를 보여 주어야 한다. "음..그러니까 네 말은 단백질과 지방의 섭취를 늘리고, 탄수화물은 적게 섭취하는 게 네가 살을 뺄 때 굉장히 도움이 되었다는 말이지?" 그리고 상대가 "아니, 그게 살 빼는데 최고라니까."라고 답한다면, 다시 한번 부드럽게 다음과 같이 말해보자. "그 방법으로 네가 효과를 봐서 다른 사람들에게도 도움이 될 거라고 생각하는 거지?" 그러면 강경한 태도를 보였던 상대도 다음처럼 말하며 마음의 대화를 할 수 있다. "응. 그 방법이 나한테 진짜 효과가 있었거든. 그래서 내 생각에는 다른 사람들도 분명 효과를 볼 수 있을 거라 생각해. 그렇지만, 모두에게 다 효과가 있지 않을 수도 있겠다. 그래도 적어도 나한텐 진짜 효과적이었는데. 그래서 난 이 다이어트 이야기를 할 때마다 적극적으로 내 의견을 말하는 거 같아."

새로운 것을 믿게 된 사람들에게 자신이 믿는 것이 아닌 다른 것을 권유하는 일은 매우 어려운 일이다. 내가 좋아하는 인용구 중에 이런 표현이 있다. "새로운 변절자가 그 누구보다도 강경한 영혼(자신이 믿는 것에는 완고하고 그 외 다른 것에는 비판적인 사람)으로 변한다."

변절이라는 것은 종교적이거나 영적인 것에만 해당되진 않는다. 사람들은 어떤 것이라도 완강히 믿는 변절자가 될 수 있다. 새로운 다이어트법이나 정치적 시각, 환경문제, 스포츠 팀, 자녀양육방식, 혹은 식기세척기에 그릇을 잘 담는 방법 등 자신이 믿는 것에는 완고해지고 다른 것에는 비판적이 될 수 있다.

사람들이 절대적 신뢰자로 변모되었을 때, 마음의 대화(H)를 통한 피드백으로 상대의 감정(E)을 읽어주도록 하자.

상대가 자신이 취하는 강경한 입장을 스스로 재조명하도록 도와주는 경청 방법을 통해 자신의 관점과 문제의 본질을 인식하게 한다. 이 경청법은 화자에게 여유를 주며 스스로가 자신의 관점은 자신만의 관점이고, 강박적 감정 또한 자신만이 갖는 감정이라는 점을 깨닫게 해준다. 동시에 다른 사람들과 나의 관점과 감정은 다를 수 있다는 점을 깨닫게 해 준다.

훌륭한 듣기는 상대의 방어적 태도를 유연하게 해주고, 본연의 따뜻한 인간애를 불러일으킨다.

⑨ 기대치와 분노

- 화자가 현재 분노한 상태인 상황.
- 다음의 4 단계를 따라 대처해 보자.
  1. 우선 화자가 화난 상태라는 것을 읽어낸 후 상대의 분노를 인정한다.
  2. 그 다음 그 분노 기저에 놓인 상처를 읽어 내고, 그 상처를 인정한다.
  3. 상처의 원인이 된 배려와 관심을 이해하고, 화자의 배려심을 인정한다.
  4. 화자가 자신이 가졌던 기대치와 현실의 실재가 다름을 이해하도록 도와준다.

분노에 대처하려면 우선 그 분노가 어디에서 왔는지 이해할 필요가 있다. 이를 위해서는 단련된 듣기 기술이 필요하다. 상처와 배려심은 분노라는 가면에 의해 가려진다. 이런 분노는 이야기를 들어 주고 있는 청자를 밀쳐내기도 하는데, 우리는 그렇게 되지 않도록 해야 한다.

상처가 없다면 분노도 없다. 그리고 상대를 배려하는 마음이 없다면, 상처도 받을 일도 없다. 그러므로 누군가 화가 났다면, 그 분노 아래 숨겨진 상처와 그 사람의 배려심을 이해해야 한다.

상대가 배려하고 있고, 이 때문에 마음의 상처를 받았다는 점을 이해한다면, 상대가 어떠한 분노를 쏟아내더라도 이를 감수하고 분노의 강으로 나를 뛰어들게 해준다. 나는 분노에 휩싸인 커플이 그 분노 아래 있는 상처와 배려를 볼 수 있도록 도운 적이 있다. 그들은 서로의 배려와 상처를 깨달으며 눈물과 함께 다시 감정적 연대를 갖게 되었다. 그리고 "나에게는 당신의 분노와 나에 대해 실망하는 모습만 보였었어요. 나는 당신이 나를 그렇게 많이 생각하는지 미처 알지 못했어요."라고 말한다.

분노는 기대하는 것과 실재 사이의 간극에 비례하여 발생한다.

기대치에 미치지 못할 때 우리는 상처를 입게 된다. 그리고 실망하고, 낙담하며, 외로움을 느끼며, 이는 짜증과 분노로 발전하게 된다. 상처는 분노로 변한다. 분노는 이차적인 감정이지만, 우리 눈에 가장 먼저 들어오는 것은 분노이다.

상대의 이야기를 들어줄 때에는 우선 표면에 드러난 분노를 인정하고 이야기를 시작해 보자. "남편 분에게 굉장히 화가 나신 것 같아요." 혹은 "저에게 굉장히 화가 나신 것 같아요." "얼마나 화가 나신 거죠?" "음…혹시 화를…" "0부터 10으로 표현한다면, 지금 어느 정도로 화가 나신 건가요?"

상대의 기대치가 표면 위로 나타나도록 이 과정을 반복 지속한다. "남편 분께서 기념일을 기억하지 않았기 때문에 화가 나신 거죠?" 혹은 "내가 하지 않은 것 중에 가장 해주길 바라는 것은 무엇인가요?" 혹은

"당신이 특별한 저녁을 준비했는데, 내가 제때 집에 오지 않아서 실망했지요?" 또는 "내가 당신을 만나기 위해 신경 쓰지 않아서 당신 마음이 아픈 거죠? 그리고 화가 나게 된 거죠?" 또는 "아버님께서 돌아가신 후에 당신은 꽤 외로움을 느꼈고, 그래서 내가 더 많은 시간을 당신과 보내길 바랐던 거죠? 그런데 내가 자주 찾아 오지 않아서 나에게 화도 나고 상처도 받은 거죠?"

상대가 우리에게 관심을 갖고 배려하지 않는다면, 상처 받지도 않는다는 점을 명심하자. 그리고 이러한 상대의 마음을 읽어주도록 하자. "내 생각에는 당신이 나를 아끼고 배려하기 때문에 특별한 식사를 준비했던 거라고 생각해요. 그런데 내가 늦어서 당신에게 상처 입힌 것 같아요." "당신이 내게 했던 말을 생각해보니, 당신 아버님께서 돌아가신 후 내가 곁에 있어주지 않아 당신이 정말로 많이 실망한 것 같아요. 나는 당신에게 매우 중요한 사람인 거죠?" "듣고 보니, 아내 분이 프로젝트 때문에 너무 바빴기 때문에 당신이 점점 외로움을 느끼다가 짜증도 나고 화도 나게 된 것 같아요. 당신은 아내 분을 소중하게 생각하기 때문에 아내 분과 더 많은 시간을 함께 보내고 싶은 것이죠?

상대가 화가 난 경우 이야기하기를 피하기보다 오히려 그 사람의 기대치와 분노, 상처, 배려 등을 읽어주고 인정해주도록 하자. 많은 경우 타인과 우리 모두에게 이런 대화를 적용할 수 있다. 살다가 뜻대로 되지 않아 화가 날 때, 우리 삶에 중요한 사람의 죽음을 맞이할 때, 아이의 성적표를 받아보았을 때와 직장에서 실망했을 때에도, 그리고 관심 있는 정치적 사건에도 모두 적용해 볼 수 있다.

이러한 듣기는 상대가 자신의 마음속 생각을 명료히 알게 해주고 분노를 진정시키게 도와준다. 상처를 어루만져 주며, 상대의 관심과 배려가 표면으로 드러나게 해준다.

⟩ 지속적인 분노와 투우사

■ 화자가 굉장히 화가 난 상태가 지속되는 상황.
■ 스스로를 투우사라고 생각하며 성난 황소처럼 여러분에게 달려드는 화자와 마주해 보자. 다양한 듣기 기술을 지속적으로 사용하도록 한다.

상대가 굉장히 격분한 상태라면, 투우사의 이미지를 활용하여 듣기 기술을 활용하면 효과적인 듣기에 도움이 된다. 우선 성난 황소가 경기장으로 달려들어 온다고 생각해 보자. 친숙하지 않은 이 상황은 매우 시끄럽고, 겁이 나기도 하며, 화가 나기도 하는 상황일 것이다. 전형적인 플랫브레인 발생 상황이다.

경기장에서 성난 소를 마주하면, 매우 두려울 것이다. 그 소는 강력한 몸체와 육중한 무게를 자랑한다. 그리고 그 튼튼한 머리의 단단한 뿔을 아래로 향하며 날렵한 눈빛으로 발을 구르며 공격할 준비를 하고 있다. 정말로 미친 듯이 화가 난 사람이 우리에게 다가올 때 우리는 이와 유사한 느낌을 받는다.

맹렬한 분노의 공격은 우리가 두려움을 갖도록 만들어 재빨리 두 가지 선택 사항만을 떠올리게 만든다. 성난 소의 뿔을 붙잡고, 목을 꺾거나 아니면 오히려 그 뿔에 받혀 죽음을 맞이하게 되는 두 가지 경우만을 떠올리게 한다. 그러나 이 두 가지 모두 우리가 원하는 것이 아닐 것이다. 게다가 이것은 생산적인 해결방법도 아니다. 만일 성난 소처럼 달려드는 분노에 휩싸인 사람을 정면으로 상대하려고 그 뿔을 단단히 잡아매려고 할 때 누군가는 그 과정 중에 상처를 입게 된다.

하지만 이런 상황은 우리에게 스트레스를 주기 때문에 우리는 '싸우거나 당하거나'의 두 가지 해결책밖에 생각해내지 못할 것이다.

투우사들은 제3의 해결책을 선택한다. 그것은 우선 망토를 흔들며 성난 소의 상태를 살핀 후, 한 걸음 물러서서 오히려 상대를 자신 쪽으로 끌어들이는 것이다. 그러면서 달려드는 성난 소의 뿔은 피하고 그 성난 에너지를 소모시켜 분노를 잠재우려고 한다. 그리고 상대에게는 "오! 정말로 화가 많이 났구나? 진짜로 많이 짜증이 났구나…?"라는 몸짓 신호를 보낸다.

그러면 성난 소는 스스로 화가 났다는 사실을 깨달으면서도 다시 한번 성난 숨을 몰아쉬며 공격 태세를 갖춘다. "불필요한 상담심리 따위는 필요 없어! 너는 지금 나를 실망시켰고, 우리 둘 다 그걸 알고 있잖아!" 그러면 투우사는 다시 한번 재정비하며 "네가 조금 기분 안 좋은 게 아니라, 정말로 많이 화가 난 상태구나. 나 때문에 정말 많이 실망했구나…"라는 메시지를 보낸다.

그러면 성난 소는 당신에게 다시 한번 달려들며 더 많은 에너지를 분출한다. "네가 내 입장이라면, 너도 화나지 않겠어?" 조금씩 차분해지기 시작한 화자에게 다음과 같이 말하며 화자의 마음을 읽어 주자. "네 예상과 달리 내가 제때 오지 않아서 네가 정말로 많이 마음이 상했구나. 진짜 나 때문에 괴로웠나 보다."

"단순히 괴로운 것 이상이라고, 왜냐하면 네가 나를 전혀 배려하거나 생각해주지 않았잖아." 성난 소가 말하는 방식에 이끌려 논쟁적 대화를 하지 않도록 한다. 성난 소의 상태로는 아직 그런 상황을 잘 대처할 수 없다. 그리고 상대에게 "네게 가장 큰 상처를 준 행동이 뭐였어?"라고 물어보자.

"내 생각에는 그것은…"이라고 답하기 시작한다면 효과가 있는 것이다. 이제 성난 소는 상대의 말을 듣기 시작했다. 감정적 격분은 진정되기 시작했고 생각이 명료해지기 시작했다.

여러분이 정말로 투우 경기장에 있다면, 성난 소는 드디어 지친 것이고, 차분해지기 시작한 것이다. 그리고 걱정과 두려움을 극복하고, 공격하기를 멈춘 것이다. 하지만 상황을 제대로 알지 못하는 누군가가 말을 타고 나타나 뾰족한 창으로 이 소를 공격한다면 이것은 상대를 상처 입히고, 다시 두렵고 화나게 만들어 다시금 금세 공격태세를 갖추도록 만든다.

아직 차분하게 진정 되는 과정 중이라면 일방적 말하기나 충고하기, 논쟁은 말을 타고 창으로 소를 공격하여 상처 입히는 행위와 똑같은 결과를 가져온다.

여러분에게 다가오는 화난 사람을 성난 소로, 자신을 투우사라고 생각해 보자. 투우사는 투우의 대상인 소를 매우 존중한다는 점을 명심하자.

방어하지 않고 상대의 말에 귀기울여 들어줄 때 누구도 상처 받지 않는다. 어떤 사람들은 쉽게 화가 풀리지 않지만, 투우사의 듣기 기술은 성난 소(고객, 배우자, 상사, 나와는 다른 관점을 지닌 상대, 아이들 누구나 성난 소가 될 수 있다.)를 우리의 친구로 만들어 준다. 이와 같은 듣기 기술은 놀라운 변화를 가져온다.

🦻 도움 요청하기

- "안 됩니다. 그렇게는 되지 않습니다." 혹은 "규정에 따라(혹은 시스템에 따라, 정부기관의 관행상, 법률적으로) 그런 것들은 허용되지 않습니다." 등의 화자의 부정적인 대답으로 문제를 종결할 수 있는 상황에서 화자로 하여금 문제에 대한 긍정적인 해결책을 모색하도록 이끌길 원하는 경우.
- 이런 경우, 다음의 세 단계 과정을 적용해 보자.
  1. 우선 자신의 상황을 자세히 말한다.
  2. 상대가 지닌 전문성을 인정한다.
  3. 어떻게 하면 여러분이 목표한 바를 성취할 수 있을지 상대에게 도움을 요청한다.

먼저 우리가 원하는 것을 말한다. 예를 들면, 대출이나 지역 할당제, 정부의 허가, 기한 연장이나 예외적인 규정 등 원하는 것을 말한다. 그리고 우리가 원하는 것을 해줄 수 있는 (혹은 하지 못하게 하는) 권한을 지닌 사람을 만난다. 만약 우리가 원하는 것을 하는 방법을 시스템에서 찾아달라고 상대에게 부탁하는 경우라면, "아니요, 안 됩니다"라는 대답이 나오지 않도록 질문하는 것이 매우 중요하다.

예를 들어, 상대에게 "제가 이렇게 해도 되나요?"라는 질문은 상대로 하여금 규정을 근거로 더 이상 자신이 해결할 문제가 아니라고 생각하게 만들며 우리의 요청을 쉽게 거절하도록 만드는 질문이다. 일단 규정에서 벗어난다고 생각하게 되면 그 상황을 피하게 되고, 도우려고 했던 생각마저 더 이상 하지 않게 된다. "제가~해도 되나요(할 수 있나요)?"와 같은 질문은 빠르고 효과적으로 "안 됩니다"라는 대답을 유도하는 질문이다. 상대는 "고객서비스만족센터"에서 일하는 사람이 아니다.

내가 규정을 지키지 않으려고 하는 것이 아니라 다른 방식으로 규정집을 활용할 수 있다는 점을 이야기 하는 것이다. 어떤 사람들은 규정이 허용하는 대로만 일을 처리하도록 한다. 하지만 어떤 경우에는 규정집에 특정하게 기술되지 않은 경우에는 "안 된다"라는 말이 없기 때문에 일을 처리할 수 있는 경우도 있다. 운 좋게 후자의 경우에 해당될 때, 우리는 바로 원하던 바를 성취할 수 있다.

하지만 전자의 경우라면 상황은 쉽게 해결되지 않는다. 사람들은 원래 가장 쉬운 방법으로 일을 처리하려고 한다. 우리는 쉽게 나태해진다. 창의적인 해결보다는 쉬운 일처리를 선호한다. 창의적 해결은 어렵고 더 많은 노력을 요한다.

하지만 원하는 것을 얻기 위해 상대의 창의적인 해결책이 필요한 경우 우리는 어떻게 접근해야 할까? 화자-청자 역할에서 상대가 화자가 되게 만든다. 그러면 상대는 문제의 당사자로 느끼며 일을 적극적으로 해결하려고 한다.

"도움 요청"을 위해서는 우선 자신이 처한 상황을 자세히 설명한다. "제가 준공 전 주택을 담보로 대출을 받고 싶은데요. 저도 이런 경우가 일반적인 경우가 아니라는 것은 압니다. 이 부동산으로 대출을 어떻게 해야 하는지 몰라서 저도 당황스럽네요."

두 번째로, 상대의 전문성과 상대가 가진 시스템에 대한 지식을 인정한다. "모기지론 분야에서 오랫동안 일하셨죠? 제 생각에는 선생님께서 이런 경우에 어떻게 해야 하는지 잘 알고 계실 것 같아요."

세 번째로, 달성하고자 하는 목표를 위해 상대에게 도움을 요청한다. "이 시스템이 매우 복잡한데, 선생님께서 좀 도와주시겠습니까? 선생님의 도움으로 저와 제 가족이 이 집으로 무사히 이사하도록 도와주시겠습니까?" 질문의 형태가 "이 집을 담보로 제가 대출을 받을 수 있나요?"가 되지 않도록 주의한다. 이런 류의 질문은 부정적인 대답을 이끌어낼 확률이 매우 높다. "혹시 ~에 어떤 방법으로 해야 하는지 도와주시겠습니까?"류의 질문형태는 상대가 문제를 주도적으로 생각하게 하고 적극적으로 해결책을 찾게 한다.

여기에서 중요한 것은 상대방(화자)에게 명확한 정보를 제공하는 것이다. 상대방에게 당신이 원하는 것을 얻기 위한 방법을 모른다는 점과 상대방이 갖춘 전문성과 시스템에 대한 이해와 경험에 대하여 말한다.

나는 대부분의 사람들이 언제나 돕고자 하는 마음이 있다고 생각한다. 하지만 도움을 주는 방법에 대해서 잘 알지 못한다고 생각한다. 상대에게 어떻게 도와줄 수 있는지 묻는 질문은 그들에게 도움의 방법을 생각해 보는 기회를 준다. 생각 이상으로 자주 여러분도 타인이 여러분의 문제를 살펴보며 도울 방법을 찾도록 이끌 수 있는 사람이 될 수 있다. 여러분도 자신의 주변에 좋은 일이 생기도록 하는 사람이 될 수 있다.

20. 가장 어려운 듣기 상황에서 듣기 기법

앞서 소개된 우리 관계 속에서 마주할 수 있는 문제 상황이나 듣기 상황의 예시가 여러분의 생각보다 더 무겁게 느껴졌을 수도 있다. 하지만 만약 당신이 편안하고 안정된 수용적인 청자라는 느낌을 상대방에게 준다면, 사람들은 당신에게 그들이 겪고 있는 문제를 이야기하고 싶어할 것이다.

여러분은 여러분 스스로가 대답하길 원하는 순간과 그렇지 않은 순간을 선택할 수 있다. 하지만 여러분이 사람들이 있는 곳에 위치한 순간 그곳에는 사람들이 삶에서 도움을 요청하는 외침이 있을 것이다. 그러나 그곳에는 이용 가능한 전문적 상담소도 없고 쉽게 찾을만한 돌파구도 없을 경우가 있다.

제 경험에 비춰볼 때 대부분의 사람들은 적어도 한번은 자살의 위기를 맞이한 사람들과 마주하게 된다. 그리고 그런 일이 발생했을 때 당신이 취한 행동은 아마도 비판적 조언일 수도 있다.

이러한 상황은 쉽지 않은 꽤 무서운 상황이지만, 만일 전문적 상담소를 이용할 수 없는 상황이라면, 저는 여러분이 잘 들어줄 수 있는 사람으로 준비되길 바란다. 듣기 기술은 가벼운 상황이나 심각한 상황이나 비슷하게 적용된다. 만약 당신이 상대가 말하는 것에 집중하고 문제를 해결하려 들거나 당신이 염려하는 바에 집중하지 않는다면, 상대의 말에 집중하여 들어주는 자체만으로 상대를 진정시키는 데 도움을 줄 수 있다. 그리고 상대가 명확하게 사고하도록 돕고, 덜 외롭게 느껴지게 만들면서 비로소 전문 상담가에게 그 사람을 이끌 수 있게 될 것이다.

여기에서 소개한 듣기 예시들이 여러분을 불편하게 만들지도 모르겠다. 상대가 생각해보지 않은 언짢은 것들을 혹시라도 드러내게 되는 것은 아닌지 의문이 들지도 모른다. 하지만, 대부분의 경우 심각한 상황을 겪고 있는 사람들은 당신이 두려워할 만한 모든 경우의 수를 이미 다 생각해봤다고 봐야 한다. 그러므로 그러한 사람들을 두려움 속에 혼자 내버려두어서는 안 된다. 특히 앞으로 소개될 예시 상황에서는 더더욱 그러하다. 두려움을 공유하고 두려움을 밝은 빛 안으로 이끄는 것은 수반된 위험과 공포를 오히려 줄여줄 수 있다.

당신은 먼저 대화를 이끌려고 하는 개시자로서가 아닌 청자로써 상대에게 반응해주는 것임을 잊지 말도록 하자. 상대방의 감정을 탐색하는 데 가장 중요한 규칙은 상대가 말하고자 하는 것을 말하도록 두는 것임을 기억하자. 그들이 어떻게 반응하는지가 당신을 위한 안내자의 역할을 할 것이다. 여러분이 상대로부터 들은 바를 반영하여 말해줄 때 말하고 있는 상대방이 그 반영의 정확성을 결정하는 결정자가 되도록 해야 한다. 화자에게 결정권이 있을 때 안정감과 공감의 깊이는 더 깊어진다.

이런 이야기는 사람들은 자신이 하고 싶지 않은 이야기 화제를 피하는 데 무한한 재능이 있다는 사실을 다시금 환기시켜준다. 만약 사람들이 더 많이 혹은 깊게 이야기하고 싶지 않다고 느끼면, 진짜로 이야기를 하지 않는다. 대신 화제를 바꿔버리거나 아니면 아예 이야기 자체를 중단한다. 혹은 괜히 냉장고에 무언가를 꺼내러 가는 척 한다.

🦻 자살 힌트

- 누군가 당신에게 자살하고 싶다는 것을 이야기 한다.
- 이 이야기를 듣고 마음의 동요가 있다는 사실을 인정해라. 자신의 이야기는 접어두고 상대의 이야기에 집중한다. 수용과 적극성을 가지고 청자 기술을 활용한다. 전문 상담가를 함께 찾아가자고 약속을 정한다. 만약 실패할 경우, 점심 약속이라도 잡는다.

우선적으로 들어주기

여러분 자신이 전문가가 아니라면, 반드시 이 사람을 전문가의 도움을 받을 수 있도록 이끌어주어야 한다. 제가 여러분에게 이야기하고자 하는 것은 생활 속에서 자살 충동을 겪고 있는 모든 사람들의 문제를 도와줘야 한다는 것이 아니다. 그러나 만약 여러분이 이러한 응급한 상황을 대처할 수 있는 유일한 사람이라면, 그 때에는 여러분이 잘 들어줄 수 있어야 한다는 것이다. 최대한 도움을 줄 수 있도록 해야 한다. 내가 경험했던 일과 사용했던 방법을 나누고자 한다. 나와 함께 상담을 진행한 사람들 중 일부 몇몇은 자살 시도를 한 적은 있지만, 다행히도 아직까지 자살한 사람은 없다. 그러나 언제나 일어날 가능성은 충분하다고 생각한다. 만일 그런 일이 발생한다면, 나는 그러한 불행을 막기 위해 가능한 모든 것을 내가 했는지 알고 싶다. 나 역시 보장된 결과나 상황이란 없다는 것을 충분히 인지하고 있고, 이 상황에서 자살을 막을 유일한 사람이 나밖에 없음을 알고 있다. 이 같은 바는 여러분에게도 똑같이 적용될 것이라 생각한다.

여러분이 편안하고 보통 사회생활 환경에서 여러분의 친구가 갑자기 심각하게 다음과 같이 말한다고 해보자. "내 삶은 엉망진창이야. 내가 죽더라도 아무도 나를 그리워하지 않을 거야." "세상은 나 같은 사람이 없으면 더 나은 세상이 될 거야." "최근 자살에 대하여 자주 생각하고 있어." "곧 학기가 시작하지만, 나 하나 없어도 누구도 알아차리지 못할 거야."

이런 말은 우리를 혼란스럽고 불편하게 만든다. 이것이 바로 써드 (Thud) 경험이다. 우리는 이 사람이 지금 무슨 말을 하는 것인지 의심하게 될 것이다. 만약 자살에 대하여 한번도 생각해보지 않은 경우, 자살은 너무나 무서운 말로 사람들은 그 단어를 입밖에 꺼내기조차 꺼린다.

보통 대개는 자연스럽게 화제를 바꾸고 싶은 기분이 든다. 혹은 괜히 음료수를 가지러 가게 되거나, 아니면 그 말을 진지하게 받아들여 그 사람과 논쟁 아닌 논의를 하기도 한다. 이 모든 것은 자연스러운 반응이다. 만약 당신이 자살 충동을 느끼는 상대의 말을 무시한다면, 그것을 쉽게 생각하고 상대와 논쟁을 버릴 수 있다. 그러나 이것은 문제를 해결하는 것이 아니라, 상대의 자살 결심을 굳히게 하는 경우가 많다.

잘 경청하지 못하는 사람들은 종종 이렇게 말한다. "설마, 진짜로 그러려는 건 아니지?" "집에 있는 예쁜 천사 같은 딸들을 생각해 봐. 어떻게 그런 생각을 할 수 있는 거야?" "네가 왜 그렇게 말하는지 이해가 안 되네. 넌 재능도 많고 가진 것도 정말 많잖아." "안 돼! 잘못 생각하고 있는 거야. 네가 없으면 우리는 네가 매우 많이 그리울 거야."

이러한 반응은 "말하기"이지 "듣기"가 아니다. 그리고 논쟁적이다. 만약 그 사람이 자신이 이해받고 있다고 느끼지 못한다면, 물어볼 여지도 없이 그들은 이해받지 못하고 있다. 그리고 우리는 그 사람이 느끼는 우울감 속에 그 사람을 내버려두는 것이다. 그리고 우리의 모든 반응은 자살의 이야기를 한 화자를 반박하는 말이 되어 버린다.

화자와 청자의 반응을 다음의 예에서 살펴보자.

화자: "내 삶은 엉망진창이야. 나 하나 없어도 누구도 나를 그리워하지
　　　않을 거야."

청자: "네 삶이 엉망진창이고, 네가 없어도 누구도 너를 그리워하지
　　　않을 거라고?"

화자: "맞아. 심지어 내 남편조차 그러겠지."

청자: "아아..그거 참 기분이 안 좋겠다. 네 이야기를 들어보니 요즘
　　　둘 사이가 별로 안 좋은가 보다. 그리고 요즘 혹시 많이 외로운
　　　거야?"

화자: "응. 난 진짜 외톨이야. 누구도 내 감정이나 상태에 대해 이해해
　　　주지 않아."

청자: "아무도 이해해주지 않는다고? 그러면 정말 기분이 안 좋을 거
　　　같아. 그리고 외로울 거 같아."

화자: "음…너는 이해해 주려나?…(지금은 그렇게 외롭게 느껴지지 않아.)

화자: "세상은 내가 없다면 더 나은 세상이 될 거야."

청자: "네가 없는 세상이 더 나은 세상이 될 거라고?"

화자: "응. 아마도 그럴 거야. 나는 세상에 도움이 되는 게 하나도
　　　없어."

청자: "네가 도움이 되는 일이 하나도 없다고 말하는 거야?"

화자: "응. 전혀 아무런 도움이 되지 않아. 나는 다른 사람들처럼 재능
　　　이 하나도 없어."

청자: "다른 사람들과 달리 너는 재능이 없다고 여기는 거야? 네 얘길
　　　들으니까 네가 지금 많이 기분이 다운된 것 같아."

화자: "응. 기분이 우울해. 아침에 일어나기조차 너무 힘들어."

청자: "에너지가 전혀 없구나?"

화자: "응…그래도 겨우 일어나서 이 파티에 온 거야."

청자: "여기에는 오고 싶었던 거구나. 이 파티가 네게는 매우 중요하
　　　구나. 어떤 점에서 그런 거야?"

화자: "지금 여기 있는 내 친구들…누군가가 내가 지금 겪고 있는 상태
　　　에 관심을 보여주면 좋겠어."

화자: "최근에 자살에 대해 많이 생각하게 돼."
청자: "최근에 자살에 대해 많이 생각한다고? 무엇 때문에 그러는데?"
(자살을 어떻게 생각하는 건데? 자살 충동을 느낀다는 거야? 자살이
해결책처럼 느껴지는 거야? 등)

화자: "학기가 곧 시작하지만 아무도 나란 존재가 없어도 아무도 알지
　　　 못할 거야."
청자: "곧 학기가 시작하는데 학교에 가지 않겠다는 말이야? 앞으로
　　　 영원히 가지 않겠다는 말이야? 아니지?"
화자: "그냥 단순히 가지 않겠다는 게 아니야."
청자: "네가 그렇게 말하니까 걱정되고 불안한데…진심인 거야?"
화자: "응. 진심이야. 하지만 상관없어."
청자: "네가 없다는 데 상관이 있는 문제인 거 아니야?"
화자: "아니. 아무도 상관하지 않을 거야." (청자로써 논쟁하지 말고
　　　 화자의 말을 계속 들어 주자.)
청자: "네가 만약 다리에서 뛰어내리기라도 한다면 나는 엄청 걱정하
　　　 고 신경 쓸 거라는 걸 모르는 거야?"(목소리 톤에 대해서 별로
　　　 설명하지 않았었지만, 빈정거리거나 비난하는 톤이 아니라 걱정
　　　 과 염려, 솔직함과 상대의 마음을 읽으려고 노력하는 목소리
　　　 톤으로 이야기 한다면 정말 큰 도움이 될 것이다.)
화자: "그러게…너는 아마 걱정할 수도 있겠네…그렇지만 다른 대부분
　　　 의 사람들은 아니야."
청자: "이야기를 들어보니까 네게 중요한 사람들이 있는데 그 사람들
　　　 이 네게 관심을 두지 않는다고 생각하고 있는 거 같아."
화자: "음…응…"(이렇게 대화를 진행해 가면서 만약 상대가 자살에
　　　 대하여 심각하게 생각한다면 다음과 같이 말하는 것으로 듣기를
　　　 한다.)
청자: "얼마나 심각하게 자살에 대하여 생각하고 있는 거야?"
화자: "그렇게까지 심각하게 생각하진 않는데…더 이상 내일이 없다고
　　　 생각하면 왠지 안도감이 들어." (혹은 "심각하게 생각해보고 있

어.")
　청자: "요즘 어떤 생각들을 하는데?"

　물어보기가 무섭겠지만, 자살을 생각하는 사람들은 생각해 봤을 수 있기 때문에 그 사람들이 얼마나 심각하게 자살에 대하여 생각하고 있는지 명확하게 하는 것은 매우 중요하다. 만약 차에 총을 가지고 있는 경우나 약을 지갑 속에 넣어가지고 다닌다든지, 혹은 다른 방법을 생각하고 있다면 경찰에 전화를 하거나 응급상황실 등으로 그들을 데리고 가는 등의 조처를 취해야만 한다.

　만약 듣기 기술을 사용하여 시간을 내어 상대의 이야기를 들어주고, 그들에게 일어나고 있는 상황에 대하여 두려움 없이 이야기할 수 있는 환경을 제공한다면, 대개는 그들은 이해받는다는 느낌을 얻게 되고, 덜 외롭게 느끼면서 희망을 느끼게 된다.

　하지만 우리가 그들에게 무엇을 위해서 살고 있는지에 대하여 설득시키려고 한다면 그러한 변화는 생기지 않는다. 왜냐하면 우리가 제대로 상대방의 이야기를 듣고 있지 않음을 보여주었고, 그들은 이해받는다고 느끼지 못할 것이기 때문이다.

　상대가 진정이 되고 들을 준비가 되었을 때, 그때가 바로 우리가 구체적으로 취할 수 있는 선택 사항에 대하여 이야기할 차례가 된다. 예를 들면, 상담을 받아보거나, 전문적인 상담가나 종교단체, 병원 등을 찾아가는 것을 권하거나 자신과 이야기를 다시 할 때까지 절대로 자살하지 않겠다는 다짐 등을 받아내는 등의 이야기를 할 수 있다. 아니면, 적어도 함께 점심 약속을 잡아두는 것도 한 가지 방법이다. 굉장히 단순한 방법 같지만, 사람들은 자신의 고통이 이해받는다고 느끼고 자신을 이해해주는 사람과 점심 약속이 있다고 생각한다면 다리에서 뛰어내리거나 자살을 할 확률이 매우 낮아진다. 이런 행동은 그 사람들에게 희망과 미래를 심어준다.

하지만, 그렇다고 해서 확실하게 보장되는 것은 없다. 매 상황은 매 순간 모두 다르며, 정황 역시 다양하다. 자살을 생각하는 사람이 있다면 나는 여러분이 전문가를 찾아가 조언을 얻고 그런 사람들이 전문가의 도움을 얻을 수 있도록 이끌었으면 한다. 혹은 자살예방센터나 병원 등에 전화하여 자문을 구하거나 정보를 얻는 것도 한 방법이다.

이런 상황은 두렵고 위험한 상황이다. 우리는 다른 사람이 무슨 일을 저지를지 알 수 없기 때문이다. 상대방에게서 아무런 긍정적인 변화의 조짐이 보이지 않는다면, 119나 경찰에 신고해야 한다. 그리고 병원으로 그들을 데려가 정신과 전문의의 검사를 받고 소견을 듣는 게 필요하다.

여러분이 심각하게 우울감을 겪고 있는 누군가를 만난다면, 그리고 여러분이 그 사람들은 절대 혼자가 아니라는 느낌을 주며 그들의 이야기에 귀기울여준다면, 그 사람들은 여러분이 내민 손을 잡고 절망과 우울의 늪에서 빠져나올 수 있을 것이다.

4

함께 사용하는
화자 — 청자 카드(TLC)

21. 듣기 게임(식사 중)

우리는 듣기 게임을 통해 TLC(화자-청자 카드) 사용법을 익힐 수도 있고, 더불어 가족의 듣기 능력까지도 향상할 수 있다. 듣기 게임은 TLC 과정을 익히는 즐거운 방식일 뿐만 아니라 나와 다른 사람과의 관계를 증진하는 길잡이가 된다. 우리는 서로의 이야기에 더 귀를 기울임으로써 서로를 더 잘 이해하고 애정을 쏟게 될 것이다.

우리는 건전하고 협력적인 환경에서 성장한다. 가족은 가족 구성원이 각자 더 나은 삶을 살아갈 수 있도록 지지해 주는 마음의 중심이며 힘의 원천이다.

특히 어린 아이들에게는 더더욱 그러하다. 사랑을 바탕으로 서로 존중하는 가정환경에서 자란 아이들은 다른 사람들과 협력하는 방식이 자연스레 몸에 배어 있다. 그리고 학교에서 배운 양보와 평등의 가치를 잘 이해할 수 있기에 누구와도 쉽게 친해진다.

가족과 함께 듣기 게임을 시작하기 전에 배우자의 동의를 먼저 구하도록 해라. 이 게임은 가족뿐만 아니라 룸메이트, 친구, 그리고 직장 동료와의 점심 식사 시에 진행해도 가족들과 하는 것과 똑같은 효과를 볼 수 있다. 물론, 그 전에 함께 하는 사람들의 동의를 구하는 것이 먼저다.

게임 규칙을 소개하겠다. 게임 중 모든 사람은 각자 자신이 말할 순서를 얻는다. 그리고 그 동안에는 다른 누구도 끼어들거나, 반박하거나, 주제를 바꾸거나, 잔소리하는 등으로 말을 끊어서는 안 된다(필자의 친구는 이 대목에서 "부모가 이거 말고는 할 수 있는 게 없잖아?"라고 했다). 어린 아이들은 부모나 형제자매가 규칙을 어기는 것을 잡아내기를 참 좋아한다. 이 게임은 오히려 아이들보다 부모에게 더욱 어려운 게임이 될 수도 있다.

가족에게 5세부터 105세까지의 모든 연령에게 재미있을 만한 게임을 알고 있다는 말로 운을 떼어라. 그리고 TLC를 보여주면서 카드의 한쪽 면에는 '화자'가 있다는 것을, 다른 쪽 면에는 '청자'가 있다는 것을 알려주어라.

모든 사람에게 말할 순서가 돌아간다는 것을 일러주고, 화자는 자신이 겪고 있는 어떤 일이든 이야기할 수 있으며 나머지 사람들은 모두 경청해야 한다는 것을 설명해라. 게임 중 누군가가 규칙을 어기고 (듣기를 멈추고) 화자가 말하는 것을 방해한다면, 어른이든 아이든 그저 TLC를 돌리는 것으로 정중하게 신호를 보내라. 비난하지도, 공격하지도 말고, 그저 카드를 돌리기만 해라.

게임 참여 방식

1. 나이가 가장 어린 사람이 제일 먼저 말할 순서를 얻는다. 그 다음 나이가 많은 순으로 차례를 옮겨 간다. 화자는 언제든 "패스(pass)"라고 말할 수 있으며, 모든 사람에게 순서가 돌아간 후에 다시 말할 기회를 얻는다. 모든 사람은 각자 얘기하고 싶은 것에 대해 무엇이든 얘기할 수 있고, 나머지 사람들은 집중해서 화자의 이야

기에 귀기울여야 한다.

2. 청자는 아래의 질문을 활용해서 게임에 참여한다. 모든 질문은 상냥하고 친절한 애정 어린 관심에서 비롯되어야 한다. 화자에게 부담을 주거나 불쾌감을 주어서는 안 된다. 게임을 시작하기 전에 모두가 이 페이지를 펴 아래 예시를 함께 보고 있는지 확인해라.

첫 번째 화자가 접시를 내려다보며 "그치만, 나는 피자에 멸치 들어간 거 안 좋아한단 말이야."라고 말했다고 가정해 보자.

- 화자의 말을 최대한 들은 그대로 반복해서 말해 주어라: "아, 너는 피자에 멸치 들어간 거를 안 좋아하는구나."
- 화자의 말을 자신의 말로 바꾸어 다시 말해 주어라: "아, 그러니까 너는 피자에 어떤 생선같은 게 올라가 있는 걸 보면 토할 것 같다는 말이구나."
- 자신의 이해를 높일 수 있는 질문을 해라: "무슨 말인지 잘 모르겠어. 그러니까 너는 이 피자에 멸치가 있어서 먹기 싫다는 거야, 아니면 피자에 토핑된 멸치만 빼고 먹겠다는 거야?"
- 더 많은 정보를 얻기 위해 질문해라: "피자에 멸치 말고 어떤 게 들어갔으면 좋겠는데?"

3. 첫 번째 화자 쪽으로 TLC의 '화자' 면이 향할 수 있도록 카드를 배치해라. 그리고 나머지 사람들은 카드의 '청자' 면을 보고 앉아라. 이렇게 하면 누가 말할 차례인지 분명해질 것이다.

말하는 것과 듣는 것의 차이가 무엇인지를 깨닫는 데까지 조금의 연습이 필요할 수도 있다. 그것이 이 게임의 묘미다.

(규칙을 어기는 사람을 정중하게 잡아내는 것이 그 차이를 배우는

과정이고, 그렇게 함으로써 모두가 서로를 존중할 수 있게 된다.)

4. 첫 번째 화자가 말하기 시작한다. 누군가가 화자의 말을 방해하거나 자신의 차례가 아닌데 말하기 시작했다면, 그 누구든 TLC의 '화자' 면이 규칙을 어긴 사람에게 향하도록 카드를 돌리면 된다.

5. 규칙을 어겨 '화자' 면을 바라보게 된 사람은 원래 말할 차례였던 사람에게 "어머, 내가 실수했네. 네가 말할 차례였지. 무슨 얘기하고 있었지?"라고 하거나 "미안, 네 차례였지. 멸치가 싫다는 얘기를 하는 중이었잖아. 계속해."라고 말한다.

6. 화자가 나머지 사람들에게 이해받고 있는 기분이 드는지 물어야 하는 때도 있다. (여기서 '이해'란, 화자의 말에 동의하는 것과 다르다. 이해는 긍정적인 의사소통의 기본이다.)

   화자가 "응, 내 말을 이해하는구나." 혹은 "바로 그거야."라고 말하거나 고개를 끄덕이며 "그렇지."라고 중얼거리면 화자의 순서가 끝나게 되는 것이다.

7. 화자가 이해받았으면, 모든 사람이 그럴 수 있도록 돌아가며 순서를 지켜라.

한 가족의 사례

아버지가 유치원생 아이에게 게임을 시작하자고 운을 뗀다. "자, 샘. 항상 네가 먼저 말하게 되어 있지. 오늘은 무슨 얘기하고 싶어?"

"음... 제이슨이 내 크레파스를 가져갔는데 선생님이 아무 말씀도 안 하셨어."

샘의 형 제레미는 "너 설마 울면서 선생님한테 간 건 아니지? 우는 아이를 좋아하는 사람은 아무도 없어. 제이슨을 한 대 때려주지 그랬어." 라고 말한다.

아버지가 카드의 '화자' 면이 제레미를 향하도록 돌리자 제레미는 "아이구, 나 걸렸네. 샘, 네가 말하고 있었지. 그래서 무슨 일이 일어났는데?" 혹은 "제이슨이 네 걸 가져갔는데 선생님이 네 말을 들어주지 않았을 때 정말 짜증났겠다."라고 말한다.

샘은 한숨을 쉬며 "응, 맞아."라고 말한다.

어머니가 "그래서 오늘 하루는 별로 신나지 않았어?"라고 묻자,

"응, 별로 재미없었어. 근데 점심시간이랑 쉬는 시간은 재미있었어. 월볼(wall ball; 벽에 공을 튀기며 노는 놀이)을 하고 놀았거든."

그러면 제레미가 "그게 네가 가장 좋아하는 놀이야?"라고 묻고, "응!"이라고 대화가 오고가면 샘의 말하기 순서는 끝난 것이다. 확실히 하기 위해서 누군가가 "우리가 지금 네 얘기를 전부 이해한 것이 맞니?"라고 물어도 좋다. (화자가 고개를 끄덕이며 "응"이라고 대답하거나, 자신이 이해받았다는 사실을 나타내는 어떤 제스처를 취한다면 그 다음으로 나이가 많은 사람에게 TLC의 '화자' 면이 향하도록 카드를 돌려라. 이렇게 함으로써 한 사람이 대화를 모두 장악하는 것을 막는다.)

그리하여 이제는 제레미의 차례. "아빠가 내 음악 볼륨을 마음대로 낮춰버릴 때 정말 싫어요."

아버지가 "그 소음 덩어리를 음악이라고 부른다고?!?!?"라고 말한다.

아버지가 규칙을 어겼다는 것을 샘이 발견하고 카드의 '화자' 면이 아버지를 향하도록 돌린다. 그러면 아빠는 멋쩍게 "아, 그렇지. 제레미, 네 차례였지? 자, 내가 다시 말해 볼게. 내가 네 음악 볼륨을 마음대로 낮춰버리는 게 정말 싫다고?"라고 말한다.

"그럼 아닐 거라고 생각하세요? 아빠가 그럴 때마다 미쳐버릴 것 같아요. 제가 듣는 음악이고 저는 정말 좋아해요."

아버지는 몹시 기가 막히면서도 "그래, 네 차례지... 네 차례야. 그래서, 그 음악이 뭐가 좋다고?"라고 말한다. 그러면 제레미는 자신의 음악에 대해서 이야기하고 그것이 자신에게 얼마나 중요한 것인지에 대해 말할 수 있게 된다. 제레미가 이해받으면 제레미의 차례는 끝이 난다.

"우리가 네 얘기를 모두 이해한 것이 맞니?"라고 묻기 전에, 화자가 이야기한 내용을 요약해서 다시 말하는 것 또한 때때로 좋은 방법이 된다.

그리고 나면 카드의 '화자' 면이 어머니를 향한다. 아이들은 어머니에게 "이제 엄마 차례예요. 오늘 하루 있었던 일 중에 뭐 얘기하고 싶으신 거 있으세요?"라고 묻는다.

"물어봐줘서 고맙구나. 오늘 정말 힘겨운 하루였어. 우리 상사가, 내가 생각하기에 좀 비윤리적인 일을 자꾸 하라고 시키는 거야."

그러자 샘이 묻는다. "그 말은, 잘못된 일을 엄마보고 하라고 그런다는 거예요?"

"응. 그런데 만약 내가 안 하겠다고 하면 잘릴지도 모른다는 거지."

제레미가 말한다. "으... 어른이 된다는 것은 정말 쉬운 일이 아니네요. 그래서 어떻게 하셨어요?"

어머니의 마음이 모두 이해받고 나면 이제는 아버지의 차례다. 아이들이 "아빠에게는 또 어떤 일이 있었어요?"라고 묻는다.

"내가 퇴근하고 집에 오면 나는 이미 사람들에게 지칠 대로 지친 상태라 잠깐 동안은 나만의 시간을 좀 갖고 싶어."

그러면 샘이 묻는다. "아빠가 집에 오자마자 우리가 귀찮게 하는 게 싫으시단 거예요?"

제레미는 "그러면 우리가 어떻게 했으면 좋으시겠어요?"라고 묻는다.

그러자 아버지는 "내가 바라는 건 그냥 너희들의 따뜻한 포옹 한 번이야. 그리고는 지하실에 가서 한 20분 동안 혼자만의 시간을 갖고 싶어. 그렇게 하고 나면 우리 가족들과 함께 저녁 식사를 즐기고, 너희들 숙제를 도와주거나 캐치볼을 하고 놀거나 할 수 있을 거 같아."라고 말한다.

어머니가 "그러니까, 힘들게 일하고 돌아와서는 잠깐 쉬어가는 타이밍이 필요하다는 거죠?"라고 묻자,

아버지는 "응, 그렇지. 바로 그거야."라고 대답한다. 아버지는 가족들에게 이해받은 것이다. 그러면 게임은 종료된다.

이것이 바로 기적이다! 10대 사춘기 소년이 유치원생 동생이 유치원에서 무슨 일로 짜증이 났었는지 물어보는 경우가 어디 흔한 일인가? 아버지가 사춘기에 접어든 아들에게 무슨 음악을 듣는 것인지 마음을 열고 물어보는 일이 어디 흔한 일인가? 아이들이 부모의 인생에 무엇이 중요한지 물어보는 경우가 어딘 흔한 일인가?

(한 역사 연구에 따르면 이와 같은 사례가 기록된 적은 역사적으로 17번뿐이라고 한다. 식사 중 행할 수 있는 이 간단한 게임이 인류 문명의 전반을 통째로 바꿔놓을 수도 있는 일이다.)

우리의 이야기를 털어놓을 수 있고, 그 이야기를 들어주고 이해해줄 수 있는 사람이 있는 안전한 공간이 있다는 것만으로도 우리는 더 건강하고 행복한 삶을 살아갈 수 있다. 가족 여행, 행사 계획, 일, 오해를 푸는 데도 이 게임은 얼마든지 활용될 수 있다.

우리에게 진정으로 듣는 법과 이해하는 법을 일러주는 게임을 체화함으로써 가족 간의 상호작용이 활발해지고 관계가 돈독해질 것이며, 또 우리는 더욱 행복하고 의미 있는 삶을 살아가게 될 것이다.

TLC를 활용한 듣기 게임이 갈등을 해결하는 데 도움이 된다

듣기 게임에 대해 듣게 된다면, 갈등 상황에서 이 게임을 어떻게 활용할 수 있을지 고민해 보게 될 것이다. 유치원생 아들이 집에 울면서 왔다고 가정해 보자. "지키가 나한테 돌을 던져."

그것을 들은 어머니가 "엄마가 걔네 어머니한테 전화해야겠다."라고 말하는 기존의 '부모 말하기' 대신, "우리 아들 그래서 무서웠어? 왜, 무슨 일이 있었던 거야?"라고 물으며 아들의 이야기를 들어준다.

"응, 날 때리려고 했어. 걔 자전거 때문에 싸우기 시작했단 말이야. 나를 안 태워주는 거야. 그래서 내가 그냥 가져와 버렸어."

"자전거를 그냥 가져와 버렸구나. 그랬더니...?"

청자로서의 어머니는 결국 마지막에 "그러면 지키랑 화해하기 위해 우리 아들이 무슨 일을 할 수 있을까?"라고 묻게 될 것이다.

"음... 지키에게 자전거를 돌려주고 미안하다고 말해야겠어."

이 게임은 샘의 이야기를 듣고, 샘이 이 문제를 헤쳐나가기 위해서 어떤 행동을 하면 좋을지 용기를 북돋아 주는 데 도움을 주게 된 것이다. 아들은 어머니가 아들 스스로 문제를 해결할 수 있음을 믿는다는 것을 느낀 것이고, 그러면 점차 마음이 가라앉아 자신이 가진 문제 해결 선택지를 차분히 살펴보게 된 것이다.

혹은, 아버지가 몇 년 후 새벽 2시에 제레미가 귀가한 것을 발견했다고 해보자. "차 가지고 나갔다가 이제 들어온 거니?!?!? 너 집 밖으로 한 발짝도 못 나갈 줄 알아라!!!"

제레미가 "으악, 아버지, 화가 많이 나신 것 같군요. 제 걱정 많이 하셨나 봐요."라고 말하자,

아버지는 "그럼 화가 안 났겠니??? 너 당분간 어디 아무 데도 못 갈 줄 알아!!!"라고 응수한다.

"아빠는 제게 무슨 일이 생겼을까봐 걱정하신 거예요, 아니면 귀가해야 할 시간에 돌아오지 않아서 화가 나신 거예요?"

"제레미, 아빠는 네게 무슨 일이 생겼을까봐도 걱정됐지만 네가 약속한 시간에 돌아오지 않아서도 화가 났어. 엄마 아빠는 너를 사랑하고, 너한테 혹시라도 무슨 일이 생길까봐 늘 걱정해. 그런데, 왜 이제야 들어온 거야?"

갈등 상황이 생기면, 가장 차분한 가족 구성원이 TLC를 가져와 테이블 위에 얹어둔다. 그러면 그것을 눈치 챈 사람이 "아, 그래. 누가 먼저 말할지 정하자. 우리는 이 상황을 충분히 잘 해결할 수 있어. 모든 사람이 각자 말할 차례를 갖고 나머지가 듣고, 그러면 공평하잖아? 자, 게임을 시작해 보자."

어떻게 생각하면, 사는 것 자체가 게임이다. 모두가 순서를 지켜 자신의 이야기를 털어놓고, 또 서로 존중하며 그 이야기를 들어주는 규칙만 잘 지킨다면, 우리는 삶을 더욱 건설적으로 살아갈 수 있을 것이다.

또 어떻게 생각하면, 삶은 게임과는 전혀 다르다. 그것이 바로 이 험난하고도 복잡한 세상을 살아가기 위해 우리 모두가 서로의 도움이 필요한 이유이다. 서로 존중하여 이야기를 들어주고 함께 버팀목이 되어주는 것은, 우리가 세상을 조금은 더 용기 있고 현명하게 살아나갈 수 있는 방법이기도 하다.

여러분 모두가 서로에게 더 많은 애정을 베풀고 관심을 기울이는 데 늘 최선을 다하기를 빌어본다.

22. 집단 토의의 갈등 상황 해결

예민한 주제에 대해 이야기를 나눌 때, TLC는 대화 참여자들 사이에 발생할 수 있는 갈등을 미연에 방지하거나 최소한으로 줄여주는 역할을 한다.

예민한 주제에 대해 이야기를 나눌 때면, 사람들은 상대방이 자신을 존중하고 있다거나, 자신의 의견에 경청하고 있다거나, 자신의 생각을 이해하고 있다는 느낌을 받지 못하는 경우가 많다. 그리고 이것 때문에 상처 받는다. 이 상처는 분노가 되어 점점 언성을 높이게 하고, 대화가 아닌 논쟁을 하게끔 만들며, 사고를 정지시키고, 이윽고는 공격적인 태도를 취하게 한다. 이 논쟁은 결국 서로에 대한 비난, 속마음 의심, 관계 악화, 우정 파괴로까지 이어진다.

만약 여러 사람이 함께 예민한 주제에 대해 협력적인 자세로 대화를 나누고 싶다면, TLC과정을 소개해 주어라. TLC 과정은 아메리칸 인디언들의 '말하는 막대(talking stick)' 전통과 비슷하다. 한 사람이 '말하는 막대'를 잡고 말하는 동안에는 다른 사람들이 침묵하고 이야기를 들으며 화자에 대한, 화자의 시간에 대한, 화자의 말에 대한 존중을 보여주는 방식이다.

TLC 과정은 여기에 두 가지를 추가한다.

1. 듣기 반응을 통해 화자가 자신이 존중받고 이해받고 있음을 보여 주어라.
2. 듣기 반응을 통해 화자가 자신의 의견을 더 명확하고 깊게 이야기할 수 있도록 도와라.

이는 서로에게 배우고 함께 성장해 나갈 수 있도록 하는 협력적인 과정이기도 하다. TLC 과정이 잘 이루어지기 위해서는 가장 객관적인 대화 참여자가 모든 사람들이 돌아가며 말할 기회, 즉 존중받을 기회가 주어지는지 확인하는 것이 좋다.

제일 먼저 말하고 싶은 사람 앞에 TLC를 놓아라. 그리고 나머지 사람들에게는 한 번에 한 사람만을 이해하는 과정이라는 것을 다시 한번 분명히 말해두어라. 화자가 말하면 나머지 사람들은 모두 경청한다. (듣기 게임의 4가지 질문을 출력해서 청자 앞에 놓아두는 것도 듣는 방법에 대한 길잡이가 될 수 있다.)

두 번째 화자가 되기 위해서는 앞서 말한 사람의 이야기와 의도를 5줄로 요약해서 말해야 한다. 물론 첫 번째 화자가 존중 받았다는 기분이 들 만큼 말이다.

똑같은 방식으로 화자가 말하고, 다음 화자 후보가 이전 이야기를 요약하면서 TLC 과정을 진행해 나간다. 그리고 이 과정을 반복해서 진행해 나가는 중, 화자의 이야기를 집중해서 경청하지도 않았는데 말할 기회를 얻는 사람은 없는지 확실히 해야 한다. 다시 한번 말하지만, 요약의 과정은 화자의 말에 '동의'해야 한다는 뜻이 아니다. 그저 '이해' 하면 되는 것이다. 이 과정이 잘 이루어진다면, 갈등이 훨씬 감소될 것이다.

서로 의견이 다르다고 해서 반드시 갈등이 생기는 것은 아니다. 하지만 그 상대가 마음이 불안정한 사람이거나, 타인이 자신과는 다른 관점으로 세상을 바라볼 수 있다는 것을 용인하지 않는 사람이라면 쉽게 갈등이 유발되기 마련이다. 그런 사람에게 '먼저 듣고 나중에 말하기' 과정이 당장에 먹혀들지는 않겠지만, 천천히 인내심을 가지고 TLC 과정을 가르쳐 준다면 분명 훨씬 나아질 것이다. 그리고 더 중요한 것은, 그렇게 함으로써 나머지 사람들의 협력적인 토의 과정이 그 사람에 의해 방해받지 않게 될 것이라는 거다.

상처받은 사람이 느끼기에 자신의 말이 잘 받아들여지지 않는다거나 자신이 존중받고 있지 못하다고 생각되면 서서히 논쟁은 싹트기 시작한다. '먼저 듣고 나중에 말하기' 과정은 서로 다른 사람의 이야기를 듣고 존중하게끔 유도함으로써 이 논쟁적 요소를 말끔히 걷어내는 것이다.

논쟁은 가라. 대신 서로 배우고 의견을 나누도록 해라.

예를 들어, 두 번째 화자가 "그러니까 앞서 말씀하신 분께서는 이러이러한 얘기를 하신 거고, 이게 당신에게 굉장히 중요한 일이란 거죠?"라고 말했다고 가정해 보자. 그러면 첫 번째 화자가 "네, 바로 그것이에요."라고 말하는 것이다. 자신의 이야기가 제대로 전해졌다는 것에 대한 신호로 고개를 끄덕이거나 그에 맞는 신호를 보내준다면, 자신의 차례가 끝나게 되는 것이다.

그렇다면 다음은 두 번째 화자의 차례다. "음... 제 생각은 이러이러한 관점에서 조금 달라요." 그리고 세 번째 화자가 두 번째 화자에게 "그래서 화자 분께서는 이러이러한 생각을 가지고 계시다는 거죠? 맞나요?"라고 말하면, 두 번째 화자가 "네, 바로 그거예요. 당신께서 제 생각에 동의하지 않는다는 걸 알고 있는데, 제 의견을 이해하고자 했다는 사실이 정말 큰 위안이 되는군요."라고 대답하게 되는 것이다.

나는 가끔 이렇게 모인 사람들을 두고 '나의 생각 - 너의 생각' 집단이라고 부르곤 한다. 첫 번째 화자가 "저는 이렇게 생각하는데, 여러분은 어떻게 생각하시나요?"라고 운을 떼면, 두 번째 화자가 "그러니까 당신은 이렇게 생각하신다는 거죠? 맞나요?"라고 대답하기 때문이다. 그리고 서로 제대로 이해한 것이 맞다면 두 번째 화자의 차례가 되는 것이고, 두 번째 화자는 다시 "저는 이렇게 생각하는데, 여러분은 어떻게 생각하시나요?"라고 물어볼 것이다.

'나의 생각 - 너의 생각' 화법은 사람마다 다양한 생각을 가지고 있다는 것을 전제로 하며, 이를 전제로 하기에 서로가 서로를 이해하는 과정이 훨씬 수월해진다.

1991년 걸프전쟁 당시, 나는 사람들이 미군의 참전에 대해 어떤 생각을 가지고 있는지 들어보기 위해 몇몇 사람들을 한 자리에 초대한 적이 있었다. 논의를 시작하기에 앞서, 우리는 반드시 서로 지켜야 할 규칙에 대해 짚고 넘어갔다. 논의 과정을 따라가며 규칙이 잘 지켜지고 있는지 확인할 사람을 나로 정했으며, 모든 사람은 돌아가며 말할 기회가 주어질 것이라는 걸 분명히 했다. 그리고 앞서 말한 사람의 이야기를 요약하여 전달한 사람이 다음 말하기 차례를 이어받는 것으로 했다. 그리고 각자의 입장이 너무나도 확고할 것이 분명했기에, 다른 사람에게 자신의 주장을 설득하려고 하는 대신, 그저 함께 의견을 나누고, 서로를 존중하고, 서로에게서 배우고, 논의가 끝날 때쯤에는 모두가 친구가 될 수 있는 장(場)을 만들어 보자고 약속했다.

우리가 그 날 나눈 다양한 생각들을 어떤 이름 아래 명확히 분류할 수 없겠지만, 편의를 위해 '매의 발언'(전쟁파)와 '비둘기의 발언'(평화파)로 나누어 살펴보도록 하겠다. 논의는 비둘기가 먼저 발언하는 것으로 시작되었다. 그러자 매는 비둘기의 말이 끝나기도 전에 먼저 끼어들어 "그래, 곧 죽어도 평화라지. 그런데 누군가는 나라를 지켜야 하지 않겠어요?"

나는 첫 번째 화자였던 비둘기에게 매가 자신을 이해한 것 같은지 물었다. 비둘기는 "아니요, 전혀요."라고 대답했고, 나는 매에게 "자, 우리 다시 한번 해볼까요? 비둘기가 무엇을 말하려고 했는지 다시 말해 봅시다." 그러자 매는 입을 꾹 다물어 버렸다. 매는 비둘기가 이야기 하는 중에 머릿속으로 자신이 하고 싶은 얘기를 떠올리기에 급급했던 것이다. 세 번째 시도 끝에 매는 겨우 비둘기의 말을 요약해서 말할 수 있었다. "그러니까 비둘기의 말은 폭력, 즉 군사적 개입이 이루어지기 이전에 할 수 있는 모든 외교적 조치를 취해봤으면 한다는 얘기죠...? 제 말이 맞나요?" "네, 바로 그거예요. 제 얘기를 들어주셔서 감사합니다."

비둘기라고 해서 매보다 나을 것은 없었다. '군인 놈'의 생각에 피드백을 줘야했던 비둘기는 말을 거의 이어가지도 못했다. "그러니까 당신은, 세상을 정의롭고 안전하게 유지시키는 것은 결국 강한 군사력이라고 믿고 계시다는 거죠...? 그리고 현재 미국은 그걸 걸프전쟁에서 보여주려고 하는 것이고요...?"

난항을 겪긴 했지만, 둘은 저녁 내내 서로의 이야기를 집중해서 들었다. 둘은 서서히 상대방이 무슨 생각을 하는지, 어떤 신념을 가지고 있는지 이해할 수 있게 되었다. 둘은 다른 어느 때보다도 더욱 존중받는 기분으로 대화를 나누었다. 논의는 서로가 서로에게 "당신이 그렇게 생각하는지 꿈에도 몰랐어요. 당신이 어떤 상황들을 겪어 왔는지 한 번도 생각해 보려고 한 적도 없어요. 당신이 그렇게 생각하실 만도 해요. 당신의 의견에 동조한다는 뜻은 아니지만, 적어도 당신이 왜 그런 입장을 취하는지는 이해하고, 또 당신을 존중해요."라고 말하며 마무리 되었다.

그로부터 일주일 후, 내가 없는 자리에서 그 둘은 다시 만나 논의를 이어가게 되었다. 나는 우리가 설정한 기본 규칙을 반드시 지켜 논의를 나누고, 또 규칙이 정말 잘 지켜지고 있는지 모두가 촉각을 곤두세우고 확인할 것을 강조하고 또 강조했다. 그러나 현장에서 만난 그 둘은 '우리는 이미 친구가 되었고 서로를 잘 이해하고 있기 때문에 더 이상 규칙이 필요 없다'고 합의를 봤다. 그러자 어떤 일이 생겼을까? 논의는 바로 논쟁으로 흘러갔으며, 서로에게 오해와 상처만을 남겼다.

'먼저 듣고 나중에 말하기' 과정은 말할 사람의 순서를 정해놓고 규칙적으로 돌아가나, 아니면 랜덤으로 다음 말할 사람을 정하거나에 상관없이 어느 때건 유용하다.

말하는 순서에 따라 예민한 주제가 예민해지지 않는 것은 아니기 때문이다. 다음 사람이 말하기 전에 이전 사람이 말한 것을 다시 반복해서 말해주고 피드백 해주는 원칙을 반드시 지켜야 한다.

한 사람이 대화 과정을 모두 지켜보면서 모든 사람이 이해받고 존중받고 있는지를 살핀다면, 이 방법은 더할 나위 없이 훌륭하게 작용할 것이다.

물론 규칙을 스스로 체크하는 방법도 있을 수 있겠지만, 그러려면 모든 대화 참여자가 본 과정을 완벽하게 이해하고, 규칙을 어기는 상황이 발생했을 때 누군가는 '먼저 듣지 않고는 말할 수 없다'는 것을 분명하게 얘기할 수 있는 용기가 있어야 한다.

만약 당신이 감정적인 논의의 일원이 되거나, 그 논의를 이끌어 가야 하는 당사자가 된다면, 어느 논객이든 여태까지 해왔던 것처럼 무계획적으로 토론에 참여할 것(즉, 모든 사람이 자신의 의견만 내세우고 상대방의 입장은 들으려고 하지 않을 것)을 미리 알고 시작하는 것이 유리하다. 먼저 들어야만 말할 권리를 얻을 수 있는 방식을 사람들에게 소개하는 것으로 시작해 보는 것은 어떨지 권장하고 싶다.

돌아가며 순서를 지키는 것은 상대에 대한 배려이고 존중이다. 당신은 방금 유난히 고집스러운 의견을 가지고 있는 사람을 도울 방법을 배운 것이다. 행운을 빈다. 세상은 당신의 도움을 절실히 필요로 한다.

23. 두 사람 간의 대화 중재하기

커플을 상담하고 있을 때면, 나는 종종 두 사람의 대화에 끼어들어 방금 상대방이 무슨 말을 했는지를 묻곤 한다. 그러면 갑자기 당황해서 "음, 어... 그러니까, 음... 그게... 어... 잘 모르겠네요."라며 말을 버벅댄다.

한 번에 한 사람의 의견에만 집중하여 귀기울인다는 것은 굉장한 연습이 필요한 일이다. 그렇기에 두 사람 간의 대화를 중재할 수 있는 능력이 필요하다.

좀 더 협력적으로 소통하고 싶은 사람을 도와주고 싶은 마음이 있다면, TLC 과정을 소개함으로써 두 사람의 대화를 더 나은 방향으로 이끌어 줄 수 있을 것이다. 하지만 약간의 위험은 감수해야 한다. 타인의 도움을 달가워하지 않는 사람이라면 그 사람을 잃을 각오로 임해야 할 수도 있다. 하지만 만약 그쪽에서 먼저 도움을 요청해 왔다거나, 나 스스로가 그 위험을 감수할 만큼 TLC 과정을 중요하다고 여긴다면, TLC는 반드시 큰 역할을 해낼 것이다.

내가 TLC를 어떻게 활용했는지 보여주기 위해 내가 진행했던 결혼 상담 과정 중 일부를 공개하겠다. 두 사람의 대화를 중재하고자 할 때 TLC를 활용해 볼 수 있다. 다시 말해, 부모 자녀 간, 고용주와 노동자

간, 민주당과 공화당 간, 직장 동료 간, 친척 간, 혹은 그 어떤 상황에서든 TLC를 활용할 수 있다는 말이다.

결혼 상담에서 의사소통은 굉장히 중요한 문제이다. 만약 두 사람의 의사소통이 원활한 상황이었다면, 상담 없이도 그들 스스로 문제를 해결할 수 있었을 것이기 때문이다. 미흡한 소통 방식은 서로에게 거리감을 느끼게 하고 오해를 낳기 때문에, 의사소통을 엉망으로 만들어 버리는 경우가 있다. 각자 뇌가 점점 납작해지면서 이윽고 서로의 이야기가 들리지 않는 상태까지 도달해 버리는 것이다.

이외에도, 서로의 감정이 과잉 분출되어 뇌가 순식간에 납작해져 답답한 상황을 만들어 버리는 경우가 있다. 서로에게 상처를 주지 않고, 자기방어를 하지 않으면서, 상대의 이야기에 귀기울여주고, 의사소통 능력을 증진시키는 동시에, 서로에게 더욱 깊은 유대감을 줄 수 있도록 도와줄 수 있는 방법이 필요하다.

시간이 좀 지나면, 두 사람은 플랫브레인이 되어가는 상대를 놀릴 수 있는 여유가 생길 것이며, 상대의 플랫브레인 상태를 해소시키기 위해 서로의 이야기를 더욱 존중하며 듣게 될 것이다. 이로써 서로는 서로를 이해할 수 있는, 그리고 상황을 악화시키지 않을 수 있는 방법을 익히게 된 것이다. 그리고 각자가 서운한 점이 무엇인지를 확실히 밝히는 것 또한 도움이 된다.

상담을 시작하기에 앞서 서로에게 지금보다 더 잘 지내고 싶은 마음이 있는지를 확인하고, 현재의 의사소통 방식에는 문제가 있음을 확인했다. 두 사람이 듣기란 무엇이고, 상대의 감정과 속마음을 이끌어내기 위해서는 어떻게 들어야 하는 것인지에 대해 조금은 알고 시작하는 것이 좋을 것 같아서 나는 이들에게 말하는 순서, 카드에 나열되어 있는 규칙, 그리고 몇 가지 듣기 기법을 간단히 소개하였다.

그리고 두 사람이 TLC 방법을 완전히 익히고 나면, 제3의 대화 참여자가 될 TLC로 인해 내가 없이도 충분히 대화가 중재될 것이라는 말을 전했다. 두 사람이 대화하는 중 적절한 타이밍에 나는 재빨리 '플랫브레인 증후군'이 작동하는 원리를 그림으로 그려, 지금 두 사람에게 일어나고 있는 감정의 변화가 충분히 정상적인 과정이라는 것을 보여주었다. 보통 사람들은 누구나 플랫브레인이 될 수 있으며, 플랫브레인은 그저 일시적으로 일어나는 현상이라는 것을 알려주면 금방 안정을 되찾기 때문이다. 그렇게 대화를 나누며 익힌 의사소통 방식은, 집으로 돌아갈 때 TLC와 함께 마음속에 가지고 돌아가게 될 것이다.

사람들은 때때로 듣는 것 하나만으로 많은 변화를 가져올 수 있냐고 묻는다. 그에 대한 나의 대답은 이것이다. "당신의 배우자가 하고자 하는 말이 정확히 무엇인지 찾는 데 도움을 주고, 또 그 이야기를 존중하고 이해해준다면, 두 가지 변화가 생깁니다. 첫 번째, 당신의 배우자가 현재 무슨 일을 겪고 있는지 알게 되어 좀 더 많은 신경을 써줄 테고, 그리고 결과적으로 그런 관심이 더해져 서로의 마음에 힘이 되어줍니다. 그리고 두 번째, 상대방이 자신에게 지금 무슨 일이 일어나고 있는 건지 스스로도 더 명확해지면, 더욱 현명한 결정을 내릴 수가 있다는 거죠."

카드가 뒤집어지고, 한 사람에게 일어난 일이 두 사람에게 다 일어날 때 그 효과는 두 배 이상이 된다. 원활한 의사소통은 단순히 정확한 정보를 주고받는 것 이상의 의미를 가진다. 상대방이 어떤 생각을 하고 어떤 감정을 느끼는지를 다시 한번 알아차리게 되면, 서로에 대한 애정이 더욱 깊어지고, 서로를 위해 무엇이든지 해주고 싶어지며, 그렇게 자연스럽게 관계가 개선되는 것이다.

하지만 서로의 이야기를 깊이 들어주기 위해서는, 그들이 함께 지나온 과거와 거기서 비롯된 현재 배우자에 대한 인식을 걷어내 버려야만 한다. 지난날이 얼마나 암울했는지를 계속해서 되새긴다면, 현재 자신의 배우자가 어떤 고충을 겪고 있고 또 어떻게 변해가고 있는지 알아차릴 수 없다. 서로의 이야기를 잘 들어주기 위해서는, 자신의 상처, 분노, 그리고 서로에 대한 기대감이 무엇인지를 정확하게 규명하고, 이를 조금 놓아줄 필요가 있다. 이런 감정들은 대화 중 걸림돌로 작용할 수 있으며, 그래서 나는 상담을 시작하기 전 이 감정을 해소하는 데 먼저 많은 공을 들인다. 서로가 어떤 마음의 짐을 안고 살아가는지 들어주는 과정이 반드시 필요하다.

서로의 이야기를 신선하게 받아들이기 위해서 각자의 배우자에게 마음의 문을 활짝 여는 것 또한 중요하다. 나는 커플들에게 서로를 갓 만난 것처럼 생각해 보라고 권유한다. 서로의 문제를 공유하는 데 있어 각자 '다른 사람'과 얘기하는 것처럼 느끼게 하고 싶다.

나는 커플에게 우리가 이 과정을 진행하다가 때때로 잠시 멈출 것이라는 것을 알렸다. 두 사람이 가지고 있는 문제에 대해 짚고 넘어가기 위해, 대화를 잠시 멈추고 한 발짝 물러나 현재까지 무슨 일이 일어나고 있는지 진단해 보기 위해서다. 대화 중 무엇이 잘 되고 있고 무엇이 잘못 되고 있는지에 대해서 이야기를 나누어 볼 수도 있고, 어떻게 하면 더 나은 방향으로 의사소통할 수 있을지에 대해서 이야기를 나누어 볼 수도 있고, 서로를 이해하는 데 있어 걸림돌이 되는 것이 있다면 치워버릴 수도 있고, 현재 상황에 더 적합한 듣기 기법이 있다면 내가 소개해 줄 수도 있을 것이다. 이런저런 얘기를 나누고 나면 다시 대화로 돌아가는 것이다.

이렇게 대화 과정을 진행하고 멈추는 동안, 우리는 대화가 어느 순간 갈피를 잃어버리는 것을 막을 수 있을 것이다.

예를 들어, 두 사람의 성(性) 생활에 대해 감정적으로 고조되어 대화를 나눌 때 내가 잠시 개입하여 대화를 중단시킬 수 있다. 카드를 보며 누가 말할 차례고, 누가 들을 차례이며, 누가 먼저 비난했는지 혹은 방어적인 태도를 취했는지를 따져볼 수 있다. 캐롤린이 이해받은 듯한 기분을 받았다면, 카드를 돌려 제프가 말할 차례로 넘어가면 된다. 이 과정을 반복해 나가면, 해당 문제를 둘러싼 서로의 상처가 치유되고 마음의 분노가 가라앉게 될 것이다.

내가 어떻게 대화 과정을 진행하고 멈추는지, 그리고 멈춘 동안에는 어떻게 대화의 상황을 진단하는지를 두 사람이 배워갔으면 좋겠다. 나는 커플에게 집에서도 똑같은 방식을 시도해 볼 것을 권장하고, 어떻게 되었는지 내게 말해달라고 부탁했다. 의논과 진단의 과정이 유연하게 반복된다면, 그것이야말로 두 사람이 협력적인 대화를 하고 있다는 증거이다. 논쟁이 불거지지 않도록 신경 쓰고 있는 것이며, 서로를 이해하기 위해 애쓰고 있는 것이다.

이 모든 과정이 몸에 배었다면, 이제는 TLC를 활용해 볼 차례이다. 둘 중 누가 더 화가 났는지, 즉 누가 더 이야기를 들어줄 상황이 아닌지를 살피는 것이 우선이다. 이 상담 사례에서는 캐롤린이 제프보다 더 화가 많이 났으므로, 나는 "좋아요, 캐롤린. 당신이 먼저 말하도록 합시다. 제가 제프 옆에 가서 앉아 제프가 당신의 이야기를 듣는 것을 돕도록 할게요. 당신이 최근 어떤 마음을 겪고 있는지, 제프를 최대한 덜 비난하면서 말씀해 보세요. 알겠죠?"라고 말했다.

청자인 제프 옆으로 옮겨간 나는, "제프, 저는 당신이 캐롤린의 이야기를 잘 들어줄 수 있도록 도울 거예요. 당신이 이야기를 잘 들어주어야 캐롤린도 자신이 무슨 일을 겪고 있는지 잘 말할 수 있겠죠? 당신과 저는 캐롤린의 생각을, 또 캐롤린이 얼마나 속상할지를 이해하는 데 최선을 다할 거예요."라고 말했다. 그러자 제프는 "그렇지만 캐롤린은 그 문제에 대해서 완전 꼬여있는 걸요."라고 말했다.

캐롤린이 반박하기 전에 나는 "잠시만요, TLC 과정을 잊으셨나요? 제프, 당신은 지금 청자예요. 당신이 해야할 일은, 캐롤린의 말, 캐롤린의 생각에 집중하는 것이에요. 당신 머릿속에 있는 생각이 아니구요. 이번 순서는 캐롤린이 말할 차례잖아요? 당신의 차례가 될 때까지 당신의 생각은 잠시 접어두는 것이 당신이 할 일이에요. 알겠죠?"라고 말했고, 제프는 "네, 알겠어요. 이거 생각보다 쉽지 않군요."라고 대답했다.

내가 "벌써부터 어렵게 느끼신다는 거죠...?"라고 묻자 제프는 고개를 끄덕였다. "제가 이 과정이 쉬울 거라고 말씀드린 적은 없습니다. 하지만 노력하다 보면 점점 익숙해질 거예요. 제가 부탁드리는 것은, 그저 45년 간 쌓아온 나쁜 대화 습관을 모두 버리시는 것 뿐입니다. (그러자 두 사람은 쓴 웃음을 지었다.) 지금까지 해오던 대로 대화했더니 소통이 잘 되지 않아 이곳에 오신 것 아닌가요? 잘 되었다면 이 자리에 오시지 않았겠죠. 우리 다시 한번 시도해 볼까요...?"

나는 사람들이 관계를 개선하기 위해 정말 많은 노력을 기울인다고 말했다. 하지만 상대방이 그 마음을 받아들이고 싶은 마음이 전혀 없을 때 노력을 기울이기 때문에, 혹은 그에 대한 시도로 사용하는 방법이 이미 여태까지 해오고 있던 방식 그대로이기 때문에 잘 먹히지 않는다는 사실을 언급했다. 그래서 계속해서 '열심히'만 하다 보면, 결국 관계가 더욱 악화된다고 했다.

커플끼리 자신의 관계를 개선해 보고자 온 신경을 쏟는 것은 물론 긍정적인 현상이지만, 이것을 실현시키기 위해서는 좋은 듣기 기법이 필요하다.

다시 캐롤린과 제프의 이야기로 돌아와 보자. "제프, 당신은 무엇이 캐롤린을 속상하게 하는지 들을 준비가 되어 있습니까?" "뭐, 네, 그럼요. 여보, 도대체 당신을 힘들게 하는 게 뭐야?"

그러면 나는 말한다. "아주 잘하셨어요. 하지만 '도대체'라는 단어는 빼도록 할까요? 약간은 몰아부치는 것 같아서요." "아, 네. 조금은 그랬던 것 같군요. 그래서, 여보를 힘들 게 하는 게 뭐야? 당신을 이해하기 위해서 최선을 다할게."

나는 그가 시도해 볼 수 있는 듣기 기법을 몇 가지 소개했다. 상대방이 한 말을 정확하게 반복하기, 의도 파악하기, 더 많은 이야기를 듣기 위해서 질문하기 등이 그것이다. 제프가 다음으로 무슨 말을 해야 할지 막히면, 나는 청자로서 취해야 할 태도를 안내했다. 그리고 남편이 자신에게 맞불을 놓거나, 자신을 무시하거나, 공격할 가능성이 없어졌다고 느낀 아내가 얼마나 편안하게 자신의 생각을 이야기 하는지 남편이 지켜보도록 했다.

나는 제프에게, 나와 제프 두 사람이 캐롤린을 상담하고 있는 것이라고 말했다. 제프가 청자의 역할을 망각하고 조언을 하려고 한다거나, 언쟁을 하려고 할 시에는 내가 나서서 그를 막았다. 대화를 멈추고 상황을 진단하여 다 함께 지금 무슨 일이 일어나고 있는지를 파악했다. 즉, 남편이 그런 태도를 취하는 바람에 아내가 입을 꾹 다물어 버리게 된 상황을 직접 느낄 수 있도록 보여주는 것이다. 그러면 남편은 아내의 뇌가 납작해지고 귀가 닫히게 된 것을 알아차리게 된다. 나는 제프에게 "내가 이야기를 들어야 하는데, 갑자기 말을 해 버린 것 같아. 당신 차례였잖아? 내가 끼어들기 전에 당신이 이러이러한 이야기를 하고 있었지."라고 말하라고 했다. 그러면 우리는 다시 TLC 과정으로 돌아오게 되는 것이다.

캐롤린이 말하는 중에 제프를 비난하거나 공격하는 일이 생기기도 한다. "당신은 이제 더 이상 나를 데리고 로맨틱한 곳에 가려고 하지 않잖아." 혹은 "당신은 뼛속까지 로맨스라고는 모르는 사람이야."와 같은 말을 하는 상황 말이다. 그러면 나는 잠시 상황을 멈추고 지금 무슨 일이 일어나고 있는지 진단한다. 캐롤린에게 제프를 이렇게 공격하면 제프가 대화할 의지를 상실하거나, 방어적인 태도를 취하거나, 혹은 더 적대적으로 돌변할 수 있다는 것을 얘기한다. 이제는 캐롤린이 제프의 뇌가 납작해졌다는 사실을 알아차릴 때인 것이다.

나는 캐롤린에게 상대방의 감정 대신 자신의 감정에 충실하여 이야기 하라고 했다. 상대방의 감정을 언급하는 것은, TLC 카드의 화자 면 아래쪽에 적혀 있는 '비난, 공격, 낙인, 비판'의 행위이다. 나는 캐롤린에게 그렇게 말한 기저에 담긴 자신의 감정을 이끌어내 보라고 했다. 예를 들어, "나는 당신이 이따금씩 서프라이즈로 우리가 함께 좋은 시간을 보냈던 곳에 데려가 줬으면 좋겠어. 연애 시절에 당신이 내게 그렇게 해주던 게 얼마나 좋았는지 몰라."라고 말하며 캐롤린을 향하여 "어때요? 훨씬 다르죠?"라고 물었다.

나는 그 옛날 폭풍우가 몰아치던 어두운 밤에 배웠던 것을 기억한다. 나는 제프에게, 캐롤린이 남편에게 전하고 싶은 자신의 슬픔, 상실감, 상처, 그리고 사랑을 끊임없이 반복해서 말해 주었다. 제프가 열린 마음이라면, 나를 통해 전달되는 캐롤린의 진심을 들을 수 있을 것이다. 그리고 그 마음에 감동 받는다면, 캐롤린과 그녀의 감정에 더욱 신경 쓰고 관심을 기울이게 될 것이다. 서로의 상처가 치유되고 관계가 개선되는 것이다.

제프가 자신의 상처를 모두 이해했다고 느낄 때까지 캐롤린이 말하고 나면, 우리는 카드를 뒤집어 제프에게 캐롤린에 대한 마음과 제프가 안고 있는 문제를 얘기할 기회를 준다.

내가 캐롤린 옆으로 의자를 옮겨 "자, 캐롤린, 이제 당신 차례예요. 당신의 생각을 잠시 접어두고 이제 제프의 말에 귀기울여 봅시다."라고 말하자, 캐롤린은 그 즉시 "아, 저는 제프가 왜 화가 났는지 아주 잘 알고 있어요. 저랑 섹스를 못하니까 그게 화가 나는 거죠."라고 말했다.

나는 "자, 아내 분 말씀이 맞을 수도 있겠죠. 하지만 캐롤린, 설령 그것이 맞다고 하더라도 그 말은 제프의 입을 통해 나온 말이어야 해요. 지금은 제프가 말할 차례지, 당신이 말할 차례가 아니에요. 저와 당신은 제프가 어떤 문제를 겪고 있는지에 대해 경청할 거고, 당신은 당신의 생각을 강요해서는 안돼요. 알겠죠?"라고 말했고, 그제서야 캐롤린은

"당신이 화가 난 이유는 나랑 섹스를 못해서가 전부야...?"라고 물었다.

나는 "자자, 캐롤린. '그게 전부야?'라는 식으로 묻지 않도록 합시다. 그건 당신의 생각일 뿐이고, 제프를 더욱 화나게 만드는 발언이에요. 제프를 진정으로 이해해 보려고 노력하세요. 알겠죠?"라고 말했고, 캐롤린은 "뭐, 네, 알겠어요. 여보, 당신이 화가 난 이유는 나랑 섹스를 못해서야?"라고 물었다.

그러자 제프는 "내가 섹스를 그리워하는 건 맞지만, 그건 단지 일부일 뿐이야. 우리는 원래 무슨 얘기든 나눌 만큼 가까운 사이였다고 그런데 지금은 내가 직장에서 있었던 일이라든지, 우리 아이들에 대한 얘기라든지, 아무튼 뭐든지 말하려고만 하면 당신은 화를 내면서 내가 배려심이 없다고 말하잖아."라고 말했고, 캐롤린은 "그래, 당신 배려심 없는 거 맞잖아."라고 응수했다.

나는 대화를 중단시켰다. "자, 잠시만요. 캐롤린, 듣기를 멈추고 제프를 비난했군요. 제프가 지금 하고자 하는 얘기가 뭔가요?" 캐롤린은 "뭐, 제 머릿속이 너무 복잡해서 제프의 이야기를 잘 들어주지 않는다는 것 같군요."라고 대답했다.

"자, 잠시만요. 캐롤린은 아직도 자기 얘기만 하고 있어요. 당신이 청자로서 해야 할 일은, 제프가 당신에게 정말로 하고 싶은 말이 무엇인지를 찾아내는 거예요." "아, 죄송해요. 깜빡했어요. 여보, 뭐라 그랬지?"

제프는 했던 말을 반복했고, 캐롤린은 "그러니까, 당신은 당신의 직장에서 있었던 일, 우리 아이들에 관한 일, 아무튼 무엇이든 좋으니 나와 함께 이야기 나누었으면 좋겠다는 거지? 그 말은, 예전처럼 나와 함께 이야기를 나누었으면 좋겠다는 말이야...?"라고 물었다.

"당연하지. 그리고 그 시절이 너무 그리워. 우리에게 무슨 일이 일어난 건지 모르겠어. 서로 바빠지기 시작하면서, 그 언젠가부터 서로에게 까칠하게 대했던 것 같아." 캐롤린이 제프의 말을 요약했다. "우리가 밤새 이야기를 나누던 때가 그립다는 거고, 우리가 더 이상 그렇게 대화하지 않는 게 나만의 문제가 아니라 우리 둘 모두에게 문제가 있어서라는 거지…? 이 말이 하고 싶은 거야…?"

"음, 뭐, 그게 맞는 거 같아. 대부분의 대화에 내가 먼저 목소리 높인 건 사실이지만, 어쨌든 나는 그것도 대화라고 생각했어." "그러니까, 그렇게라도 대화하는 것이 아예 대화하지 않는 것보다 낫다고 생각했다는 거지…?"

나는 "캐롤린, 제프가 섹스에 대해서 말한 것은 피드백 주지 않았군요. 그 얘기도 좀 해보세요."라고 말했다. 그러자 캐롤린은 객관성을 잃고 말했다. "그러니까, 당신은 매일같이 섹스를 하고 싶단 얘기야?"

"아니, 매일 하고 싶다는 얘기가 아니지. 우리 사이가 좋지도 않은데 어떻게 섹스를 하고 싶겠어. 그냥 뭐, 가끔 우리 사이도 좀 좋고, 뭐 그럴 때?" "우리가 사이좋을 때가 어디 있어. 그냥 싸우지만 않을 뿐이지. 당신은 맨날 섹스할 생각에 눈멀어 있잖아. 당신 감정을 똑바로 얘기해."

나는 대화를 중단시켰다. "자자, 제프의 차례죠? 제프의 감정을 캐롤린이 직접 말하는 것이 아니라 남편 분이 말하도록 유도해야 합니다. 아내 분은 남편에게 자신의 감정에 대해 솔직하게 얘기해 보라고 하면서, 정작 남편 분이 그렇게 하려고 하면 제대로 들어주지 않아요. 다시 한번 물어보도록 하세요." "아, 그렇군요. 여보, 뭐라고 했지?"

제프는 점점 아내에게 이해받고 있는 듯한 기분에 마음이 안정되어 갔다. "우리의 싸움이 잦아드는 기간에는, 내가 당신을 얼마나 사랑하는지가 문득문득 떠올라. 그러면 당신과 다시 가까워지고 싶은데, 그 방법을 잘 모르겠어." "정말? 그러니까 당신 말은, 섹스는 당신과 내가 다시 가까워질 수 있는 유일한 방법이라는 거지…?"

"응, 우리가 섹스를 하고 나면 다시 예전처럼 굉장히 가까운 사이인 것처럼 느껴진단 말이야. 그리고 당신은 아직도 아주 매력적이고, 나는 당신과 하는 섹스를 매우 즐겨." "그러니까, 당신은 나와 하는 섹스를 좋아하고, 섹스를 한 후에는 나와 매우 가깝게 느낀다는 거지?"

자, 여기서 내가 하고 싶은 말은, 우리가 상대방의 이야기를 들을 때 종종 따뜻하고 좋은 감정들을 놓친다는 사실이다. 예를 들어 이 장면에서는, 캐롤린이 두 가지에 대해 피드백 주는 것을 잊어버렸다. 하나는 제프가 아직도 캐롤린을 매력적으로 느낀다는 점이고, 다른 하나는 제프가 다른 누구도 아닌 '캐롤린과의' 섹스를 즐기고 있다는 점이다. 캐롤린의 입가에는 슬며시 미소가 지어졌다. "이거 참 얘기하기 쑥스럽네. 그러니까, 당신에게 중요한 것은 그저 '섹스' 그 자체가 아닌 거네. 당신에 눈에는 내가 아직도 매력적이고, 나와 함께 하는 섹스, 그리고 그 후에 느껴지는 나와의 친밀감이 중요하다는 거지? 그렇지?"

제프는 안심했다는 듯 미소를 지으며 나긋이 말했다. "응, 바로 그거지."

그 순간 두 사람은 한동안 느껴보지 못했던 감정을 느꼈을 것이다. 아직 가야할 길은 멀었지만, 두 사람의 관계 개선을 위한 과정의 첫발을 성공적으로 내딛은 것이다. 아직 두 사람의 기운이 남았다면 다시 카드를 뒤집어 과정을 반복하겠지만, 그날은 그것으로 충분했다.

나는 두 사람에게 나쁜 대화 습관은 집에다 버려두고 근사한 식당에 가서 저녁 식사를 하며 TLC를 사용해 볼 것을 권장했다. 절대 언쟁하지 말 것. 언쟁을 자꾸 연습할 필요는 없지 않은가.

어떤 작은 충돌에도 반드시 TLC를 사용하고, 그것이 무엇에 대한 언쟁이었는지 리스트에 적어 다음 상담에 가져오도록 했다. 점점 더 어려운 문제에 대해서 얘기를 나눔으로써 서로가 서로를 더 많이 존중하고, 두 사람만의 대화 방식을 구축해 나갈 수 있도록 할 것이다.

당신이 이번 사례를 통해 무언가를 깨닫고, 또 이 책에서 제시하는 다양한 방법을 통해 타인과의 대화와 관계 맺기에 도움이 되었으면 하는 바람이다.

24. 함께 결정 내리기

결혼을 앞둔 예비부부에게는 두 사람이 앞으로 함께 살아가면서 뭔가를 '결정'할 일이 참 많을 것이라고 얘기한다. 이는 부부 사이에서뿐만 아니라, 함께 일하는 직장 동료 간에도 마찬가지다. 이때 상대방의 이야기를 잘 들어줌으로써, 협력적인 의사 결정을 내릴 수 있다.

올바른 방식의 '결정 내리기'는 '생각 나누기-협상하기-마무리 짓기'의 세 가지 단계를 거쳐 이루어진다.

1. 생각 나누기

물론 TLC가 세 가지 단계에 모두 활용될 수 있겠지만, 첫 번째 단계인 '생각 나누기'에서는 더더욱 필수적이다. 각자 돌아가며 상대방의 이야기를 들어주다 보면, 현실적인 대안을 제시하기 위해 필요한 정보를 미리 다 수집할 수 있게 된다.

1단계를 잘못 진행했을 때 일어날 수 있는 일을 예로 들어보겠다. 내가 집으로 들어가 아내에게 인사를 건네며 "오늘 밤에 뭐하고 싶어?"라고 묻는 상황이다.

아내는 "뭐, 글쎄. 나는 그냥 집에서 쉬면서 책이나 읽으려고 했는데."라고 대답했고, 나는 더 이상 이어갈 말이 없어졌다. 나는 영화를 보러 나가고 싶었지만, 그냥 말하지 않았다. 나는 아내를 '배려'하고자 먼저 아내가 무엇을 하고 싶은지를 물었지만, 내가 원하는 방향으로 이야기를 끌어나가지 못했다. 더 좋은 방법이 필요했다.

사실 내가 아내에게 한 질문은, 아내에게 화자가 되어 청자인 내게 대답하라는 것이나 마찬가지였던 것이다. 나는 질문에 대한 답을 얻긴 했지만, 내가 원하던 답은 아니었다. '결정 내리기' 과정을 따르지 않았기 때문이다.

이 다음 일어날 일은 뻔하다. 나는 아내에게 내가 보고 싶었던 영화 제목을 대며 우리가 함께 영화 보러 간 지가 꽤 되었다고 핀잔을 줄 것이다. 그러면 아내는 기가 막혀서 우리가 얼마나 자주 영화를 보러 가는지에 대해 반박할 것이고, 결국 우리 둘은 저녁 내내 기분이 안 좋을 것이다.

'결정 내리기'의 가장 첫 번째 규칙은, 이야기를 꺼내는 사람이 먼저 화자가 되는 것이다. 아까와 같은 상황에서 내가 먼저 화자가 되었더라면, "나 방금 극장 옆을 지나서 집에 왔는데, 보니까 내가 보고 싶었던 영화가 지금 상영 중이더라고 오늘 나랑 같이 영화 보러 가지 않을래?"라고 물었을 것이다.

아내는 내 이야기를 듣고 "아, 그래? 무슨 영화인데? 얘기해 봐."라고 대답했을 것이다.

그러면 나는 영화에 대해서 이야기를 할 것이고, 아내는 그 영화의 어떤 점이 나의 구미를 당기게 했냐며 내가 그 영화를 얼마나 보고 싶은지 1부터 10의 척도로 나타내 보라고 할 것이다. 그러면 나는 우리가 함께 영화를 보러 가든 안 가든 상관없이, 아내가 나를 존중하고 이야기를 들어주었다는 사실에 기분이 좋을 것이다.

내가 처음에 "오늘 밤에 뭐하고 싶어?"라고 물어봤을 때 내가 어설프게나마 무언가를 말하고자 시도한 것이었다는 것을 아내가 알아차렸더라면, 아내는 눈치껏 청자가 되어 "응? 보니까 당신이 뭘 하고 싶은 모양인데?"라고 물어봐줄 수 있었을 것이다. (그리고 아내는 실제로 가끔 그렇게 한다.)

그러면 나는 "하하, 맞아. 영화를 보러 갔으면 좋겠다고 생각했어."라고 대답했을 것이다.

내가 영화 보러 가고 싶다는 사실을 인정하고 나면, 아내는 계속해서 나의 이야기를 들어주었을 것이다. "그래서, 보고 싶은 영화가 뭐야? 몇 시에 어디서 상영하는데?"

나는 "내가 저번에 보고 싶다 그랬던 그 스릴러 영화야." 혹은 "영화를 보고 싶은 것도 있지만, 당신과 함께 시간 내서 나가고 싶은 마음도 있어. 우리 이번 주 내내 바빴잖아. 서로 이야기도 좀 하고 그래야지."라고 말할 것이다.

아내는 내 이야기를 들으며 "아, 그러니까 당신 말은... 나와 함께 시간을 보내고 싶다는 거지?"라고 대답할 것이다.

"응, 나는 당신을 좋아하고, 우리가 서로 바쁠 때면 함께 있는 시간이 그리워지니까." (이 대목에서 우리는 서로를 안아 준다.)

이렇게 이야기를 나누고 나면, 역할을 바꾸어 이번에는 내가 아내에게 무엇이 하고 싶은지를 묻는다. 이번에는 아내가 화자가 될 차례이다. "음, 생각을 좀 해봤는데... 나도 당신이랑 함께 시간을 보내는 건 좋아. 하지만 지금 내가 액션 영화를 보기에는 좀 피곤해. 그냥 앉아서 책이나 읽고 싶어."

'결정 내리기'의 두 번째와 세 번째 단계로 넘어가기 전에 반드시 두 사람 모두의 '생각 나누기'가 충분히 이루어져야 한다. 그렇지 않으면, 나중에 꼭 뒷말이 나오게 되어있다. 만약 아내가 영화를 보러 가고 싶은 마음을 1부터 10까지의 척도로 나타내지 않은 상황에서 우리가 영화를 보러 갔다면, 그것은 불공평한 결정이었을 것이다. 그리고 그렇게 해서 영화를 보러 갔는데 설령 영화가 아내의 마음에 들지 않기라도 하면, 모든 것이 내 탓이 되어버렸을 것이다.

대신 우리가 각자 하고 싶은 얘기를 충분히 나누고 서로 존중 받고 있다는 기분 하에 합의를 도출해 냈다면, 영화가 재미없다거나 팝콘 맛이 조금 이상하더라도, 그것은 누구의 탓도 아닌, 그저 객관적 사실 그대로 영화가 재미없고 팝콘이 맛이 없는 것이다.

2. 협상하기

지금과 같은 경우에는 아내가 나의 말에 피드백을 주었고 서로를 이해했기에, 두 번째 단계인 '협상하기'로 나아갈 수 있게 되었다.

내가 먼저 제안했다. "그러면 차를 두 대를 가지고 나가서 같이 저녁을 먹자. 저녁 먹으면서 얘기 좀 나누고, 나는 영화 보러 갈 테니 당신은 집에 와서 책을 보는 게 어때? 괜찮아?"

그러면 아내는 또 다른 제안을 하든가 "좋아."라고 대답할 것이다.

3. 마무리 짓기

지금까지의 상황을 보아서는 우리가 마치 결정을 내린 것 같지만, 사실 과정이 모두 끝난 것은 아니다. '마무리 짓기'라는 마지막 단계가 남아 있다.

'마무리 짓기'는 육하원칙에 따라 이루어진다. 언제, 어디서, 누가, 무엇을, 어떻게.(이 때 '왜'는 생략해도 좋다.) 그래서 우리는 언제 집에서 나설지, 어디서 저녁 식사를 할지, 저녁 값은 누가 계산할 건지, 몇 시에 헤어질 건지를 정했다. 이제야 드디어 우리가 진정으로 결정을 내렸다고 할 수 있는 것이다.

당신도 이 3단계 '결정 내리기' 과정을 활용해 보아라. 차를 살 때, 휴가를 떠날 때, 투자를 할 때, 도배를 생각할 때, 카펫을 사려고 할 때, 이직을 고민할 때 등 다른 사람과 함께 결정해야 하는 모든 일에 있어서 이 과정을 대입해 볼 수 있다. 회의나 직장에서도 똑같이 활용할 수 있다.

만약 '마무리 짓기'를 하지 않는다면, 허무한 일이 벌어지고 말 것이다. 사람들과 함께 모여 생각을 나누고, 조심스레 서로의 요구 사항을 제안하고, 거절하고, 결과적으로 어떤 합의를 도출해 낼 것이다. 그리고 힘든 결정을 잘 이루어 냈다며 안도의 한숨을 내쉴 것이다.

하지만 다음번에 만날 때는 아무 것도 변해 있지 않을 것이다. 왜? '마무리 짓기'를 하지 않았기 때문이다. 자꾸 똑같은 얘기를 반복하는 것 같아 잔소리처럼 들릴까봐 아무도 묻지 않은 것이다. 누가 언제까지 무엇을 할 것인지, 누가 어떤 정보를 모을 것인지, 그리고 누가 이 모든 것을 공지할 것인지에 대해 마지막에 정확히 말한 적이 없는 것이다.

만약 그 중 한 사람이라도 '결정 내리기' 과정을 명확하게 파악하고 회의가 끝나기 전에 '마무리 짓기' 질문을 던졌더라면, 그 현장에 있던 모든 사람들을 '의욕은 넘치지만 요령이 없는 사람들'에서 '무엇이든 뚝딱 해치우는 사람들'로 순식간에 바꾸어 놓았을 것이다.

이 과정을 이해하고 있는 것만으로도 당신과 당신 주변 사람들의 인생에 아주 긍정적인 영향을 미칠 것이다. 3단계를 기억해둠으로써 우리 스스로 떠안고 있기를 자처하는 수많은 문제들을 거뜬히 해결해 낼 수 있을 것이며, 당신과 당신이 속해있는 집단이 더 나은 결정을 하도록 만들어 줄 것이다. 잘 활용하길 기대해 본다.

5

철학적 결론

25. 기법 너머로 가기

　부모님께서는 나에게 어렸을 적부터 특별한 가르침을 주셨다. 그것은 우리가 공원에 소풍을 가거나, 개천에 낚시를 가거나, 아니면 혹은 그냥 길을 걸어가더라도, 우리가 무엇인가를 발견했다면, 발견한 것들은 우리가 발견했을 당시의 상태보다 더 좋게 되도록 노력해야 한다는 것이었다. 이러한 부모님의 철학은 나의 첫 데이트에도 적용되어, 어머니께서는 나에게 이렇게 말씀하셨다. "애야, 엄마는 네가 여자들을 잘 대우해주는 착하고 상냥한 사람이 되면 좋겠다. 네가 여자 친구를 만나러 갔을 때보다도 데이트를 하고 네 여자 친구를 집에 바래다 줄 때 그녀가 더 예쁘고 더 행복한 모습이 되도록 노력해야 한단다."

　이러한 우리 가족의 기본 신념은 나에게 지대한 영향을 주었다. 그래서 나는 길을 걸을 때에도, 가족이나 친구들과 관계를 맺을 때에도, 또는 새로운 친구를 사귀거나 어떤 기관이나 회사와 일을 같이 할 때에도 이 신념을 바탕으로 내가 처음 그것을 대면했을 때보다 상대가 더 나은 상태가 되도록 노력한다. 자, 그러면 어떻게 더 나은 상태가 된다는 것인지 알아보자.

우리에게는 무엇이 필요한가?

목사이자 상담가로서 내가 누군가를 도와야 할 때, 나는 내가 아직 어리기 때문에 내 능력에 대해 확신이 없어 매우 불안했었다. 상담을 위해 많은 이론을 공부하였지만, 공부를 하면 할수록 나는 더 확신이 없어졌고, 그 방법들이 별로 효과적이지 못하다는 생각이 들었다.

당시 학계에서는 어떤 상담기법이 가장 좋은지에 대한 논쟁이 끊임없이 진행되었다. 각 학계에서 사용하는 심리학적 기법 중 어떤 것이 효과적인지 밝히기 위한 연구를 한 학자가 다음과 같은 사실을 발견했다. 상담을 진행하는 상담가의 개인적인 자질이 상담가가 사용하는 그 어떤 기술보다도 훨씬 더 중요하다는 점이었다. 이러한 사실은 놀라운 결과인 동시에 나에게 큰 위안이 되었다.

상담을 할 때 '올바른 상담기법'을 사용하는 것보다 상담치료를 할 때 형성되는 관계에서 변화가 생길 수 있다는 점을 경험적으로 배우게 되었다. 내가 사람들과 상담을 할 때 느꼈던 점을 위 연구 결과가 증명해 준 것이다. 덕분에 나는 내가 하던 방식대로 계속 상담을 진행할 수 있었다.

다양한 상담 연구에서는 사람들에게 가장 크게 영향을 끼치는 청자/상담가의 주요 세 가지 덕목이 공감, 진정성, 그리고 따뜻함이라고 밝히고 있다.

그리고 나는 사람들을 상담할 때마다 상담치료적 공동체를 형성한다는 사실을 직접 경험했다. 사람들은 건강한 타인들 속에서 더 건강해진다. 물론 훌륭한 상담기법이나 상담 훈련이 불필요하다는 이야기는 아니다. 하지만 성숙한 마음가짐과 상대를 배려하고, 평가, 판단하지 않는 태도를 대체할 만한 것은 없다는 것 역시 분명한 사실이다.

많은 사람들이 상담 전문가를 찾는다. 왜냐하면 친구들이나 친척들은 훌륭한 청자가 되기 힘들기 때문이다. 또한 그들 역시 건강하지 못한 상태일 수도 있기 때문이다. 전문 상담가들은 더 어려운 상담, 정신적 문제에 대해 진단하거나 처방할 수 있는 전문지식과 상담기법, 상담위탁 체계를 갖추고 있다. 하지만, 전문상담가가 상담 시 가장 중요하게 여기는 점은 비판이나 평가/판단 없는 듣기이다.

이와 같은 듣기 방법은 처음 보는 사람을 당신의 친구로 만들어줄 것이고, 친구관계를 더욱 건강하고 끈끈한 관계로 발전시킬 것이다. 또한 사업적 피상적인 관계에서 협력자로, 데이트 상대자에서 인생의 배우자로 우리의 관계를 발전시킬 것이다.

기법을 넘어 공감과 진정성, 따뜻함을 가지고 다가간다면, 여러분이 가진 상담기법은 힘이 있을 것이며 건강하고 진정한 인간성의 보고의 문을 두드리게 될 것이다. 이것이 내가 여러분들에게 바라는 바이다.

공감

첫 번째는 공감이다. 어떤 사람들은 공감은 사람들에게 주어진 '하나님의 은혜'라고 표현하기도 한다. 스트레스를 받아 플랫브레인이 된 사람들은 이상한 행동과 말을 한다. 하지만 공감할 준비가 된 사람들은 이러한 '이상한 행동과 말'을 통해 그 사람을 힘들게 만드는 고통이 무엇인지 볼 수 있다. 그리고 그 사람을 이해할 수 있다. 만약 여러분이 다른 사람들의 이야기를 들을 준비가 되었다면, 여러분은 상대를 이해할 것이고, 그 사람에 대해 판단이나 비난을 하지 않을 것이다. 동시에 상대에 대해 더 많이 걱정하고, 그 사람이 건강해지도록 더 많은 기회를 그 사람에게 제공할 것이다. 상대를 향한 나의 내면에서부터의 변화는 외현적 행동까지 변화시킬 것이다.

진정성

　사람들은 종종 진정성에 대해 말하곤 한다. 여기서의 진정성이란 '네가 보는 그대로'라는 의미가 아니다. 친한 친구의 경우를 생각해보자. 매우 절친한 사이이지만, 친구는 우리가 말조심을 해야 할 순간을 알려주지 않는다. 그들은 절친이지만, 진정성 측면에서는 부족하다. 그 친구 주변에서는 우리가 더 나은 모습으로 발전하기 어렵다.

　어떤 사람들은 다른 사람들보다 더 진정성을 가진다. 그런 사람들의 특징은 그들의 내면과 외현이 일치한다는 점이다. 그 사람들의 말은 말 그대로의 의미이다. 심리학자들은 이러한 내면과 외현의 일치를 '조화성'이라고 말한다. 여러분이 만일 상대의 이야기를 들을 때 이렇게 행동할 수 있다면, 이것은 마치 은행에 중요한 자산펀드를 드는 것과 유사하다. 다른 사람들은 더 나은 자신의 삶을 위한 투자로 여러분에게 다가갈 것이다.

따뜻함

　마지막으로 따뜻함은 성장에 가장 필수적인 요소이다. 특히 사람들이 다른 사람들을 신경쓰기보다는 자기 자신에게 관심이 큰 요즘 세상에서 따뜻함은 더욱 더 중요하다. 따뜻함은 의사가 수술을 할 때는 그렇게 중요한 요소가 아닐지 몰라도, 의사가 환자와 마주보고 대화할 때는 매우 중요하다. 왜냐하면 의사의 따뜻함이 우리의 마음을 편하게 해주어 우리가 더 빨리 회복할 수 있도록 돕기 때문이다. 우리가 식물을 키울 때 식물에게 따뜻하고 친절하게 이야기를 해주면 그런 좋은 환경 속에 자란 식물은 그렇지 않은 식물들보다 훨씬 더 잘 자란다는 연구결과와 같은 이치다. 이러한 결과가 우리 인간들에게는 어떻게 적용될까?

만일 여러분이 다른 사람들과 충분히 따뜻함을 공유하고 나눌 수 있는 좋은 사람이라고 생각해보자. 그러면 여러분 자신 내면의 따뜻한 영혼 덕분에 주변의 환경 역시 그 따뜻한 영혼처럼 변화한다. 그러면 여러분의 주변에 있던 사람들은 완전한 사람으로 충분한 영양분을 받으며 성장할 수 있다.

이 책을 주의 깊게 읽고 퇴고와 편집에 도움을 준 많은 사람들은 스스로 이 책을 읽으며 자신과 주변 사람들과의 관계를 되돌아볼 수 있는 기회가 되었다고 말한다. 특히, 자신이 다른 사람의 이야기를 어떻게 들어주고 있었는지 점검의 기회가 되었다고 말한다. 그 중 한 여자분은 자신이 남편과의 관계에서 일정한 패턴으로 대화한다는 점을 깨달았다고 한다. 대개 이야기를 하다 보면 남편과 다투게 되고, 결국 며칠 동안 거리를 두며 서먹하게 지내게 된다는 것이다. 그래서 이 책에서 읽은 듣기 기술을 주의를 기울여 적용하도록 노력했다고 한다. 그 결과 부부는 이해와 웃음 속에 대화를 할 수 있게 되었다고 한다. 또 다른 사람은 한 사교모임에서 경험한 일을 이야기 해주었다. 이 분은 사교모임에서 속내를 잘 드러내지 않기로 유명한 한 커플 옆에 앉았는데, 처음에는 서로 거의 말이 없었다고 한다. 그러다 책에서 읽은 것을 생각하며 "지금 여기 모임에 갇혀 할 일도 없는데, 책에서 배운 것을 한번 시도해 보는 것도 나쁘지 않겠어"라고 생각하며 옆 사람과 이야기를 시작했다고 한다. 그러자 말 수가 별로 없기로 유명한 이 커플도 마음을 열고 모임 내내 자신들이 살아온 이야기를 그 분과 함께 나누었다고 한다. 그리고 택시를 타러 가면서도 끊임없이 즐거운 이야기를 나누었다고 이야기해 주었다. 양쪽 모두 자신의 삶 속에 다른 사람들을 받아들이고, 청자와 화자로서 서로에게 특별한 경험을 안겨 주었다.

이 책을 마무리하기 전 어느 날, 뉴욕에서 회의에 참석한 후 집으로 돌아가기 위해 공항으로 향하는 중이었다. 그곳에서 한 비행기 티켓팅 담당자를 만났다. 그 사람은 매우 지치고 기운이 없어 보였고, 티켓 수속 중에도 전혀 말 한마디조차 없었다. 그는 지친 눈빛으로 축 늘어져 앉은 모습으로 일하고 있었다. 나는 이 사람의 모습을 보며 그 사람의 마음을 이해해 주기 위해 다음과 같이 말했다. "오늘 정말 힘드신 것 같아 보여요. 오늘 힘든 하루를 보내셨나요?" 그러나 그는 아무런 반응이 없었다.

그러다 나는 옛 친구를 우연히 만났는데, 우리가 같이 포틀랜드까지 같은 비행기를 타고 간다는 것을 알게 되었다고 그에게 말했다. 그리고 집까지 장시간의 비행을 해야 하는데 그 친구와 나란히 앉아갈 수 있는 방법이 혹시 없는지 물어봤다.

그는 여전히 아무런 반응이 없었다. 심지어 고개를 들어 나를 쳐다보지도 않았다. 그는 나와 내 친구의 비행기 티켓을 받아, 원래의 수속절차대로, 목적지와 비행기 확인 표시 후 도장을 찍고 필요 서류를 모아 찍은 후 컴퓨터에 티켓을 체크한 후, 우리 가방에 수속 라벨을 붙이고선 다시 우리에게 티켓을 되돌려 주었다. 그리고선 다음 사람 순서로 넘어갔다. 비행기에서 승무원에게 보딩패스를 보여준 후 오른쪽으로 돌아 이코노미 좌석으로 향하려고 할 때, 승무원이 갑자기 우리에게 "손님, 그쪽이 아니라, 일등석 쪽으로 가셔야 합니다."라고 말했다. 우리는 "아니에요, 우리는 그쪽이 아니고 이코노미 클래스예요."라고 대답했다. 승무원은 재차 확인 후, "아닙니다. 일등석인데요. 여기 좌석 번호를 보세요. 2A와 2B는 퍼스트 클래스입니다."라고 우리에게 말했다.

조금 의아했던 나는 이코노미 좌석 쪽으로 가서 우리가 함께 앉을 수 있는 좌석이 없는지 살펴보고, 또 비행기 좌석에 무엇인가 문제가 있어 혹시라도 균형을 맞춰야 해서 좌석이 재배정된 것인지 재차 살펴보았다. 우리에게 특혜를 주는 이유를 찾아보았지만, 여행사나 항공사에서 그렇게 해 줄 이유가 전혀 없었다.

그러면 무슨 일이 일어난 것일까? 나는 그 티켓 담당자가 우리를 일등석으로 바꾸어준 것이라고 생각한다. 내가 그에게 건넨 말이 그가 하루 종일 느꼈을 고통을 위로했기 때문이 아닐까 한다. 나는 그 티켓 담당자가 나의 말을 듣고 인간적인 교감을 느꼈을 거라고 추측한다. 그 사람은 우리에게 그가 할 수 있는 나름의 방법으로 반응했다고 생각한다.

사랑을 보여주면, 사랑으로 보답 받는다.

치료적 상담(therapeutic)인가? 유해한 상담(thera-noxious)인가?

모든 사람들이 치유적인 말하기를 하는 사람 주변에서는 더 건강해지고, 더 행복해지며, 더 많은 자신감을 얻게 된다. 하지만, 유해하게 말하는 사람 주변에서는 건강하지 못하고 불안정한 느낌을 갖게 된다. 우리는 에너지를 빼앗기며, 무엇인가에 밑으로 빠져드는 듯한 느낌을 받는다. 그러면서 무엇인가 제대로 되지 못한 느낌을 받으며 내가 제대로 옷이나 입은 게 맞는지, 치마나 바지의 지퍼를 제대로 올렸는지 생각한다.

나는 유해한 영향을 미치며 말하는 사람이 내 쪽으로 걸어오는 것을 발견하면 숨어버리고 싶다. 왜냐하면 그 사람들과 이야기를 나누고 나면 내가 가치가 없는 사람처럼, 그리고 능력이 없는 사람처럼 느껴질 것을 알기 때문이다. 나는 내 나름대로 최선을 다해 그들의 이야기에 귀를 기울이지만, 역시나 그 사람들과 이야기 나누는 것은 언제나 나에게 어려운 과제이다.

하지만 치유적인 말하기를 하는 사람들은 다르다. 심지어 내가 병원에

입원해 있는 치유적 말하기를 하는 친구를 병문안 갔을 때에도 내가 도리어 그에게 자신감과 에너지를 받아 나오는 것 같았다. 병원을 나올 때는 오히려 나는 더 확신에 차고, 자신감과 에너지가 넘치는 느낌으로 충만하다. 그리고 머릿속도 맑아졌다.

여러분이 더 성숙해지기 위해서는 일단 여러분이 아는 사람들 중에 치유적인 말하기를 하는 사람들의 이름을 적어봐라. 여러분 주변에 있는 공감적인 태도와 진정성과 따뜻함을 지닌 사람, 즉, 훌륭한 청자 자세와 기술을 지닌 사람을 찾아 목록을 만들어봐라. 그리고 그런 사람들과 자주 어울려서 그들로부터 배우고 그들이 지닌 건강함에 흠뻑 젖어 들면, 여러분 역시 여러분 속에 내재된 치유적인 측면을 끌어내어 더욱 개발시킬 수 있다.

나는 여러분을 훌륭한 청자가 될 수 있는 평생 교육의 장으로 초대하고 싶다. 그래서 여러분이 더 잘 듣고, 더욱 분명하게 의사소통하며, 우리가 지닌 공감과 진정성, 따뜻함을 키울 수 있도록 스스로를 단련시키길 원한다. 이 책이 여러분이 그렇게 될 수 있도록 가이드 역할을 해주길 바란다. 그래서 내가 가장 좋아하는 정신의학자의 말처럼, 여러분이 '여러분 주변에서 여러분 덕분에 좋아하는 일이 생기도록 이끄는 친절하고 상냥한 사람'이 되길 바란다.

이 책을 읽으며 의사소통에 대해 함께 고민하면서 여러분의 소중한 시간을 허락해 준 점에 감사드립니다. 이 책에 쓰인 내용이 여러분에게 즐거움을 주고, 깨달음을 주는 경험이었기를 바랍니다. 이제 여러분이 불편함이나 긴장감이 형성되는 상황을 마주하게 되면, 플랫브레인 이론에 대해 떠올리면서 여러분이 그 상황을 잘 이해할 수 있는 혜안이 생겼으리라 믿습니다. 여러분이 지갑 속에서 TLC를 테이블 위에 꺼내어

놓고, 혹은 머릿속에 TLC를 펼쳐 상상하면서, 사람들과 더 나은 의사소통을 하려고 노력하는 여러분의 모습이 제 눈앞에 선명히 그려집니다.

우리가 이 책을 읽으며 함께 한 시간 덕분에 여러분이 사람들과의 관계를 향상시키고 더 깊은 관계를 형성할 수 있게 되었다면, 저에게 그보다 더 큰 기쁨이 없습니다. 친구나 동료, 혹은 당신이 만나는 모든 사람들과 마치 색종이처럼 TLC를 꺼내두고 이야기해 보세요. 그러면 여러분의 삶이, 그리고 그들의 삶이 더욱 풍성해질 것입니다.

부 록

플랫브레인 슬럼프

Balanced

Slump

플랫브레인 증상은 우리의 몸에도 영향을 미친다. 그림에 나온 대로, 여러분도 잘 균형 잡힌 자세를 취해보고, 플랫브레인 슬럼프처럼 자세를 바꿔 취해보면 두 자세를 취했을 때의 다른 느낌을 알 수 있을 것이다. 잘 균형이 잡힌 몸자세는 우리에게 자신감과 강인함을 느끼게 해준다. 반면, 플랫브레인 슬럼프 자세는 취약하고 주도권을 잃은 느낌을 갖게 한다.

숨을 들이마셔 복부를 바짝 긴장시키고 골반과 엉덩이를 앞으로 잡아당겨 무릎은 살짝 구부린 채 똑바로 서보자. 허리부터 등까지 수직으로 곧게 펴고, 가슴은 쫙 펴고, 목과 턱을 뒤로 잡아당기고 척추 위에 머리를 곧게 중심을 잘 잡아 서 있어 보아라.

옆으로 양팔을 자유롭게 떨어뜨리고 무릎을 살짝 구부려 바닥을 살짝 스칠 정도로 발꿈치를 살짝 들어 무게를 발가락에 실어보자.

중심이 잘 잡힌 편안한 느낌을 느껴봐라. 그러면 호흡

도 편안하고 정면을 주시하게 된다는 점을 느낄 수 있을 것이다. 그리고 어느 방향으로나 쉽게 움직일 수 있을 것이다. 이 자세를 취했을 때 어느 쪽으로도 무게의 치우침이 없음을 느낄 수 있을 것이다.

이번에는 플랫브레인 슬럼프 자세를 취해보자. 그림에서 보듯이, 여러분 뱃속에 농구공 하나를 넣어두었다고 상상해보자. 뱃속 공간을 만들기 위해 골반을 엉치쪽 아래로 쳐지게 만들고 배를 불룩하게 부풀려보자. 그러면 등이 굽어 작은 굴곡이 생긴다. 등 아래쪽에서 쿡쿡 찌르는 듯한 통증을 느낄 수 있을 것이다(우리가 지속적인 감정적 압박을 느낄 때 유사한 현상이 발생한다).

배가 튀어 나오고 엉덩이와 골반이 뒤쪽 아래로 쳐지게 만든 다음, 무릎에 힘을 주고 머리 위로 흐르는 혈류의 흐름을 늦춰보도록 한다. 그러면 생각도 흐려지게 된다. 이 자세는 가장 훌륭하고 현명한 여왕조차도 정신을 희미해지게 만든다. 그리고 몸의 무게를 뒤꿈치에 실어보자. 무릎에 힘을 준 상태로 이 자세를 취하면, 빨리 움직일 수 없을 뿐만 아니라 몸의 균형을 잃게 된다. 적은 힘으로 살짝만 밀게 되더라도 금세 균형을 잃고 쓰러 넘어질 것이다.

어깨가 앞으로 쳐지도록 구부리고 세상의 짐을 짊어진 느낌을 어깨에 실어 보면 폐가 눌린 느낌이 들면서 깊게 호흡하기 힘들어진다.

고개를 아래쪽으로 떨군 채 서 있으면, 시야가 좁아져 근접한 주변의 땅만 볼 수 있게 된다. 그러면 세상을 보는 눈을 잃게 된다. 머리와 몸을 앞쪽으로 기울이게 되면 목에 부담이 실리는 것을 알 수 있다. 이것은 경추 부분의 목에 통증을 유발시키고, 두통을 야기한다. 또한 이것 때문에 성대가 늘어나게 되어, 말할 때 가늘고 신경질적인 목소리가 나오게 된다.

슬럼프 자세에서 팔의 자세를 살펴보면, 팔은 긴장되고 앞쪽으로 돌출되게 된다. 화가 났을 때를 생각해보면, 다른 사람들에게 자주 삿대질을 하고 있는 우리의 모습을 발견할 수 있다. 그리고 이러한 모습은 우리가 다투게 되는 원인이 되기도 한다.

우리는 플랫브레인 상태에 빠지면, 신체적 협응력과 자신감을 잃게 된다. 또 잘 보거나 듣지를 못하게 된다. 그래서 여기저기 잘 부딪히고 충돌사고가 발생하기 쉽다. 보험회사는 이러한 점에 대해 잘 알고 있다. 그래서 만약 우리가 이혼이나 상실 등의 큰일을 겪게 되면 운전 실력이 떨어지게 된다는 사실에 대비하기도 한다.

그러면 슬럼프 상태를 최소화할 수 있을까? 물론이다. 플랫브레인 슬럼프의 영향을 줄일 수 있다. 우리 스스로 균형 잡힌 몸자세를 취하고, 깊게 호흡하며, 전적으로 우리를 지지해주는 사람들과 대화를 하는 것이다. 그리고 어느 한 곳으로도 힘이 실리지 않고 균형 잡힌 자세로 걸으면 자신감을 더 얻게 된다. 모습은 다른 사람들에게도 우리가 가진 내면의 힘을 전달해준다. 플랫브레인 슬럼프에 빠진 사람과 마주할 때 느껴지는 불안함과는 달리, 균형이 잘 잡힌 사람과 마주할 때에는 어떠한 불안한 자극도 받지 않는다.

맺음말

제게 생각할 기회를 주시고, 배우고 가르칠 수 있도록 인도하여 이 책이 발간될 수 있도록 도와주신 많은 분들께 감사드립니다. 많은 분들의 덕택으로 이 책이 탄생하게 되었습니다. 또한, 장로교의 많은 가르침과 배움의 기회로 제가 성장할 수 있었고, 덕분에 이 책을 완성할 수 있었습니다. 이 책의 여정은 저희 가족인 로레인, 마이크, 리사 덕분에 시작할 수 있었습니다. 그들 덕분에 우리가 특별한 방법으로 소통한다는 점을 깨닫게 되었고, 사람들과 어울리는 방법에 대하여 깨닫게 되었습니다.

3년 동안 교육과정을 거친 후, 첫 발령 받은 교구에서 저는 여전히 위기를 겪고 있는 사람들을 돕는 방법을 제대로 모르고 있는 제 자신을 발견하게 되었습니다. 근처 지역의 잭 월든(Jack Walden) 목사님께서 이런 저의 고충을 들어주시며, 저를 인도해주셨습니다. 월든 목사님께서는 자신의 노하우를 알려주시며, 오레곤 주 정부에서 지원하는 아동보호 프로그램(Oregon State's Aid to Dependent Children care)에 참여하고 있는 여성분들에게 제공하는 상담 프로그램에 저를 초대하여 제게 현장에서 경험할 기회를 주셨습니다. 제가 이곳에서 하는 일은 이 여성분들과 한 달에 한 번씩 만나는 일이었는데, 그 과정에서 그분들에게는 제가 생각했던 것 이상으로 도움이 필요하다는 사실을 알게 되었습니다. 그

동안 배웠던 훌륭한 청자가 되기 위한 다양한 상담 기술을 직접 적용해 보며, 사람들의 성장과 발전, 성찰과 새로운 행동을 이끌어내는 듣기의 힘을 경험하기 시작하였습니다.

목사로서 저는 사람들의 성장과 발전을 이끄는 공동체를 형성하도록 돕는 저의 재능을 발견할 수 있었습니다. 목사이자 심리학자인 토마스 칼슨 잭슨(Thomas Carson Jackson) 박사로부터 연수를 받아 감정과 사고 간의 차이점에 대해 배울 수 있었습니다. 그리고 제가 가장 좋아하는 심리상담가인 존 버틀러(John L. Butler) 박사에게 박사 과정을 이수하며 수용과 공감을 명확하게 반영하는 노하우를 배울 수 있었습니다. 교육 전문가인 마이트 지아메티오(Mkie Giamatteo) 박사는 말하는 것과 듣는 것, 그리고 관찰하는 행동의 차이점을 인지하도록 처음으로 알려 주셨습니다. 절친한 낚시 친구인 아트 스치와브(Art Schwabe) 목사와 함께 처음으로 가르치는 일을 맡게 되었습니다. 처음이라 긴장하고 걱정이 앞서는 첫 가르침이었지만, 우리는 서로에게서 조금씩 배우며 사람들에게 자기성장 수업을 가르쳤습니다. 그리고 그곳에서 저는 저의 생각과는 다르게 생각하는 많은 사람들을 만날 수 있었습니다. 이분들 덕분에 저의 초기 생각이 많이 발전할 수 있었고, 깊이 있는 통찰과 철학을 발견할 수 있었습니다. 그분들께 항상 감사드리는 마음을 잊지 않겠습니다.

결혼 후 샐리와 함께 이룬 새로운 가정을 통해 저는 함께 살아가는 것에 대해 배우기 시작했습니다. 샐리와 다섯 명의 자녀, 그리고 손주들 모두와 함께 이루어 나가는 가정의 삶은 제게 인생을 새롭게 조명할 수 있는 기회를 주었습니다. 특히 샐리는 항상 저를 생각하도록 만드는 많은 질문을 던져주었습니다. 그 질문에 대한 생각과 대답을 통해 저는 완전한 생각과 철학을 일구어나갈 수 있었습니다.

그리고 부족한 저의 글쓰기를 위하여 수많은 분들께서 도움을 주셨습니다. 많은 분들 도움으로 제 박사학위 논문과 연구 프로젝트를 발전시킬 수 있었습니다. 그분들께서는 저의 강의와 글쓰기에 아낌없는 조언을 해 주셨습니다. 상담 고객이었던 분들도 제가 제시한 방법을 활용하여 생활에 적용하여 시험한 후 제게 아낌없이 피드백을 해 주셨습니다.

몇 년 후, 제 수업에 참여해주신 많은 분들께서 스스로 나서서 매우 진지한 제안과 조언을 주셨습니다. 그분들의 건설적인 비판과 조언을 통해 저의 부족했던 초고가 발전할 수 있었습니다.

제게 도움을 주셨던 분들의 이름을 여기에 옮겨봅니다. 저의 부족한 기억력 때문에 혹시라도 언급되지 않은 분이 계시다면 이 자리를 빌려 미리 사과 인사를 드립니다. TLC 디자인을 맡은 조지 아이반 스미스(George Ivan Smith) 덕분에 비즈니스용 카드를 제작하여 사람들의 편의를 도왔습니다. 초고 수정에 도움을 준 왈리 캐리, 몰리 로드리게즈 키팅, 프로라 네이바로, 빅토리아 리스토롬, 벤 보즈에게 감사 인사를 전합니다.

그리고 마타 래글랜드 덕분에 원고의 심층적인 편집, 수정이 이루어질 수 있었습니다. 그리고 카멜 벤틀리, 조셉 커트라이트, 메리 커트라이트, 밥 맥클렐란, 코니 터윌리커 덕분에 비로소 원고를 완성할 수 있었습니다. 전반적인 편집과 함께 제 생각을 더 다듬을 수 있도록 도와준 샌디 라슨에게도 감사를 표합니다. 세심하게 오타 점검을 해준 샤론 멀션에게도 감사 인사를 전합니다. 심리학, 행정, 법률, 상담, 사회복지, 그래픽 디자인, 부동산, 비즈니스 관리 및 지구과학 등 다양한 분야를 포함하여 함께 검토해 주신 많은 분들께 감사 인사 드립니다.

'의사소통과 관계 형성'이라는 부제를 제안해 준 정신과 전문의인 줄리 로젠버그 박사에게도 감사 인사를 드립니다.

그리고 전문작가이자 편집자이며, 언제나 저를 응원 격려해주는 저의 가족인 샐리 리스트롬 피터슨과 리사 마리 피터슨의 수 차례의 걸친

심혈을 기울인 편집 과정으로 지금의 완성본이 탄생하였습니다. 감사 인사를 전합니다. 그 외에 편집 컨설팅과 그 외 모든 도움을 주신 뎁 폴라드, 제니퍼 맥코드, 로버타 트레한, 조, 메리, 샐리 모두에게 감사 인사를 드립니다. 책의 멋진 표지 아이디어를 주신 킴 맥래플린과 마무리 작업을 해주신 애니타 존스에게도 이 자리를 빌려 감사 인사드립니다. 특히, 저의 부족한 표지 초안 그림을 멋진 예술적 감성과 매력적인 레이아웃으로 완성시켜 준 애니타에게 이 자리를 빌어 다시 한번 감사 인사를 전합니다.

그리고 마지막으로 저의 삶의 원천이자 사랑의 원천이신 하나님께 우리 모두가 즐겁게 작업할 수 있도록 인도해 주심에 감사 기도를 올립니다.

저자 짐 피터슨에 대하여

이 책의 저자인 짐 피터슨은 경험이 풍부한 세미나와 워크숍 리더로서 자신만의 고유한 실질적인 의사소통 기술과 관계 향상 기술을 발전시켜 왔다. 그 중 플랫브레인 감정이론과 TLC(Talker-Listener Card) 및 기타 주요한 상담 기술들을 본 저서인 "Why Don't We Listen Better? Communicating & Connecting in Relationship"에 소개하고 있다.

피터슨 박사의 이론과 기술은 많은 기업 고객과 정부 관료, 대학 및 청각 장애 공동체, 학생, 교사, 부모, 부부 및 교회 단체 등에 도움을 주고 있다. 그가 사람들에게 보이는 친근하면서도 편안한 태도는 초심자에게도, 전문가에게도 사랑 받고 있다.

피터슨 박사는 의사소통에 관한 일 외에도 개인의 성장과 발전에 관한 강의와 워크숍도 진행하고 있다. 이 외에도 다양한 강의 및 워크숍 활동을 진행하고 있다. 예를 들어, 비형식적 동료 상담과 문제해결이나 동기부여 및 의사 결정, 갈등 해결 및 인생 설계, 부부 상담, 성경 학교 등에 관련한 것이다.

그는 오레곤 지역에서 40년 이상 세 곳의 장로교 교회에서 리더십의 역량을 보이며 목사로서 봉사해왔다. 목사로서 32년째 되는 해에는 오레곤 비버튼(Beaverton Oregon)지역의 남부 장로교 교회에서 명예 목사로 선정되었다.

은퇴 후 피터슨 박사는 오레곤 주의 전문 상담가로서 상담 활동을 진행해 오고 있다. 그의 전문 분야는 부부 상담과 효과적인 의사소통을 위한 수업이다.

그의 학력을 살펴보면, 오레곤 주 포틀랜드 지역에 위치한 루이스 클락 대학교에서 수학을 전공하였고 이후 캘리포니아 샌 안셀모 지역의 샌프란시스코 신학 대학원에서 신학 석사와 신학 박사학위를 수여받았다.

그의 생활의 사적인 면모를 살펴보면, 그는 열렬한 낚시꾼이다. 또한 여러 경험을 바탕으로 자신이 삶에서 배운 바를 수필로 엮으며 다음 저서를 준비 중에 있다. 평소 테니스와 탁구를 즐기며, 아내 샐리와 함께 여행하는 것을 좋아한다.

피터슨 박사는 은퇴 후 자신이 편안하게 휴식을 취하며 낚시와 여행을 즐기며 한가로운 노후를 보낼 것이라 생각했으나, 그의 예상과 달리 많은 사람들의 요청으로 지금까지도 상담에 전념하고 있다. 그러한 활동은 그에게 자극제가 되어 자신이 썼던 박사 학위 논문을 바탕으로 이 저서를 출판하게 되었다. 그의 바람은 자신과 함께 상담을 했던 사람들이 의사소통과 듣기의 기술을 통한 훈련으로 그들의 삶에 도움이 되는 것이다. 바쁜 스케줄로 낚시 가는 횟수가 점점 줄어들었고, 결국 그의 보트도 팔게 되었으며 많은 업무로 바쁘게 지내면서 마침내 이 출판 프로젝트를 마무리하게 되었다. 내년에는 더 자주 낚시를 갈 수 있길 바란다고 말하면서도 그는 은퇴 후 이런 바쁜 여정에 대해서는 한번도 후회한 적이 없다고 말한다.

편지
쪽지

좋은 편지는 이렇게 써요.

뜻 · 내 감정 나누기
· 내 생각 나누기

내가 문제의 당사자이다.

목표 · 상대방 안정시키기
· 상대방 이해하기
· 문제점 명확히 짚어주기

나는 이야기를 들어줄 만큼 편안하다.
문제의 당사자는 내가 아닌 상대방이다.

피할 것
· 동의 · 반대 · 충고 · 변호

· 비판 · 좋은 · 나인 · 편파

편지
쪽지

좋은 편지는 이렇게 써요.

뜻 · 내 감정 나누기
· 내 생각 나누기

내가 문제의 당사자이다.

목표 · 상대방 안정시키기
· 상대방 이해하기
· 문제점 명확히 짚어주기

나는 이야기를 들어줄 만큼 편안하다.
문제의 당사자는 내가 아닌 상대방이다.

피할 것
· 동의 · 반대 · 충고 · 변호

· 비판 · 좋은 · 나인 · 편파

편지
쪽지

좋은 편지는 이렇게 써요.

뜻 · 내 감정 나누기
· 내 생각 나누기

내가 문제의 당사자이다.

목표 · 상대방 안정시키기
· 상대방 이해하기
· 문제점 명확히 짚어주기

나는 이야기를 들어줄 만큼 편안하다.
문제의 당사자는 내가 아닌 상대방이다.

피할 것
· 동의 · 반대 · 충고 · 변호

· 비판 · 좋은 · 나인 · 편파

편지
쪽지

좋은 편지는 이렇게 써요.

뜻 · 내 감정 나누기
· 내 생각 나누기

내가 문제의 당사자이다.

목표 · 상대방 안정시키기
· 상대방 이해하기
· 문제점 명확히 짚어주기

나는 이야기를 들어줄 만큼 편안하다.
문제의 당사자는 내가 아닌 상대방이다.

피할 것
· 동의 · 반대 · 충고 · 변호

· 비판 · 좋은 · 나인 · 편파